2판

가족과 젠더

이기숙 · 박충선 · 권희경 · 김순남
김영주 · 박해숙 · 이연화 · 홍명신

창지사

머리말

'정말 우리가 바르게 살고 있는 것인가?'는 학생들을 가르치며, 그들이 보다 인간다운 삶을 살아야 한다고 믿는 우리 선생들에게는 늘 의문이다. 20대 초·중반까지 경쟁중심의 제도에 묶여 있고, 연애도 하고 직장생활이란 것도 하고, 또 가정을 꾸리며 자녀를 양육하면서 안과 바깥으로 가족이란 이름으로, 때로는 유사가족이란 이름으로 뭉치고 흩어지고, 다시 뭉치고 하는 조합적 삶을 살 수밖에 없는 그들에게 그나마 행복을 찾는 길을 가르쳐 주고 싶어서 이 책을 만들게 되었다.

늘 우리는 보다 행복한, 보다 건강한 삶을 추구하려고 노력하지만 가족은 우리에게 상처를 주었다. 우리가 선택할 수 없었던 그 여자, 남자라는 조건은 늘 극복의 대상이었고 가끔은 그 생물학적 조건에 의해 모든 것이 결정되어 있는 그런 환경에서 두렵기도 하였다. 그러나 우리는 살아야 하고, 아니 잘 살아야 하고, 미래의 주역인 우리 학생들은 긍정적 힘과 비전을 얻어야 한다.

『가족과 젠더』, 이 책은 평범한 일상에서 나타나는 성별 갈등을 설명하고 있다. 그래서 학생들이 가장 기본적인 삶의 환경인 가족 속에서 작은 행복을 찾고, 그런 작은 행복이 가족 밖으로 더 큰 행복이 되어 확장될 수 있도록, 젊은 그들이 낙담하지 않고 앞으로 앞으로 전진해 가기를 바라면서 집필되었다. 그래서 그들의 행복이 사회의 행복으로 나타나기를 바란다.

가족의 변화를 고찰하는 방법은 다양하다. 가장 쉽게는 연대기적으로 풀어 보는 것이다. 출생 시기를 묶어 집단을 만든 후 비교 분석하는 법이다. 즉 조부모 세대, 부모 세대, 자녀 세대가 어떤 시대적 배경에서 어떤 가치를 추구하며 살아왔는가 혹은 살고 있는가를 보는 것이다. 그리고 주제적 접근을 시도해 볼 수도 있다. 즉 결혼, 이혼, 가족돌봄, 미디어, (빈곤), 다문화 등은 지금 우리가 가장 분석하고 싶은 주제들이다. 전통적으로 여성과 남성들은 이런 주제에 대해 어떤 유사성과 차이점을 가져왔는가 등도 포함된다.

이 책, 『가족과 젠더』는 최근 한국사회에서 나타나고 있는 가족변화를 '젠더'라는 렌즈를 끼고 주제별로 고찰해 보았다. 고찰의 순서는 다음과 같다. 제1부에서는 가족과 젠더라는 두 주제를 연결해서 나타나는 가족의 변화를 개괄적으로 살펴본다. 제2부에서는 우리의 가족 일상을 젠더의 관점에서 해부해 보고자 한다. 자녀양육, 가사노동, 이혼, 모성, 노인, 빈곤과 다문화가족 등 주제들의 발생 배경과 그 해결을 여성의 관점에서 설명해 보고자 한다. 그래서 제3부에서는 자연스럽게 우리의 미래, 우리의 희망이 소개된다. 평등하여야 다 함께 행복할 수 있다. 그 행복을 찾는 것을 도와주는 일터와 지원기관의 역할을 보면서, 그래 좀 더 나은 세상이 될 것이라고 믿어져야 할 것이다. 그래서 이 책은 총 3부 12장으로 구성되어 있다. 다시 강조하면 이 책은 평등한 가족을 어떻게 만들 수 있을 것인가라는 문제의식에서 시작되었다. 반목하는 가족이 아닌 협조하는 가족, 분리된 역할이 중요한 것보다는 공유하는 역할이 더 소중한 그런 가족을 만들기 위해 우리가 일상에서 어떤 노력을 하여야 할 것인가를 고민하면서 집필되었다.

이 책이 다른 가족 관련 입문서와 다른 점은 가족을 젠더의 눈으로 고찰하고 있는 점이다. 가족변화는 사회에 종속적이면서 동시에 사회변동을 선도하려는 주체적 역동성을 지니기도 한다. 이 변화 속에서 줄기차게 유지되어 온 근간이 '성별분업체계'이다. 즉 '생계부양자로서의 남성과 가사양육자로서의 여성이 조합된 가족'이었다. 현실적으로 여성취업의 신장, 맞벌이가족 등의 증가로 가족생계에 기여하는 여성, 가사양육자 남성이 증가하고 있음에도 불구하고 가족이 여전히 이 성별분업체계를 붙들고 있다는 것은 놀라운 일이다. 역할 분리에서 역할 공유, 역할 전이의 체계로 여성과 남성이 함께 변화되어야 한다는 많은 당위성과 인간으로 혹은 사회적 구성물로서 성별 억압에서 벗어나는 세계를 지향하려는 소리들이 꾸준히 제기되고 있음에도 불구하고 여전히 성별, 즉 사회적 성별체계인 '젠더'의 관점에서 보면 세상은 불공평하고 부조화스럽다. 가족은 이런 불평등한 성별분업체계를 재생산하는 전위부대이다. 젠더 관점은 이런 불평등한 구조를 볼 수 있게 하는 '렌즈'이며, 동시에 평등한 가족, 평등한 삶을 구성할 수 있는 대안을 찾게 해주는 '패러다임'이다.

이 책의 저자들은 가족학, 사회학, 여성학, 언론학 등 다양한 학문적 배경을 가진 연구자들과 여성·가족현장과 다문화가족현장에 종사하는 가족실천가들이다. 각기 자신의 세부적인 학문적 관심으로 주제를 나누었다. 평등한 가정사업의 확산, 그리고 가족전문가 양성이라는 시대적 요청에 의해 이런 책이 필요하다고 판단한 창지사의 간곡한 요청에 의해 이 책의 기획이 시작되었고, 2021년 2판으로 개정되었다. 앞으로 더욱 좋은 가족 및 젠더 관련 전문서들이 출간되기를 바라면서, 동시에 출판사 '창지사'의 번성도 기원하는 바이다.

2021년 8월

저자 일동

차례

제2부 가족의 일상에서 젠더로 갈등하다

제1부

가족과 젠더가 만나다

1장

변화하는 가족을 젠더의 렌즈로 보다

최근 100년간 한국가족은 놀랄 정도로 변화하였다. 1930년 일제식민지 하에서 태어나 성장한 할머니 세대, 1950~1960년경 산업화 초기에 태어나 성장한 어머니 세대, 그리고 컬러 TV 세대인 1980~1990년대 출생 세대인 딸의 삶들을 비교해 볼 때, 우리는 100년이 채 되지도 않는 그 기간 동안 한국사회가 엄청나게 변했음을 알 수 있다. 가족의 다양한 변화는 연대기적(출생 시기로 비교 분석하는, 즉 조부모 세대, 부모 세대, 자녀 세대 등으로)으로 볼 수 있고, 주제별(결혼관, 자녀 양육, 이혼, 가족돌봄 등)로 그 변화의 궤적을 분석해 볼 수도 있다.

이 장에서는 먼저 현대가족의 개념과 젠더(gender)의 기본 개념을 살펴보고, 그다음 가족을 중심으로 나타나고 있는 다양한 현상들을 젠더 관점에서 출산, 가부장제, 역할, 인구의 주제로 정리해 보고자 한다.

1. 가족과 젠더 개념

한국사회는 산업화, 도시화의 큰 배를 타고 거친 파도를 넘나들면서 발달해 왔었다. 그 와중에 가족형태의 정형성(stereotyping)도 파괴되고, 새로운 형태와 새로운 가치로 무장한 다양한 가족들이 등장하였다.

17~18세기 조선시대, 한국사회의 가장 전형적인 가족은 남아(아들)로 가족가치

와 가족문화가 계승되었던 '부계 직계가족(patrilineal family)'이었다. 그러나 19세기 이후 2차 경중공업이 발전하면서 농촌을 떠나 도시로 근로자들이 모이는 도시화와 함께 가족분거 현상이 증가하면서, 보다 이동하기 좋은 작은 단위의 가족인 '부부중심의 핵가족(nuclear family)'이 증가하였다.

그러나 이 핵가족도 3차 산업인 서비스 산업의 확장과 함께 한국사회가 자본주의 사회로 안착되면서 점점 부부와 자녀를 근간으로 다양한 조합으로 변형되기 시작하였다. 즉 어머니와 아버지가 다 계시는 양부모가 아닌 한부모와 자녀가 사는 가족, 자발적이든 비자발적이든 자녀 없이 부부로만 구성된 가족, 노부모가 성인자녀와 동거하지 않는 노인단독가족 등이 그 예이다.

이런 다양해진 모습으로 가족의 재구성이 가능할 수 있었던 배경들을 우리는 여성의 취업으로 인한 '맞벌이가족(dual-earner family)'의 증가와 보다 근대화된 '가족가치(family value)'의 확산에서 찾을 수 있다. 그래서 가족이란 이름으로 공동생활을 유지해 나가는 모습은 점점 다양해져 왔었다. 이렇게 가족의 비정형성이 확대되자 사람들은 반드시 결혼하여야 하는가, 혹은 어떤 가족을 선택하여야 할 것이며, 선택해야 할 가족이 지향하는 가치가 무엇이어야 되는가에 대해 생각하기 시작하였다. 그러면서 '가족이란 과연 무엇인가'라는 기본적 개념이 세대(generation)를 통해 점점 수정되면서, 가족은 과거에 비해 보다 포괄적 정의로 이해되게 되었다. 그리고 다양한 가족경험과 일상생활에 성별이라는 젠더 관점이 대입되면서 드러나는 가족 이슈들이 주목받기 시작하였다.

3세대 여성의 다른 인생

나의 외할머니는 1932년생이다. 외할머니는 초등학교를 졸업하시고, 집에서 농사일과 가사를 돌보다가, 18세에, 지금의 외할아버지와 혼례를 올리셨다고 한다. 물론 얼굴 한 번 안 보고, 부모님의 뜻에 따라 시집을 간 것이다. 결혼한 다음 해부터 외할머니는 8명의 자녀를 생산하셨지만, 지금 살아계시는 어머니 형제는 5분이다. 다른 분들은 어릴 적에 천연두나 다른 질병으로 사망하셨다고 한다. 그러나 외할머니는 낙태수술도 5번이나 하셨다고 들었다. 그 당시만 해도 피임이 기술적으로 얼마나 어려웠던가를 알 수 있다. 외할머니는 시부모를 모시고 평생을 사셨다. 손가락의 지문이 없어질 만큼 집안 일은 많았다. 도시에 살았지만, 공동수도에서 물긷기, 1시간이나 걸어가 시장보기, 하루 5~6번씩 차려야 되는 밥상, 날마다 하는 손빨래 등 …… 지금 외할머니께서는 그 땐 무슨 기운으로 그 일들을 다 했는지 모르겠다고 하셨다. 외할아버지께서 먼저 돌아가시고 지금 외할머니는 그 연령대의 다른 사람에 비해 장수하시는 편이다.

나의 어머니는 직업여성이다. 1955년생으로, 교육대학을 나오셔서, 23세부터 교사로 근무하셨고, 자녀를 2명 출산하셨다. 어머니는 다른 대학에 다니는 아버지를 동아리 활동을 통해 알게 되었고, 5년의 교제기간을 거쳐, 부모님의 허락을 받고 결혼하였다. 그러나 당시 아버지는 시골 빈농의 아들에, 장남이라는 이유로 외할머니의 반대에 부딪치기는 했지만, 사랑으로 그것을 이겨내었다고 하셨다. 우리 가족은 핵가족으로 살았고, 친할머니는 시골에서 작은아버지 가족과 함께 사시다가 돌아가셨다. 어머니는 제사 때마다 시골을 다녀오셨고, 시골만 다녀오면 기분이 안 좋아 우울해하셨던 기억이 난다. 큰며느리 노릇을 못한 것에 대한 어머니의 자책감과 친척의 수근거림이 직업여성이었던 어머니에게는 큰 부담이었을 것이라 생각한다.

딸 세대인 나는 1980년생으로, 지금 21살이다. 나는 대학을 마치고, 외국연수를 꼭 다녀 올 것이다. 그냥, 외국의 여기저기를 다녀보고 싶다. 외국을 다녀온 뒤, 지금의 전공과 관련된 기관에서 근무하고 싶다. 평생직으로 생각하고 차근차근 아래에서부터 일을 배워 나갈 계획이다. 결혼은 직장에서 안정된 지위를 확보한 후 하고 싶다. 나의 이런 사회생활과 직업포부를 잘 이해하고 도와주는 사람이 나의 배우자여야 한다고 생각한다. 나는 친정어머니든 시어머니든 함께 살고 싶지는 않다. 그러나 자녀양육의 어려움이 생기면 이 문제는 다시 생각해 볼 것이다(이하 생략).

출처: 어느 대학생의 '우리 가족 이야기' 과제물 중에서 발췌 정리.

1) 현대가족의 포괄성

현대가족은 전통적 가족과 다른 방식으로 개념화되고 있다. 전통가족에는 가족의 정형성(그 사회가 바람직하다고 여기는 가족형태나 가족가치를 따라야 하는 규범)이 있었다. 그러나 현대가족은 다양하고 복잡하며 선택적이기 때문에 비정형적이다. 즉 단일한 가족형태를 추구하지 않는다. 그 이유는 현대사회의 다양한 가치와 사람들의 다양한 욕구, 바램들을 담아내는 보다 다양한 유형의 가족이 사람들을 더 행복하게 해준다고 믿기 때문이다(Stacy, 1996). 우리가 어떤 모습의 삶을 선택하는가는 전적으로 개인의 의지와 자유이며 결과적으로 어떤 모습이라도 그들이 '가족이란 이름으로' 행복하고 보람되게 살아가고자 한다면 우리는 그것을 '가족'이라고 보아야 하기 때문이다.

전통적으로 '가족'은 '결혼(marriage), 혈연(blood), 입양(adoption)으로 구성된 집단'으로 정의되었다. 즉 결혼은 가족의 가장 기본관계인 부부를 구성하며, 혈연과 입양은 자녀를 그 구성에 첨가하여 부모자녀관계나 형제자매관계를 만든다. 근대화 과정을 지내오면서 사람들이 지향하는 가족은 바로 그런 부부중심의 핵가족이었으며, 이 조건에 부합되지 않으면(부부 중 일방이 존재하지 않는다든지, 자녀가 없든지, 더욱이 아들이 없든지 하면) 결손가족(deficient family)으로 부르기도 하였다. 그리고 사람들은 스스로 혹은 사회적 낙인에 의해 이 전형적 가족인 '그 가족(the family)'에 속하지 못하면 스스로도 행복하지 못하다고 여기기도 하였다. 사회가 변화되고 있었지만 여전히 이 전통적 가족신화는 아직까지 우리의 생활이념 속에 살아 있다. 오랜 세월, 가장 정당한 모습으로 부부중심의 핵가족이 이상화되어왔었기 때문이다.

그러나 3차, 4차 산업을 중심으로 한국사회가 재편되면서 대도시를 중심으로 앞의 세 가지 조건으로 설명할 수 없는 다양한 가족들(families)이 나타나기 시작하였다. 즉 결혼하지 않고 사는 남녀, 결혼 후 이혼하여 한부모만 있는 가족, 반려동물을 가족이라 여기며 사는 사람, 동성애적 관계로 맺어진 사람 등이 그 예이다. 지금은 이런 공동체도 당연히 우리는 가족이라 부르지만, 유럽의 경우 1차 대전 이후 1920~1930년대에 이런 가족들이 나타날 때 학자들은 가족의 경계를 어디까지 삼을 것이며, 그런 새로운 이름의 가족들이 가족해체, 가족위기를 상징하는 반사회적 가족은 아닌가로 많이 논쟁하였다(Gittina, 1985; 안호용 외, 1997에서 재인용).

그 후 많은 논의를 거쳐, 현대가족의 정의에는 결혼, 자녀라는 용어 대신에 정서적 유대 즉 '친밀감(intimacy)'이 가족인가 아닌가를 가름하는 가족경계의 중요한 기준으로 포함되었다. 고양이는 홀로 사는 노인의 가족이며, 동거 중인 커플도 가족이다. 결혼의 여부가 가족을 결정짓지도 않으며, 혈연관계가 없더라도 입양 혹은 위탁된 어린이와 아픈 가족을 돌보는 사람도 가족이란 이름으로 지낸다. 입양은 가족이 혈연을 넘고 국경을 넘어 다문화공동체 혹은 지구가족(global family)으로 확산되는 조건이다. 혈연가족인 원가족을 떠나 친구들끼리 사는 여성들의 공동체도 가족이며, 친부모보다 더 자신을 위하고 사랑해주는 양부모에게서 진정으로 가족애를 느끼는 10대 소녀까지, 현대인의 가족 의식은 넓다. 때로는 혈연중심의 가족이 코어(core)가 되어 다양한 사람들이 거기에 조합되면서 가족은 확대되고, 가족은 공동체적 의미를 지니게 된다. 그래서 현대가족의 정의는 대단히 포괄적이다.

결론적으로 이 책에서 말하고자 하는 가족은 다양한 유형의 가족을 다 아우르며, '서로 도움을 주고 받으며 사랑하면서 사는 생활공동체'로서의 가족을 의미한다. 이런 기본적 개념 아래 가족은 집단의 의식주생활, 재생산과 양육, 보호가 필요한 구성원에 대한 돌봄 기능, 생활과 일터의 균형을 위한 노력 등 가족 유지에 중요한 기능을 수행하여야 한다.

다양한 유형의 가족들

가족을 가족구조, 가족원의 특성, 생활양식, 탈근대성을 기준으로 분류해 보면 다음과 같은 다양한 가족이 드러난다. 먼저 가족구조적 측면에서는 전통적 가족구조와 다른 부모자녀관계와 부부관계를 보여주며 한부모가족, 미혼모가족, 노인가족, 무자녀가족 등이 있다. 가족원의 특성에 따른 다양한 가족에는 재혼이나 입양 등을 통해 형성된 재혼가족과 입양가족, 그리고 이질적인 국적과 문화를 가진 남녀가 결혼을 통하여 가족을 형성하면서 나타나는 국제결혼가족 등이 있다. 생활양식에 따른 다양한 가족은 기혼여성의 취업, 주요 가족원이 국내의 다른 지역에서 살거나 외국에 거주함으로써 발생되는 가족유형이며, 맞벌이가족, 주말부부가족, 기러기가족 등이 있다. 탈근대적 측면의 다양한 가족은 다원성과 개인의 자율성을 최대한 존중하며, 권위적인 사회질서의 거부 및 평등적 관계를 지향하는 가족유형으로 미혼독신가족, 동거가족, 동성애가족, 공동체가족 등이다.

출처: 김승권(2005). 『한국사회변동과 다양한 가족의 출현』. 『보건복지포럼』 103호: 5-23. 이 부분은 2장에서 자세히 설명됨

2) '젠더'라는 렌즈

이 책이 말하고자 하는 '젠더 관점'은 '성별'과 유사하다. 성별(sex)이 생물학적 남녀 구별을 의미한다면 젠더(gender)는 사회문화적 성별을 뜻한다. 이 젠더 관점을 가족에 반영해 보면 가족 속에는 여성/남성, 아내/남편, 모성과 부성, 딸과 아들이라는 성별에 따른 다른 가족경험이 있음을 알 수 있다. 젠더라는 렌즈로 가족을 보면 더 예민하게 보육과 돌봄, 가사노동, 이혼, 미디어에 비치는 가족들이 다르게 해석된다.

우리가 아는 역사에서 오랜 기간, 어느 문화권에서나 가족은 가부장적이었다. 즉 가족은 남성이 주인(가장, 家長, family head)이었고 여성은 그에 종속된 구성원일 뿐이었다. 결혼제도는 여성(딸)이 교환되는 제도로 볼 수 있었으며, 자녀 특히 아들은 부계가족의 존속에 필수였다. 그래서 우리가 여지껏 체험한 가족은 남

성의 관점에서 해석되고 서술된 가족이었다 하여도 과언이 아니다. 가족과 페미니즘(family & feminism) 분야는 그간 꾸준히 가부장적 가족을 해체하고 새로운 가치와 행동강령을 제안하는 등 가족의 성차별성, 불평등성을 없애기 위해 많은 노력을 해왔었다(이효재, 1980; 여성한국사회연구회, 1990; 이재경, 2003).

가족에 대한 젠더 관점은 성별화된 가족정의에 대한 비판에서 시작되었다. 전통적 구조-기능주의론자들은 가족은 생물학적 구성요소(성, 출산)를 기반으로 혈연과 성별분업에 기초한 사회경제적 제도여야 한다고 주장하였다(Parsons & Bales, 1955). 그래서 오랜 기간 남성의 생계부양자로서의 역할과 여성의 출산 및 양육자, 가사노동 담당자로서의 역할로 조합된 '남성 홀벌이 핵가족(male single-earner family)'이 이상적 가족으로 주장되었다. 젠더 관점은 생물학적 요소에 기반한 자연적 제도라는 홀벌이 핵가족이 과연 가족의 보편성을 최대로 반영하고 있으며, 창출되는 다양한 가족을 설명하고 있는가? 그리고 여성과 남성의 경험을 함께 수용하는가라는 문제제기를 해왔었다. 그리고 한 가족 내에서 남성의 결혼과 여성의 결혼이 다르며, 불공평한 권력관계가 왜 발생하고 있는가에 대해 꾸준히 의문을 제기하였다.

가족을 구성하는 주요 축은 젠더(gender)와 세대(generation)이다. 이 세대관계와 성별관계가 시간의 흐름에 따라 다양하게 전개되는 것이 바로 '가족'이다. 부모와 자녀, 그리고 남녀 커플관계가 주요 '가족관계(family relation)'라 하여도 과언이 아닐 정도로, 가족은 이들의 일상적 삶이 모여 구성되는 구성물인 것이다(Gubrium, 1990; 최연실 외, 1997에서 재인용). 그런데 부모자녀라는 세대관계와 젠더(성별)를 교차시켜 보면 아들선호사상이 나타난다. 가족을 남성이 주요 선으로 계승되는 집합체로 본다면, 결혼은 아들을 낳기 위한 수단이 되고 동시에 딸들을 교환시키는 제도가 된다. 성별이라는 측면에서 부부의 제반 노동을 바라보면 남성의 노동은 임금을 받는 생산노동이 되고, 여성의 노동은 가사노동이라면 무임금 노동이 되고 직장노동이라면 보조노동이 된다. 가족을 구성하는 다양한 조합 중 아버지가 없는 가족도 있고, 어머니가 없는 가족도 있다. 무자녀가족도 있다. 재혼가족도 있고, 혼자 사는 독신도 있다. 이런 가족들의 일상을 성별로 나누어 고찰해 보면 다양한 가족문제가 나타난다. 남편이 없는 여성가장 가족은 남성중심의 임금시장에서 낮은 임금 때문에 가난에 허덕이며, 부인이 없는 가장인 아버지는 가사노동과 가정관리의 교육을 받지 못하여 일상의 기본적인 의식주 생활기능조차 수행하지 못한다. 재혼가족은 부계적 질서에 의해 여성의 전혼 자녀들은 소외되기 쉽고, 여성독신노인은 연금시장에서 배제되어 있다.

이렇게 젠더 중심성에 다양한 가족을 대입해 보면 전통적으로 우리가 알고 있었던 가족의 모습과는 다른 가족들의 삶이 찾아진다. 젠더 관점은 보다 민주적, 양성평등적으로 가족을 보도록 해준다.

2. 가족변화의 배경

가족변화에 영향을 주는 요인은 많다. 손승영(1995)은 한국사회의 산업화, 도시화, 정보화, 다원화, 상업화, 이기주의화를 가족변화의 주 배경으로 지적하고 있고, 김승권 외(2000)는 산업화, 도시화에 덧붙여 여성의 사회적 지위, 인구상의 제반 특성(초혼연령, 출산율, 수명 연장, 남녀사망률, 결혼율, 자녀 출산율, 가족부양률 등)을 가족변화를 설명하는 주요 지표로 들었다. 본 장에서는 가급적 1970년 이후 변화를 중심으로 가족변화의 주요 배경으로 여성교육과 인구변동을 들고 설명해 보고자 한다.

1) 여성 교육수준의 향상

1980년도 중학교 진학률은 남녀 각각 96%, 92%, 고등학교 진학률은 각각 74%, 62%였었다. 그러나 2000년에 들어서면서 중·고등학교 남녀 진학률은 각각 97%를 넘고 있다. 즉 우리 사회의 자녀 교육열은 높으며, 고등학교 진학까지는 남녀 차이가 없다(교육부. 『교육통계연보』. 각 연도). 그러나 〈표 1-1〉에 의하면

대학 진학률에서 1980년, 1990년도에는 심한 차이가 있었으나 2005년을 기준으로 남녀 격차는 현저히 감소하고 있다. 즉 1980년 대학 진학률은 여성 8%, 남성 24%, 1990년에는 여성 25%, 남성 44%였으나, 2005년도에는 남녀 모두 80%대로 나타난다. 최근 30년 동안 대학 진학률의 증가는 남성에 비해 여성에게서 대단히 높게 나타났다. 1980년과 2015년을 비교해 볼 때 남성은 약 2.8배 증가하였으나 여성은 무려 9배 이상 증가하였고, 2009년부터는 여성 진학률이 남성을 앞서고 있다.

이런 높은 교육수혜로 인해 여성들은 평균 12년 이상의 학교교육을 통해 평등과 자유를 배운다. 교육을 받은 여성들은 사회참여를 통해 자아를 실현하고 싶은 욕구를 가지며, 그런 여성의 삶은 지지되며, 남성의 생애에서 결혼생활과 직장생활이 병립되듯이 여성들도 더 이상 결혼생활과 직장생활 중 하나를 선택하는 생애를 설계하지 않는다. 전통적 성역할의 이행이 강조될 수 없는 사회적 배경이 여성 교육수준의 향상으로 조성된 것이다.

만 14세 이상 인구의 경제활동 참여율을 성별로 보면 남성에 비해 여성의 여성 경제활동이 더욱 신장되었음을 알 수 있다. 2015년 남성의 참여율은 74.1%이고 여성의 참여율은 51.9% 정도이다. 여성의 경제활동 참여율이 남성보다 낮기는 하지만 그 증가폭은 여성이 더 크다. 즉 1970년대와 2000년을 비교해 볼 때 남성은 77.9%에서 74.1%로 오히려 감소되었음에 비해 여성은 39.3%에서 48.3%로 증가하였고 지속적으로 증가하는 추세에 있다.

그리고 여성취업을 혼인상태별로 나누어 본 결과, 1980년대를 제외하고는 기혼여성의 참여율이 미혼여성의 취업률보다 높게 나타나 있다. 이러한 적극적인 경제활동 참여는 여성의 자율성과 독립성을 키워 여성의 삶 전반에 다양한 변화를 유도하고 있으며, 가족을 중심으로 전개되는 일상적 역할 수행도 새로운 방식으로 변모시키고 있다. 예를 들면 기혼여성의 취업은 필연적으로 맞벌이가족의 증가로 이어지고, 맞벌이가족의 생활에서 성역할 수행은 전통적 역할 분리(남편은 돈벌고, 아내는 살림하는 역할이 자연스럽게 받아들여짐)보다는 근대적 역할 공유(함께 돈벌고, 함께 가사를 담당하는 역할의식)를 따르며, 그에 수반되는 다양한 생활개선 및 가족 기능 수행 등이 변하게 된다.

〈표 1-1〉 성별 대학 진학률과 경제활동 참가율, 혼인상태별 여성의 경제활동 변화 (단위: %)

대학 진학률	1980	1990	2000	2005	2010	2015	2019
여자	8.4	25.0	52.2	80.8	80.5	74.6	74.5
남자	24.3	43.9	71.2	83.3	77.6	67.3	66.6

경제활동 인구수 및 참가율		1970	1980	1990	2000	2010	2015	2019
여자	인구수(천 명)	3,683	5,435	7,509	9,000	10,077	11,426	16,090
	참가율	39.3	42.8	47.0	48.3	48.3	51.9	73.5
남자	인구수(천 명)	6,516	9,020	11,030	12,950	14,460	15,728	12,097
	참가율	77.9	76.4	74.0	74.0	72.5	74.1	53.5

혼인상태별 여성의 경제활동 참가율	1980	1990	2000	2005	2010	2015	2019
미혼여성	50.8	45.6	47.0	53.6	50.5	54.2	56.5
기혼여성	40.0	46.8	48.7	49.0%	49.3	51.0	52.5

출처: 교육부. 『교육통계연보』. 각 연도.
통계청. 『경제활동인구연보』. 각 연도.
주재선·이동선·송치선·한진영(2019). 『한국의 성인지 통계』. 한국여성정책연구원.

2) 인구구조의 변동: 저출산과 고령화

〈표 1-2〉에 근거하여 출산율, 평균수명, 노인인구의 추이 등을 살펴보자. 우리나라의 출산율은 1970년 후반기부터 급격히 떨어지다가 1987년 전후하여 서서히 감소하여 2019년 0.92에 불과하다. 출산율이 이렇게 낮아지게 된 원인은 1960년부터 거의 30년간 지속된 정부의 가족계획사업과 피임기술의 발달, 그리고 양육자 교육의 어려움 등에 기인한다. 이런 출산율은 인구수의 감소에도 기여하며, 상대적으로 평균수명이 길어지게 되는 것과 함께 노인인구 비율을 늘리고 있는 등 장

기적으로 많은 문제를 내포하고 있다.

1980년대 한국인의 평균 기대수명이 66세이었던 것이 2010년에는 80세, 2015년에는 82세로, 35년간 16세가 증가하였으며, 이 기간에 특히 남성에 비해 여성 수명이 더 증가하여, 고령 노인집단으로 올수록 여성 노인의 비율은 높아지고 있다. 한국사회는 급속히 고령화사회(aging society: 65세 이상 노인인구 구성비 7% 수준)에서 고령사회(aged society: 65세 이상 노인인구 구성비 14% 수준)를 거쳐 초고령사회(superaged society: 65세 이상 노인인구 구성비 20% 수준)로 나아가고 있기 때문에 향후 노인건강 보호에 관한 사회적 비용과 돌봄의 개인적 공공적 기능 분배 등의 문제로 고심하리라 예측된다.

〈표 1-2〉 합계출산율, 기대수명, 노인인구의 구성비 (단위: %, 년)

	1960	1975	1985	1990	2000	2010	2015	2019
합계출산율	6.0	3.6	2.1	1.61	1.42	1.23	1.24	0.92

	1980	1990	2000	2005	2010	2015	2016
기대수명(전체)	66.1	71.7	76.0	78.2	80.2	82.1	82.4
기대수명(남자)	61.9	67.5	72.3	74.9	76.8	79.0	79.3
기대수명(여자)	70.4	75.9	79.7	81.6	83.6	85.2	85.4

	1970	1980	1990	2000	2010	2020	2030*	2040*
고령인구(천 명)	991	1,456	2,195	3,395	5,366	8,125	12,979	17,224
구성비(%)	3.1	3.8	5.1	7.2	10.8	15.7	25.0	33.9

*장래인구추계

출처: 통계청. 『인구동향조사』, 『생명표』, 『장래인구추계』. 각 연도.

그 외, 전통적 가족주의의 쇠퇴도 가족변화의 주요 배경이다. 한국인의 가족에 대한 애착과 관심이 다른 의욕과 동기를 압도하고 행동의 주도권을 잡는 생활양식이었던 '가족주의(familism: 이타주의가 요구되는 집단 중심주의)'가 점점 감소하면서(옥선화, 1989), 산업사회에 보다 잘 적응할 수 있는 '개인주의(individualism)'가 증가하였다. 그리고 이런 경향은 대가족 중심의 온정적 가족가치에서 벗어나 자녀관, 상속태도, 노인공경사상 등에서도 '교환적 상호성(exchangeable reciprocity: 받을 것을 기대하고 제공하거나 베푸는 교류로, 부모자녀라는 세대관계에서조차 이런 가치가 팽배해지고 있음)' 경향이 나타나고, 점점 가족에 대한 책임을 두려워하게 되어 늦은 결혼, 소 자녀, 돌봄 기능의 회피 등과 같은 일상의 변화를 유도하고 있다.

3. 가족과 젠더의 교차점

1) 성비의 불균형 – 낮은 여아 출산율

가족구조의 변화에서 나타나고 있는 몇 가지 현상에서 젠더 관점에서 주목하여야 할 이슈가 낮은 여아 출생률로 인한 성비의 불균형이다.

우리나라는 조선 중기부터 장남을 위주로 가계를 계승하는 부계 직계가족를 유지해 왔었다. 그러나 1965년 이후 산업화와 함께 도시로 이동한 자녀들의 분가가 이루어지면서, 가족형태가 3세대 구성에서 2세대 구성으로 바뀌면서 가구당 식구 수가 줄어들었는데 가장 큰 원인은 출산 자녀 수가 감소한 것이다. 즉 가족 평균 인원이 1955년 5.2명이었음에 비하여 1975년 4.6명, 2000년 3.1명, 2010년 2.8명, 2015년 2.6명으로 감소하였으며, 도시화의 정도가 높은 지역일수록 감소 정도가 더 높았다(통계청, 『인구주택총조사』, 각 연도).

출산 자녀 수의 감소는 1970년대의 정부 주도적인 가족계획 정책의 주요 결과이며, 이 정책이 한국인의 가부장제 및 전통적 남아선호사상과 만나면서 딸보다는 아들 출산이 의도적으로 높아졌고, 다른 한편으로는 과도한 여아낙태라는 사회적 문제도 야기시켰다. 지역별로는 특히 영남지역이 가장 남아선호사상이 강해 성비 불균형이 심하였다. 이런 성비 불균형은 향후 배우자 선택의 어려움, 여아의 부족으로 인한 누적 출산의 부정적 효과 등 장기적으로 볼 때 많은 사회문제를 지니게 될 것으로 예측된다.

2) 부계제(夫系制)에서 양계제(兩系制)로

평균수명이 길어지면서 4세대가 한 단위가족에 공존하는 시대가 오고 있다. 전통적 한국가족은 3세대 이상의 대가족을 전형적 가족으로 수용해 왔으나 이 대가족은 장남으로 이어지는 부계 직계가족이었다. 1970년 산업화 이후 한국가족의 형식은 장남중심의 직계가족을 취하면서 내용은 부부중심의 핵가족을 선호하는 이중적 모습으로 존재해 왔었다(장현섭, 1993). 이 부부중심의 도시가족이 맞벌이가족 유형을 취하게 되면서 가족관계선이 강력한 부계(남편의 원가족)중심에서 모계(아내의 원가족)로 부분 이동하게 되었고, 자연히 친가와 처가 혹은 시가와 친가의 권력도 분산 내지 수정되는 현상이 나타났다.

부계제(patrilineal system)란 가계가 남아로 이어지며, 자녀는 부의 성(姓)을 따르며, 그 외 상속과 조상 봉제사가 아들에게 주어지던 제도를 말하며, 이 부계제에 의하면 가족은 아버지의 혈연집단에 속하도록 규정된다. 그러나 가족관계선의 이런 이동은 전통적 부계중심 가족의식이 남아있는 한국적 여건에서 저항도 많았지만 결과적으로 부계제를 약화시켰다. 즉 호주제가 폐지되고(2008년 1월 1일부터 호적법의 대체 입법인「가족관계등록에 관한 법률」시행,「민법」778조 '호주의 정의' 조항 삭제), 자녀가 어머니 성도 따를 수 있으며(「민법」 제781조 1항, 6항), 재산상속이 자녀성별과 출생순위에 관계없이 균등 분할되는 등의 법률적 개선이 더욱 부계제를 약화시키고 있다. 동시에 현실적으로 맞벌이가족과 이혼가족이 증가하면서 가사와 육아의 지원을 받기 위해 여성이 자신의 원가족과의 교류가 증대되면서 모계와 모권이 강조되었고, 동시에 아들과 딸을 구별하지 말자는 의식이 증대되면서 모계와 부계가 다 소중한 친인척으로 인식되었다. 따라서 부계와 모계, 부권과 모권이 함께 공존하는 양계제(bilineal system)가 나타나고 있는 것이다.

부계가족의 관점에서 보면 결혼은 딸들을 다른 가족으로 이동시키는 제도였다. 그러나 양계적 관점에서 보면 결혼은 아들이나 딸들이 자신이 태어난 원가족에서 독립하여 새로운 보금자리를 잡는 의례이며, 양가(부계와 모계) 부모와 친인척을 다 그들의 사회관계망에 포함시키는 일상문화이다.

이기숙(1991)의 조사에 따르면, 기혼여성들이 상호 교류하는 친족은 부계와 모계 양쪽에서 다 이루어지고 있었다. 여성들은 친정과 시댁 가족들과 왕래하며, 다양한 도움(자녀양육, 경제적 도움, 가사 도움, 주요문제 의논, 함께 여가 보내기 등)을 서로 주고받고 있었다. 실제적인 양계화가 이루어지는 과정이라고 볼 수 있다. 그러나 상호작용의 내용이 모계와 부계관계에서 어떻게 다른가를 조사한 바, 조사에 응한 기혼여성들은 시댁엔 경제적 도움을 주는 경우가 많았고 친정으로부터는 정서적 도움을 받는 경우가 더 많았다. 이런 차이는 실제 기혼여성들이 인식하는 규범으로서의 부계가족(시가)이 아직은 존재하지만, 실제 생활은 실용적 상호작용(친정)으로 해결하고 있는 이중성으로 해석할 수 있다.

물론 여성의 친정가족과의 빈번한 교류는 전통적 부계가족에서는 볼 수 없었던 장모/장인과 사위의 갈등이라는 새로운 가족갈등 양상을 만들 수도 있으며, 실제 여성의 배우자가족(시가)에 대한 규범적 귀속이 점점 희박해지면서 과거와는 다른 시부모-며느리관계가 나타나고, 가족의 정서적, 경제적 지지는 출계를 따지는 것보다는 현실적으로 누구와 상호작용을 맺으며 좋은 정서적 유대관계를 유지하며 가족으로 서로 지지하면서 살고 있는가가 더 중요한 관점이 되고 있다(조정문, 1997).

딸 넷이 치른 아빠 제사

지난주 일요일은 아빠 기일이었다. 올해로 9주년이다. 세월이 약이라고, 이제는 아빠를 잃은 슬픔보다는 아빠에 대한 그리움이 더 크다. 돌아가신 아빠를 기쁘게 추억할 수 있게 된 것이다. 물론 그렇게 되기까지, 슬픔을 나눈 가족들의 노력이 있었다.

…… 아빠가 돌아가신 후 예닐곱 해까지도 가족들이 제사를 지내면서 아빠를 기쁘게 추억하지 못했던 것 같다. 친족체계가 유지되고 있는 전통 속에서 당숙, 당숙모 등

친척들이 아빠의 제사를 주관했다. 음식장만과 상차림, 술을 올리고 절을 하는 의식에서 자식, 특히 딸자식의 애도는 그닥 중요하지 않았다. 나는 내 방식대로 아빠를 추억하면서 애도하고 싶었지만, 제사라는 형식 속에서 그럴 기회는 없었다. 그저 어르신들이 음식 장만하는 것을 도와드리고 심부름 하는 것 말고 딸자식들이 제사에 기여하는 방법은 없었다. 아빠를 기쁘게 추억하기에는 가족들의 마음도 무거웠고, 제사라는 형식도 무거웠던 것이다.

…… 그러나 이번 제사는 달랐다. 음식 장만에서부터 제사를 주관하는 것까지, 모두 딸 넷이 손수 해치웠다. 마침 제사가 일요일이어서 서울에 있는 큰언니와 세째언니도 동참할 수 있었다. 친척들이 참석하는 고로 제사의 큰 틀은 유지하되, 우리의 마음을 담을 수 있도록 한 것이다. 제사를 지내는 내내 우리는 아빠의 살아생전 모습을 기억하면서 즐겁게 이야기를 나누었다.

…… 물론 앞으로는 더 간소하게 제사를 지내자고 합의를 보았다. 이제 제사가 우리 것이 되었으니, 우리의 정성을 담아 새롭게 의식을 만들면 되는 것이다. 내년에는 아빠가 돌아가신 지 10주년이 된다. 벌써부터 우리는 10주년 추모식을 기획하고 있다. ……

출처: http://blog.ohmynews.com/feminif/rmfdurrl/336277에서 2010. 07. 01. 발췌.

3) 부부 역할 분리에서 역할 공유로

가족 기능(의식주 생활 기능, 가족돌봄 기능, 자녀출산 및 양육 기능, 그리고 애정 기능 등)의 수행은 가족의 건강성과 행복감을 보장하는 기본적이면서도 중요한 일이다. 이 중 여성의 일로 성별화되었던 의식주 가사노동, 자녀양육 및 교육, 노약자 돌봄 기능이 점점 가족 바깥의 전문기관으로 이전되면서 가정생활 관리에서 남녀가 함께 참여하는 '역할 공유(role joint)'가 나타나고 있다. 즉 전통적으로 남성은 가족의 생계를 책임지는 부양자(bread earner)로서의 도구적 역할(instrumental role)을, 여성은 가사와 양육을 책임지는 표현적 역할(experssive role)을 수행하는 등 역할이 성별에 의해 엄격하게 나누어져 있었으나 여성의 가정 밖의 역할 수행 즉 사회참여 혹은 취업이 증가하면서 가정 안의 역할(가족 돌보기와 의식주 생활 기능 등) 수행을 남녀가 함께하게 된 것이다.

남성의 가사역할 동반은 긍정적 변화이기는 하지만 실제 맞벌이가족에서 남성의 가사노동 기여는 어느 정도가 될까? 연구들은 남녀의 성역할 인식에 변화가 온 것만큼 실천적 차원에서 성역할 수행에는 커다란 변화가 나타나고 있지는 않다고 밝힌다(여성한국사회연구회, 1995). 즉 통계청의 생활시간조사에 의하면(〈그림 1-1〉 참조) 외벌이가족의 아내가 가정관리와 가족 돌보기에 하루 평균 6시간 이상을 사용하는 데 비해 맞벌이가족의 아내는 일에 드는 시간이 있기 때문에 3시간 이상을 가정관리 및 가족 돌보기에 사용한다. 그에 비해 남편의 가사시간은 아내가 직장생활을 하는가/안 하는가에 관계없이 30~40분 정도로 비슷하다. 그리고 맞벌이가족 부부의 가사노동시간을 아내와 남편으로 나누어 비교 발표된 2014년도 보고(〈표 1-3〉 참조)에 의하면 맞벌이가족에서 평일 아내가 수행하는 가사노동 총 시간이 3시간 52분, 즉 230분임에 비해 남편이 수행하는 가사노동시간은 66분에 불과하다. 이는 맞벌이가족에서 여성의 소득이 가정에 미치는 효과가 남성의 기여도 100에 비추어 80에 이르지만 가사/양육에 남성이 기여하는 비율은 여성의 기여를 100으로 볼 때 20에 불과하다는 외국의 연구(kimball, 1994)처럼 성역할 공유가 발생되고는 있으나 평등한 수준까지는 이르지 못하고 있다고 볼 수 있다. 맞벌이가정의 여성이 전통적 역할에서 벗어나 생계부양과 가사노동 역할을 다 수행하고 있는 정도에 비해 남성의 가사/양육 기능 수행은 아주 미비하다.

그러나 향후 부부가 보다 평등하고 공평하게 제반 가사노동을 수행할 수 있을 것을 전망할 수는 있다. 마경희(2008)는 아내와 남편이 유급노동(직장생활)에 적절한 수준으로 헌신하면서, 비교적 동등하게 가구소득에 기여하고, 또 가사노동과 육아를 비교적 공평하게 분담하는 역할 공유형인 '(잠재적) 2인 양육자 가족'이 조사 대상 가족의 25% 정도로 나타나고 있다고 하였으며, 특히 이 유형은 연령 30대의 고학력 사무직 종사자들에게서 두드러지게 나타나며, 그 특성으로는 자율성을 추구하며 부부가 상호 존중하는 결혼생활과 함께, 융통성 있는 역할 분담을 실시하고, 책임, 권위 등을 공평하게 분배하며, 부부 각자의 일 영역을 인정하는 모습을 띄고 있다고 하였다.

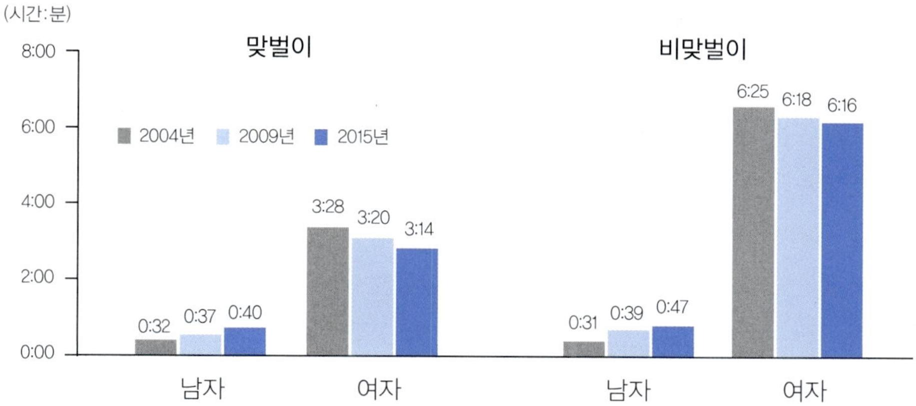

출처: 통계청. 『생활시간조사』. 각 연도.

〈그림 1-1〉 맞벌이 상태별 가사노동시간

〈표 1-3〉 맞벌이부부의 가사노동시간

	아내		남편	
	평일	일요일	평일	일요일
가정관리	2:29	3:22	0:51	1:23
– 음식 준비	1:29	1:53	0:35	0:46
– 가정용 섬유 및 신발관리	0:34	0:41	0:25	0:28
– 청소 및 정리	0:45	0:58	0:31	0:43
– 주거 및 가정용품 관리	0:37	1:21	0:51	0:57
– 차량관리	0:19	0:21	0:42	0:40
– 애완 동식물 돌보기	0:31	0:35	0:30	0:45
– 상품 및 서비스 구입	0:41	0:57	0:35	0:56
– 기타 가정관리	0:25	0:27	0:29	0:31
가족 및 가구원 돌보기	1:23	1:37	0:55	1:28
총 가사노동시간	3:52	4:59	1:06	2:51

출처: 통계청(2014). 『생활시간조사』.

4) 인구의 고령화 : 고령 여성 노인의 증가

노인가족의 발생배경은 산업화 및 도시화, 핵가족화, 개인주의적 가치관의 만연, 평균수명의 연장 등으로 설명된다. 우리나라의 65세 이상 노인인구가 전체 인구에서 차지하는 비율은 1960년 3.3%에서 점차 증가하여 1990년 5.0%, 2000년 7.2%로 고령화사회로 진입하였으며 향후 2018년에는 14.3%에 이르러 고령사회로 진입하고, 2026년에는 20.8%로 초고령사회에 도달할 전망이다(통계청. 『고령자통계』. 각 연도).

노인인구 관련 통계에서 두드러지게 나타나는 특성이 초고령 노인의 증가와 여성 노인 비율의 증가이다. 먼저 노인인구의 연도별 자료(〈표 1-4〉 참조)를 보면 65세 이상 고령자 인구의 연령대별 분포에서 65~69세와 70~74세의 전기노인이 차지하는 비율은 낮아지는 반면 75세 이상 후기노인이 차지하는 비율은 계속 증가하고 있다. 즉 2010년을 기준으로 보면 5세 간격으로 구별된 노인집단 구성비는 65세부터 95세 이상까지 총 7개 집단에서 각각 33.8%. 28.5%, 19.9%, 10.8%, 5.1%, 1.5% 그리고 0.4%이다. 이 비율을 2030년, 2050년의 장래인구 추이에서 비교해 보면 75세 이상은 다 증가하나 75~79세 집단의 증가 폭보다 80세 이상 노인들의 증가 폭이 더 큼을 알 수 있다. 즉 80~84세 집단은 향후 40년 동안 1.7배, 85~89세 집단은 2.3배, 90~94세 집단은 3.0배, 95세 이상 집단은 5.4배 증가한다고 예측할 수 있다.

남녀 노인인구를 성별로 보면(〈표 1-4〉 참조), 2010년을 기준하여 볼 때 65~69세, 70~74세 집단은 남성 고령자 수가 여성 고령자보다 많으나, 75세 이상부터는 남성 노인 비율이 줄고 여성 노인 비율이 증가하여 여성 노인의 수가 더 많아지게 된다. 특히 85세 이상에서는 여성 비율이 높아져 85~89세에서는 남성 노인 수의 1.8배, 90~94세 집단에서는 2.1배, 95세 이상에서는 5.0배로 여성이 더 많을 추세이다. 그래서 여성 노인은 남성에 비해 무배우자 상태에 더 많이 처해 있다. 2010년을 기준하여 볼 때(〈표 1-5〉 참조), 80세 이상의 남성 유배우자율은 66.8%, 69.6%인데 비해 여성의 유배우자율은 8.4%, 11.1%에 불과하다.

〈표 1-4〉 성별 고령자 인구의 증가 추세 (단위: 명, %)

	65~69세		70~74세		75~79세		80~84세	
	인구	%	인구	%	인구	%	인구	%
2000	1,381,212	40.7%	922,213	27.2%	608,084	17.9%	310,114	9.1%
남자	595,086	45.8%	353,411	27.2%	215,420	16.6%	95,912	7.4%
여자	786,126	37.5%	568,802	27.1%	392,664	18.7%	214,202	10.2%
2010	1,811,334	**33.8%**	1,526,896	**28.5%**	1,066,945	**19.9%**	579,110	**10.8%**
남자	833,561	**38.1%**	658,563	**30.1%**	410,554	18.7%	188,636	8.6%
여자	977,773	30.9%	868,333	27.4%	656,391	**20.7%**	390,474	**12.3%**
2020	2,580,776	33.5%	1,908,063	24.8%	1,429,479	18.6%	1,012,800	13.2%
남자	1,230,257	37.2%	873,904	26.5%	595,402	18.0%	377,349	11.4%
여자	1,350,519	30.7%	1,034,159	23.5%	834,077	19.0%	635,451	14.4%

	85~89세		90~94세		95세 이상		65세 이상 총계
	인구	%	인구	%	인구	%	
2000	128,397	3.8%	37,139	1.1%	7,737	0.2%	3,394,896
남자	31,792	2.4%	7,115	0.5%	1,050	0.1%	1,299,786
여자	96,605	4.6%	30,024	1.4%	6,687	0.3%	2,095,110
2010	273,944	**5.1%**	78,391	**1.5%**	20,233	**0.4%**	5,356,853
남자	76,812	3.5%	18,623	0.9%	3,247	0.1%	2,189,996
여자	197,132	**6.2%**	59,768	**1.9%**	16,986	**0.5%**	3,166,857
2020	532,189	6.9%	185,637	2.4%	52,181	0.7%	7,701,125
남자	168,881	5.1%	47,381	1.4%	10,320	0.3%	3,303,494
여자	363,308	8.3%	138,256	3.1%	41,861	1.0%	4,397,631

출처: 통계청. 『장래인구추계』. 각 연도.

〈표 1-5〉 혼인상태별, 성별, 연령별, 고령자 통계 (단위: 명)

		합계	60~64세	65~69세	70~74세	75~79세	80~84세	85세 이상
혼인상태	계	9,298,031	2,753,215	2,107,985	1,758,979	1,350,216	805,573	522,045
	미혼	142,008	65,800	33,068	18,961	11,043	6,445	6,691
	배우자 있음	5,959,677	2,142,503	1,537,547	1,136,075	723,347	310,360	109,845
	사별	2,733,184	324,133	410,157	535,573	584,784	477,808	400,729
	이혼	463,144	220,779	127,213	68,370	31,042	10,960	4,780
여성	계	5,199,438	1,407,301	1,097,353	968,851	802,660	**532,739**	**390,534**
	미혼	77,151	30,299	17,404	11,142	7,532	5,009	5,765
	배우자 있음	2,509,252	989,133	665,000	460,809	267,536	**99,063**	**27,711**
	사별	2,379,568	275,262	353,218	463,498	511,401	422,211	353,978
	이혼	233,467	112,607	61,731	33,402	16,191	6,456	3,080
남성	계	4,098,575	1,345,914	1,010,632	790,128	547,556	**272,834**	**131,511**
	미혼	64,857	35,501	15,664	7,819	3,511	1,436	926
	배우자 있음	3,450,425	1,153,370	872,547	675,266	455,811	**211,297**	**82,134**
	사별	353,616	48,871	56,939	72,075	73,383	55,597	46,751
	이혼	229,677	108,172	65,482	34,968	14,851	4,504	1,700

출처: 통계청. 『2010 인구주택총조사 보고서』.

그리고 노인의 주거형태에서는 자녀들과 함께 사는 노인들보다는 자녀와 따로 그리고 노인들끼리 거주하는 노인단독가구가 증가하고 있다. 노인들은 점점 자녀들과 함께 살기를 원하지 않으며, 특히 교육수준이 높을수록, 도시 출신일수록, 연령이 낮을수록, 수입이 많을수록, 건강할수록 기혼자녀와 동거하지 않고 독자적인 생활을 원하나(신화용, 1996), 실제 단독가족을 형성하고 사는 노인들의 경우 경제적 자립이 어려워 많은 어려움에 처해 있다. 즉 노인가족의 대부분은 생활비를 자녀 및 국가지원에 의존하고 있으며, 사회적 지지망 또한 결핍되기 쉬워 자녀가족과의 유대적 관계가 어려우면 실제적으로 경제적 측면뿐 아니라 정서적으로도 어려움을 겪는다(박세경, 2005).

그러나 노인들이 노후문제를 스스로 해결하겠다라는 의지는 해마다 강해지고 있다. 통계청의 사회지표조사에 의하면(〈표 1-6〉 참조), 노인들이 노후를 가족에게 의지하겠다는 응답이 2002년 70.7%에서 2010년 36.0%, 2018년 26.7%로 낮아지고 있는 반면 스스로 해결하겠다는 응답은 2002년 9.6%에서 2010년 12.7%, 2018년 19.4%로 다소 증가하고 있으며, 노인부양의 관점도 '가족과 정부가 함께 공동의 책임을 져야 한다'는 사적 차원과 공적 차원을 함께 주장하고 있다.

〈표 1-6〉 노부모 부양에 대한 견해 (단위: %)

연도	계	부모 스스로 해결	가 족						가족과 정부·사회	정부·사회	기타
				장남 (맏며느리)	아들 (며느리)	딸 (사위)	모든 자녀	자식 중 능력 있는 자			
2002	100.0	9.6	70.7	21.4	19.7	1.4	27.6	30.0	18.2	1.3	0.2
2006	100.0	7.8	63.4	19.5	8.1	0.9	49.2	22.2	26.4	2.3	0.1
2010	100.0	12.7	36.0	13.8	7.7	1.8	62.4	14.3	47.4	3.9	0.0
2016	100.0	18.6	30.8	5.6	4.5	1.0	71.1	17.7	45.5	5.1	0.0
2018	100.0	19.4	26.7	5.0	3.7	1.0	72.0	18.3	48.3	5.7	0.0

출처: 통계청. 『사회지표조사』. 각 연도.

4. 가족변화의 전망과 대처

1) 미래가족 전망

변화는 우리로 하여금 따라오라고 손짓한다. 앞으로의 사회인 정보사회(information society)에는 또 새로운 삶이 만들어질 것이다. 집단, 특히 혈연집단 등이 우선시되던 것과는 달리 개인의 개성과 창의성이 존중되는 사회로 바뀌어 갈 것이다. 민주주의 실현에 대한 갈망은 더욱 클 것이고, 인권과 사회적 불평등에 대한 인식 수준도 향상될 것이다. 눈부시게 발전하고 있는 과학기술은 더욱 다양하고 새로운 직업을 창출할 것이고, 연령차별, 성차별, 인종/민족 차별 등은 더욱 드러나면서 동시에 제도를 통해 감소될 것이라 예측된다.

이런 제 변화를 가족에 적용해 보면 형태 면에서는 더욱 다양한 가족들이 등장할 것이다. 그리고 가족관계에서는 제도나 가족주의 가치로 가족에 대한 책임감이 강조되기보다는 보다 민주적이고 평등한 상호 간의 이해와 배려를 통한 상호 책임과 이타심(altruism)에 기반을 둔 호혜적 관계(reciprocal relationship)가 강조될 것이다. 가족이라면 반드시 이러해야 한다는 당위성도 희미해질 것이며, 정형적 실체도 강조되지 않을 것이다.

결혼에 대한 다양한 대안적 삶은 계속 창출될 것이며, 건강 수명의 증가로 2, 3회의 결혼–이혼이 가능한 연속적 일부일처제(serial monogamy)도 보다 보편화할 것이다. 소위 '네트워크 가족(network family)'이라 하여 '따로, 또 함께'라는 독립과 의존의 규범을 넘나드는 가족도 증가하리라 본다. 네트워크 가족은 하나의 응집된 집단이 아니라 개인 간의 연결망으로서의 가족을 의미한다. 이 가족에게는 혈연가족의 속성보다는 삶의 양식을 함께 누리는 문화적 공동체로서 속성이 더욱 중요하며, 공통의 가족가치(family value), 친밀감(intimacy) 등이 네트워크 유지의 변수가 된다. 이런 가족은 가족 구성원 개인의 개성, 자율을 억압하는 생활이 아닐 것이며, 어느 정도 젠더(성별)를 초월할 수 있을 것으로 예측되나, 한편으로는 가족 구성원 간의 응집과 감정적 교류가 약화되어서 서로가 고립되고 쉽게 해체되는 문제점도 예견할 수 있다.

2) 미래가족에 대한 대처

형태 면에서 느슨해지고 관계 면에서 덜 구속적인 미래가족에 적응하기 위해 우리가 준비해야 되는 것은 바로 가족에 대한 교육이다. 즉 변화하는 가족에 대한 '예비 사회화(preliminary socialization)'가 필요하다.

과거에는 부모나 선배가 바로 삶의 인도자였고, 인생의 카운셀러였고 멘토였다.

결혼과 자녀출산 그리고 자녀양육으로 이어지는 다양한 가족생활사건 등은 규범적 기대에 의해 자연스럽게 진행되었고, 가족의 일상은 정형화되었고, 가족문제는 전적으로 개별 가정에 일임되었다. 그러나 현대사회는 새로운 가족 적응력을 요구하고 있다. 가족의 일상은 점점 다양화, 비정형화되어 가고 있다. 결혼, 출산, 자녀 보내기 등이 과거엔 규범적 생활사건으로 예측 가능하였으나, 지금은 선택적 결혼, 자발적 무자녀, 이혼과 이혼 후의 적응, 재혼가족의 비규범성, 중년의 새로운 생애설계의 필요, 황혼이혼, 장기간의 부양 등으로 가족도 비규범적 삶에 익숙해지기 위해 새로운 가족 적응력을 필요로 한다.

현대가족은 위 세대의 경험이 적용되지 못하는 환경 속에서 가족을 지지해 줄, 가족의 내재된 힘을 찾아주는 그런 체계가 필요하다. 자율성과 개방성이 존중되면서 다양성, 유연성 그리고 공동체적 규범성이 있는 그런 가족관계를 만들어 갈 수 있는 능력의 함양이 필요하다. 가족교육과 상담, 그리고 가족전문가, 가족 관련 기구 등은 중요한 외곽 지원체이다. 이들은 새로운 가족규범, 과거와 다른 가족관계, 시대가 요구하는 새로운 가족가치에 적응하기 위한 준비를 도와주는 '가족 예비화(preliminary family)'의 지원체계이다.

가족 예비화는 가족의 전략적 적응력을 키워 주고 궁극적으로는 가족문제를 예방한다(Barr, 1993). 생애설계교육, 공동부모교육, 가족활동증진교육, 그리고 퇴직준비교육 등은 그 좋은 예이고 이런 예비화를 통해 가족관계는 성실해지고 안정된다. 다양한 역할을 결합시키고, 새로운 도전들에 직면하는 능력이 학습될 수 있다. 이런 예비화는 개인적으로 혹은 가족 단위로의 예비화뿐 아니라 거시적 차원의 예비화도 필요하다. 예를 들면 지금 우리는 회색사회로 가고 있다. 베이비붐 세대(1955년 전후 세대부터 1965년 사이 출생 세대)가 노인기로 접어들고 있지만 경제적 정서적으로 준비 안 된 노년기는 노인 스스로뿐 아니라 가족 내외적으로도 어려움에 처해 있다. 즉 노인의 우울과 자살, 자녀로부터 보호받지 못하는 부모, 노인돌봄의 사회적 인식 부족, 공적 부양의 협소함 등의 문제가 숨어 있다. 우리 사회의 고령화 준비가 부족함을 단적으로 드러내는 예이다. 저출산 역시 개별가족의 문제가 아니라 보다 공공적 관점을 필요로 하는 사회문제이다.

이를 가족관계에 적용하면, 가족 예비화는 가족발달의 전이 단계(가족 형성기, 가족 확대기, 가족 축소기 등)마다 필요하고, 특수한 가족문제를 가진 가족에게는 초기 개입의 효력을 기대할 수 있기 때문에 더욱 필요하다. 다양한 가족유형별로 가족과정(의사소통, 갈등, 자원배분, 가정관리 등)과 관계(부부관계, 부모자녀관계, 형제관계 등)의 질 안정화에 기여할 개입은 사회적 비용의 감소와 민주시민 양성이란 관점에서 그 공공성도 담보된다. 가족이 변화에 직면하도록 돕고, 가족의 내재된 자원을 찾아 주어 스스로 더 강한 가족으로 기능할 수 있도록 준비하는 것, 그것이 현대가족의 대처방안일 것이다.

미래의 가족은 미래사회에 적응하기 위해 새로운 가치관과 생활양식을 필요로 하는 방향으로 진화될 것이다. 미래가족은 변화, 새로움 등을 추구하면서 동시에 인간이 지닌 보편적 가치(서로 사랑하며 의존하고 배려하는)를 추구하는 삶이 함께 갈 것이다. 가족이 여전히 비판의 대상이 되는 것은 역시 인간이 지닌 본질적 한계(이기심, 경쟁심, 그리고 보다 편리함을 추구하는 게으름)로 문제가 발생하기 때문이겠지만 그 본질적 가치에 함께 살아가야 한다는 연대의식(solidarity)이 동반된다면 인생은 그래도 즐거울 것이라 기대한다.

토 의 점

1. 조부모 혹은 부모의 생애를 면접법으로 조사해 봅시다. 출생에서부터 결혼 전 성장 단계(어린 시절 가족생활 이야기, 중·고등기, 청년기), 결혼 단계, 결혼 이후의 삶(신혼기, 자녀 출산 및 양육기, 중년기로 나누어 배우자와의 관계, 자녀와의 관계, 친족과의 관계 등)으로 생애를 나누어 그 분들이 살아오신 삶을 듣고 기록해 봅시다. 그 구술을 다 정리한 뒤 여성과 남성의 생애를 비교해 봅시다.

2. 가족이란 이름 아래 다양한 유형으로 살아가는 사람들을 만나보고, 그런 삶 속에서 여성으로, 또는 남성으로 지니는 문제의식은 무엇이며, 일상에서 어떻게 적응하여 극복해 나가고 있는가를 조사해 봅시다.

3. 미래가족에서 나타날 수 있는 젠더 관점의 갈등에는 어떤 것들이 있을 수 있는지 토론해 봅시다.

2장 가족 다양화 경향

한국사회의 극심한 사회변동의 분기점은 조선 중기(1400－1500년경)와 20세기 중반(1950년) 이후이다. 특히 1970년 산업사회로 진입되면서 나타난 제반 변화들로 인해 다양한 가족들(families)이 나타나기 시작하였다. 유럽에서는 1차 대전 이후 1920~1930년대부터 전통적 가족형태가 변형되기 시작하였다. 그래서 동서양을 막론하고 산업화·도시화 과정을 거치면서 형태가 변형되기도 하고, 가족의식이 새로운 다양한 가족들이 등장하기도 하였다.

가족의 다양한 변화는 크게 사회적 요인, 인구 구성적 요인, 가치관 요인으로 나누어 분석해 볼 수 있다. 사회적 요인 중 가족변화에 영향을 미친 가장 큰 변수는 산업화, 도시화, 성평등화이다. 인구학적 요인으로는 초혼연령 상승, 혼인율 감소, 소자녀 선호, 남성 중년세대의 조기사망, 평균수명 연장 등을 들 수 있다. 그리고 가치관적 요인으로는 혼인 가치관, 자녀 가치관, 부부관계 가치관, 가족부양 가치관, 여성의 독립욕구 등을 들 수 있다. 이상의 요인들은 한국가족이 다양하게 변화하는 배경을 설명하고 있으며, 4차 산업이 도래할 미래사회에서 가족 다양화는 더욱 가속화 될 것으로 예측하고 있다(장현섭, 1993; 이기숙, 1993; 공세권, 1995; 김승권, 2005; 이재경, 2005).

1. 가족형태 분류의 기준

다양한 가족형태와 관련하여 이를 분류하거나 유형화하는 학문적으로 합의된 틀은 아직 없다. 전통적인 형태의 가족에서 벗어난 가족은 그간 '결손가족', '대안가족', '비정형가족', '다양한 가족' 등으로 다양하게 표현되었다. '결손가족'은 규범적이고 보편적인 가족으로서의 구성요소를 결여하고 있는 가족이라는 부정적 가치판단이 전제되어 있고(김승권 외, 2000), '대안가족'은 다양한 가족형태 중 전통적인 가족의 형태와 기능을 극복하고자 하는 의도적 변화 지향성과 자발성을 포함한 개념이며(변화순, 2001), '비정형가족'은 가족의 정형화된 틀을 벗어난 가족을 말한다(양옥경, 2000). 그리고 가장 포괄적인 용어인 '다양한 가족'은 가족의 기능과 형태를 모두 포함하는 총칭적 개념(김승권, 2004)으로 이 장에서는 다양한 가족이란 용어를 사용하고자 한다.

가족형태에 대한 표현이 다양한 것처럼 그 유형을 분류하는 기준도 다양하다. 먼저 기존의 복지정책에서 요보호가족으로 분류한 전통적 개념의 다양한 가족과 현대적 개념의 다양한 가족으로 가장 편이하게 구분할 수 있다. 즉 전통적 개념의 다양한 가족에는 모·부자가정, 소년소녀가정, 노인부부가족, 노인단독가구 등이 있으며, 현대적 개념의 다양한 가족에는 1세대 미혼독신가구, 재혼가족, 미혼부/모가족, 동거가족, 동성애가족, 공동체가족 등이 있다. 김태현(1993)은 구조, 기능, 합법성을 기준으로 가족을 분류하였다. 즉 구조는 가구구성, 가족 크기 등과 같은 물질적 구조와 관련되어 독신가구, 자발적 무자녀가족, 한부모가족, 재혼가족 등이 여기에 속한다. 기능의 다양화 기준은 성역할 분담, 노동력 재생산, 자녀양육의 관행 및 태도, 경제적 분담, 정서적 안정과 관련되어 공동체가족, 맞벌이가족, (성별에 근거한 성역할 분리가 아닌) 역할 공유형 또는 역할 전환형(남녀의 역할이 바뀐) 가족이 이에 속해진다. 합법성의 다양화는 성행위, 가족상황에 합법성을 부여하는 기준이 어느 정도까지 융통성을 가질 것인가와 관련되어 있는데 동거가족, 독신부모가족, 동성애가족 등이 있다.

또 가족구조, 가족원의 특성, 생활양식, 탈근대성을 기준으로 분류하기도 한다(김승권, 2005). 가족구조적 측면에서는 전통적 가족구조와 다른 부모자녀관계와 부부관계를 보여주며 한부모가족, 미혼모가족, 노인가족, 무자녀가족 등이 있다. 가족원의 특성에 따른 다양한 가족에는 재혼이나 입양 등을 통해 형성된 재혼가족과 입양가족, 그리고 이질적인 국적과 문화를 가진 남녀가 결혼을 통하여 가족을 형성하면서 나타나는 국제결혼가족 등이 있다. 생활양식에 따른 다양한 가족은 기성여성의 취업, 주요 가족원이 국내의 다른 지역에서 살거나 외국에 거주함으로써 발생되는 가족유형이며, 맞벌이가족, 주말부부가족, 기러기가족 등이 있다. 탈근대적 측면의 다양한 가족은 다원성과 개인의 자율성을 최대한 존중하며, 권위적인 사회질서의 거부 및 평등적 관계를 지향하는 가족유형으로 미혼독신가족, 동거가족, 동성애가족, 공동체가족 등이 중심이다.

본 장에서는 가장 최근의 분류이면서 다양한 가족을 포괄적으로 유형화시킨 김승권(2005)의 가족 분류를 근거로 하여 최근 20여년 동안의 연대기적 변화를 고찰하고자 한다.

2. 가족형태 다양화 경향

1) 구조적 다양화

(1) 한부모가족

한부모가족(single pareant family)의 출현배경은 이혼과 사별에 의한 경우가 대부분이다. 최근 한국사회에는 과거처럼 부부 간의 성격차이나 배우자의 부정, 가정폭력 및 가족 기능 수행에 대한 불만족 등의 다양한 문제를 무조건적인 인내로 감수하는 것만이 바람직한 것은 아니라는 가치관이 확산되고 있으며, 이를 지지하는 사회적 분위기가 마련됨에 따라 가족들은 이들 문제에 대하여 적극적으로 대처할 수 있게 되었다. 그 결과 이혼이나 별거를 선택하는 경우가 증가하고 있다.

우리나라 전체 가구에서 한부모가족이 차지하는 비율은 지난 20년간 크게 증가하였다. 통계청 자료에 의하면 전체 가구 중에서 한부모가족이 차지하는 비율은 1995년 7.4%, 2005년 8.6%, 그리고 2015년에는 9.9%였다. 한부모가족을 모자가족과 부자가족으로 나누어 볼 때, 모자가족 비율이 월등히 높다. 한부모가족이 된 사유도 2005년 이전에는 '사별'이 높았으나 2010년부터는 '이혼'이 더 높게 나타났다.

〈표 2-1〉 한부모가족의 비율 (단위: 가구, %)

세대구성별	항목	1995	2000	2005	2010	2015
한부모 가구 전체	계	959,972	1,123,854	1,369,943	1,594,138	1,886,362
	유배우[1]	216,067	252,917	327,864	412,793	457,798
	사별	526,320	502,284	501,095	473,753	511,468
	이혼	12,333,969	245,987	398,532	522,865	702,853
	미혼	93,616	122,666	142,452	184,727	214,243
	한부모가구 비율[2]	7.4	7.9	**8.6**	9.2	**9.9**
모 + 미혼 자녀	계	787,574	903,857	1,083,020	1,246,690	1,542,046
	유배우	165,401	194,690	263,716	318,481	389,496
	사별	458,298	438,226	427,209	402,385	442,550
	이혼	72,889	153,177	258,861	359,215	516,887
	미혼	90,986	117,764	133,234	166,609	193,113
	한부모가구 비율	6.1	6.3	**6.8**	7.2	**8.1**
부 + 미혼 자녀	계	172,398	219,997	286,923	347,448	344,316
	유배우	50,666	58,227	64,148	94,312	68,302
	사별	68,022	64,058	73,886	71,368	68,918
	이혼	51,080	92,810	139,671	163,650	185,966
	미혼	2,630	4,902	9,218	18,118	21,130
	한부모가구 비율	1.3	1.5	**1.8**	2.0	**1.8**

주: 1) 한부모가구의 혼인상태가 유배우인 경우는 배우자의 가출, 유기, 장기복역 등의 상태도 포함됨을 의미함

2) 총 가구 수 대비 한부모가구 수의 비율임

출처: 주재선 외(2019). 『한국의 성인지 통계』.

(2) 미혼부/모가족

미혼부/모가족은 일반적으로 혼인관계가 없는 남성과 여성이 자녀를 출산하여 형성된 가족을 말한다.

미혼부/모가족의 발생 원인은 낮은 교육수준과 자아정체감, 개방적인 성(性) 태도 등으로 논의되는 개인적 요인, 낮은 소득수준과 가족구조적 결손, 성에 대한 부모의 폐쇄적 태도 등으로 논의되는 가족적 요인, 향락산업의 팽창 및 산업화, 대중매체의 영향 등의 사회문화적 요인 등 다양하다(변화순·조은희, 2003). 그렇지만 실제 우리 사회의 미혼부/모의 발생수준은 미혼부/모가 출산한 아동의 보호시설 입소나 입양 등으로 짐작될 뿐인데 실제 해외입양 등으로 정확한 실체가 파악되지 못하고 있다(김승권, 2005). 우리 사회는 아직 미혼부/모가 발생하더라도 은폐하려는 경우가 많으며, 사회적 지원수준 자체가 미흡하며, 전반적인 실태조사도 전무하여 정확한 통계치를 찾을 수가 없다.

미혼부/모가족이 경험하는 어려움은 사회적 편견과 경제적 어려움, 그리고 가족 등으로부터 사회적 지지를 받지 못하는 점 등이 지적되고 있다(변화순·조은희, 2003). 따라서 미혼부/모가족에 대한 국가·사회적 지원에 앞서 선행되어야 할 것은 미혼부와 미혼모 문제를 개인적인 문제로 보지 않고 사회구조적으로 접근하려는 노력일 것이다.

(3) 노인가족

일반적으로 노인가족(family with elders)은 가족원 중에 노인이 포함된 형태로, 노인독신, 노인 1인가구, 노인 1세대가구, 노인부부, 노인부부와 미혼자녀, 노인부부와 기혼자녀 및 기타 혈연 또는 비혈연 가족원 등으로 구성된 가족형태로 나타난다(박세경, 2005). 노인가족의 발생배경은 도시화, 핵가족화, 개인주의적 가치관의 만연 그리고 평균수명의 연장 등이다. 특히 80세 이상 고령노인의 절대적 증가는 노인독신가족의 증대로 이어져 경제적, 보건 의료적, 심리적 측면에서 사회문제로 대두될 것으로 보인다.

우리나라는 이미 2000년도에 65세 이상 노인인구가 전체 인구에서 차지하는 비율이 7%를 넘어 고령화사회로 진입하였으며, 2020년에는 15.7%에 이르러 고령사회에 진입하였다(통계청. 『고령자통계』). 〈표 2-2〉에서 65세 이상 인구의 세대구성 형태의 변화를 살펴보면 전체 노인가구 중 노인 1세대가구(노인부부가구)가 2000년 28.7%에서 2019년 37.8%로 크게 증가하였고, 노인 1인가구도 2000년 16.2%에서 2019년 20.5%로 증가하였다. 반면, 자녀 세대와 동거하는 3세대 이상의 확대가족은 2000년 30.8%에서 2019년 11.5%로 크게 감소하였다. 2019년 기준으로 전체 노인가구 중 노인 1세대가구와 노인 1인가구, 즉 노인만으로 이루어진 가구가 전체의 58.3%에 달한다.

〈표 2-2〉 65세 이상 인구의 세대구성 형태 (단위: 명, %)

연도	65세 이상 인구	1세대 가구	2세대 가구	3세대 가구	4세대 이상 가구	1인 가구	비친족 가구
2000	3,346,821	28.7	23.9	29.9	0.9	16.2	0.4
2005	4,315,415	33.0	24.9	22.9	0.5	18.1	0.5
2010	5,283,620	35.0	25.3	18.7	0.3	20.2	0.4
2015	6,408,951	34.9	28.8	15.7	0.3	19.1	1.2
2019	7,464,795	37.8	28.4	11.4	0.1	20.5	1.8

주: 집단가구, 외국인 및 특별조사구 인구 제외함
출처: 통계청. 『인구총조사』. 각 연도.

(4) 무자녀가족

부부 중심적 또는 부부 각자의 개인적 삶이 강조되면서 자녀출산을 계획하지 않은 부부가 증가하고 있는데, 크게 두 가지 유형으로 구분된다. 우선 자발적 무자녀가족(voluntary childlessness family)은 부부의 합의에 의해 자녀를 갖지 않기로 결정하고 자녀 없이 부부로만 구성된 가족이다. 반면에 비자발적 무자녀가족

(involuntary childlessness family)은 신체적 혹은 생리적 이유로 배우자와 동거하면서 피임을 하지 않고 정상적인 부부관계를 가진 상태에서 12개월 이내에 임신이 되지 않거나 생존아를 출산할 수 있는 임신을 지속할 수 없는 상태를 말한다.

무자녀가족의 실태에 대한 정확한 자료는 없다. 그러나 무자녀 가능성이 높은 부부만 사는 1세대 가족의 통계 자료를 통하여 그 실태를 유추해 볼 수 있다. 인구주택총조사에서 나타난 부부 1세대로만 구성된 부부가구는 1970년의 5.4%에서 1980년 6.4%, 1990년 9.3%, 2000년 14.8%로 계속 증가하고 있다.

무자녀가족이 가족관계에서 겪는 어려움은 비자발적 무자녀가족에서 많이 나타난다. 특히, 불임 그 자체뿐만 아니라 이로 인해 야기되는 다양한 문제들이 복합적으로 얽혀 부부관계, 가족관계, 대인관계에까지 영향을 미치게 된다. 특히 불임여성이 가족과의 관계에서 긍정적 지지를 받기보다는 가족들이 보이는 부정적인 태도로부터 심리적 부담감을 받기도 한다.

2) 구성원의 다양화

(1) 재혼가족

재혼가족(remarriage family)이란 부부 중 한사람 혹은 둘 모두가 결혼한 경력이 있고, 그로 인한 이혼이나 사별을 경험한 사람이 결혼을 통해 가족을 형성한 것을 의미한다. 재혼가족의 발생 원인을 직접적으로는 이혼, 별거, 사망 및 유기 등으로 인한 가족해체를 들 수 있으며, 이외에도 개인주의적 성윤리와 다양한 가족관의 전환, 여성지위 향상 및 재정적인 이유 등으로 재혼가족이 형성되고 있다.

우리나라 총 혼인건수는 계속 감소하고 있는 반면 재혼가족의 규모는 이혼율과 함께 급격히 상승하는 추세를 보인다. 재혼가족(총 혼인건수에서 남성[초혼]+여성[재혼], 여성[초혼]+남성[재혼], 남성[재혼]+여성[재혼] 건수를 합한 것임)의 연도별 발생규모를 보면 1995년 54,033건이었던 규모가 2000년 59,646건, 2005년 79,765건으로 증가하였고, 2010년에는 71,362건, 2015년에는 64,450건, 2019

년 54,432건으로 나타나고 있다. 총 혼인건수에서 재혼이 차지하는 비율은 1995년 13.6%, 2000년 18.1%, 2005년 25.4%로 큰 폭으로 증가하다가 2010년 21.9%로 약간 감소하여 2019년에는 22.8%로 나타나고 있다. 2019년을 기준하여 볼 때 재혼은 남성의 경우 16.5%, 여성의 경우 전체 혼인건수의 18.6%이다. 여성의 재혼율이 남성보다 높은 것은 2000년부터 나타난 현상이다.

재혼가족의 어려운 점으로는 재혼가족에 대한 부정적 사회인식, 재혼 가족원의 부적응, 전 배우자 또는 친부모가 실제 생활이나 기억 속에 존재하는 것 등이다. 새로운 가족 구성 이후 낯선 가족원의 생활패턴을 서로 이해해야 할 뿐만 아니라 가족이라는 공동의식, 즉 공동의 정체성 확립을 위해 노력해야 하는 점도 쉽지 않다.

(2) 입양가족

입양가족(adopted family)의 개념은 출산에 의한 관계가 아닌 입양이라는 법률적 과정을 통하여 새로운 부모–자녀관계, 형제자매관계를 형성하고 있는 가족을 말한다. 입양가족에서 입양아는 자신을 받아들인 가족의 영구적인 구성원이 되며, 자녀로서의 모든 혜택과 권리를 부여받게 된다. 또한 입양가족은 입양아를 받아들임으로써 복합적인 새로운 가족관계를 형성하게 되는 것이다.

입양가족의 발생원인은 주로 불임으로 인해 무자녀가족인 경우 입양을 통해 자녀를 얻으려는 것이 대부분이었다. 그러나 최근에는 입양에 대한 사회적 인식이 개선됨에 따라 인도주의적 동기로 유자녀가족의 경우도 입양을 하는 경우가 늘고 있다. 입양가족은 새로운 가족관계의 형성 및 적응과정에서 정서적인 문제들이 발생하며, 이는 입양부모의 역할인식에 영향을 미쳐서 스트레스 발생과 가족의 조화와 통합을 이루는 데 많은 어려움을 발생시키기도 한다(이동원 외, 2001).

우리나라의 입양은 개별적 독립입양이나 비밀입양이 많기 때문에 입양의 통계적 추이를 정확하게 파악할 수 있는 공식적 자료는 없고 단지 보건복지부의 내부자료를 참고로 하여 대략적인 추이를 알 수 있는 정도이다. 즉 국내입양은 1995

년 1,025명에서 2000년 1,686명으로 증가하다가 2005년부터 입양 사례가 감소하였다. 전체 입양건수에서 국내입양이 차지하는 비율은 1995년 31.9%에서 2000년 41.6%, 2015년 51.4%로 증가하고 있다.

〈표 2-3〉 연도별 국내·외 입양실태 (단위: 명)

구분	1995	2000	2005	2009	2015	2017
국내	1,025	1,686	1,461	1,314	683	465
국외	2,180	2,360	2,101	1,125	374	398
전체	3,205	4,046	3,562	2,439	1,057	863

출처: 보건복지부. 『국내외 입양통계』. 각 연도.

과거에 비해 국내입양 비율이 높아졌다고는 하지만 아직도 전체 입양 중 40% 정도가 국외입양이다. 이렇듯 국내입양이 소극적으로 이루어지고 있는 것은 혈통을 중시하는 유교적 가족관, 부모중심의 입양, 비밀입양으로 인한 까다로운 아동 선정 조건, 국내입양 전문기관의 부족과 전문종사자 부족, 입양 알선기관의 해외입양 선호 및 입양상담원의 적극적인 국내입양 성사의지 결여 등이 주요 원인으로 지적되고 있다(이동원 외, 2001).

(3) 국제결혼가족

국제결혼가족(international marriage family)은 국적을 달리하는 남녀가 결혼함으로써 형성된 가족을 말한다(김유경, 2005). 우리나라에서는 동남아시아를 비롯한 저개발국가의 여성과 한국남성과의 결혼이 급속히 늘어나고 있다.

통계청에 의하면(〈표 2-4〉 참조), 한국의 국제결혼 건수는 2005년부터 증가하기 시작했다. 2005년 42,356건으로 1990년의 4,710건과 비교해 보면 약 10배 정도 증가했다. '한국여성과 외국남성과의 결혼'은 1990년 4,091건에서 2015년 6,597

건으로 완만한 증가를 보인 반면 '한국남성과 외국여성 간의 결혼'은 1990년 619건에서 2015년 14,677건으로 급격한 증가를 보였다. 특히 2000년 이후 한국의 국제결혼 건수가 급속히 증가하여 2019년에는 국제결혼 건수가 전체 국내 혼인건수의 11.2%에 이르게 되었다.

〈표 2-4〉 연도별 외국인과의 혼인건수 (단위: 건)

연도	총 혼인건수	외국인과의 혼인 (a + b)	한국남성 + 외국여성(a)	한국여성 + 외국남성(b)
1990	399,312	4,710	619	4,091
2000	332,090	11,605	6,945	4,660
2005	314,304	42,356	30,719	11,637
2010	326,104	34,235	26,274	7,961
2015	302,828	21,274	14,677	6,597
2019	239,159	23,463	17,687	5,956

출처: 통계청. 『인구동향조사』. 각 연도.

국제결혼가족의 가장 큰 어려움은 서로 다른 언어로 인한 의사소통의 어려움이다. 또 이질적인 문화적 배경, 즉 생활습관 및 가치관의 차이로 부부 및 가족 간에 혼란과 정서적 갈등을 겪고 있다(양순미·정현숙, 2006; 이은주, 2007). 그리고 외국인 아내 또는 남편의 국적취득에 관한 법률적 문제와 인권적 문제의 어려움인데, 특히 한국인과 외국인 불법체류자 사이의 사실혼관계는 법적으로 어떠한 배려도 없는 실정이다(김유경, 2005).

3) 생활양식의 다양화

(1) 맞벌이가족

맞벌이가족(dual earner/career family)은 부부가 모두 직업을 가진 가족을 말한다. 맞벌이가족은 기존의 확대가족 또는 핵가족의 형태를 취하나 부부가 함께 경제활동을 한다는 면에서 기능적 측면과 가족관계 측면에서 새로운 가족형태로 볼 수 있다. 또한 여성의 자아욕구 증대와 편의주의의 확산으로 어느 정도의 생활수준을 유지하려는 문화적 압력과 소득증대에 대한 강한욕구가 어우러지면서 현대사회에서 가장 보편적인 가족유형으로 보고 있다. 교육기회의 확대, 여성에게 적합한 직종 개발 등으로 기혼여성의 취업이 증대됨으로써 맞벌이가족의 증가는 앞으로 더욱 지속될 것이다(이기숙, 1999).

맞벌이가족은 부부 모두가 경제활동을 함으로써 가정관리와 가족보살핌 기능이 약화되어 이에 따른 어려움을 호소하고 있다. 특히 자녀양육 지원에 대한 욕구가 증대함에 따라 이를 위한 다양한 사회적 지원이 필요하게 되었다.

(2) 주말부부가족

주말부부가족(commuting couple family)은 직업과 거주 등의 이유로 부부가 일주일에 3일 이상 떨어져 살면서 생활하고 있는 가족을 말한다. 특히 맞벌이 주말부부는 서로 다른 지역에 직업과 거주지를 두고 떨어져 살면서 자신들의 직업적 목표를 추구하는 동시에 결혼생활을 유지하려는 사람들로 전문직, 관리직 그리고 사무직에 종사하는 부부라고 정의하기도 한다(이기숙·손태홍, 2004).

우리나라에서 주말부부가족의 등장은 사회경제적 변화와 밀접하게 관련되어 있다. 발생요인으로는 경제적 요인과 여성취업의 증가, 남편의 직장 소재지 이동, 자녀교육 등이다. 즉, 행정기관과 교육기관이 대도시에 집중되어 자녀교육을 위해 부인과 아동은 대도시에 머무르고 남편은 새로운 근무지에 머무르게 되기 때문에 발생되는 경우가 많다(김태현·박숙자, 1992). 또한 부부 각자의 근무지역이 상이함으로 인해 발생되는 경우도 많이 있는데 이러한 맞벌이 주말부부는 경제적 목적보다는 아내의 직업적 성취와 자아실현이 중시되는데 왜냐하면 따로 떨어져 거주한다는 것은 그 만큼의 경제적 비용과 부부는 함께 살아야 한다는 전통적 이데올로기의 극복도 요구하기 때문이다(이기숙, 1999).

과거의 주말부부가 주로 부양자인 남편의 직업이나 자녀교육 문제로 인하여 남편만 떨어져 사는 남편 외유형의 홀벌이 주말부부라면, 최근에는 맞벌이 주말부부가 증가하고 있다(한유미, 2003). 계속적으로 기혼여성의 취업이 확대되고 여성의 자아실현이 중시되며, 주 5일제 근무의 확장, 더욱 좋아진 교통편의, 대도시 위주의 우리나라 교육열 등을 감안할 때 주말부부가족은 더욱 급증할 것으로 추측된다(이기숙, 1999; 한유미, 2003).

주말부부가족은 역할긴장과 스트레스가 어려움으로 지적되고 있다. 서로 분리된 생활의 운영을 각자가 담당해야 하며, 재회 시 종종 서로에 대해서 비현실적인 기대를 하기도 하여 갈등이 있을 수 있고, 별거와 왕래의 반복되는 생활 속에서 스트레스가 발생하기도 한다. 보통의 가정에서처럼 매일 접촉할 수 없기 때문에 일상생활에서 일어나는 사건이나 정보를 공유할 수 없게 되어 소외감, 외로움 등을 경험할 수도 있다. 또한 가족원 간의 결속의 부족, 가족원 상호 간의 정서적 지지의 부족으로 인해 가족생활에 불만을 갖기 쉽고 별도의 생활비 등이 추가되고 이웃관계, 친구관계, 친척관계 등에 소홀하기 쉽다. 그리고 가장 어려운 점은 자녀양육과 교육으로 나타났다(이기숙, 1999; 이기숙·손태홍, 2004).

(3) 기러기가족

최근 삶의 방식이 다양해짐에 따라 가족의 일반적인 형태로서 생각되지 않았던 가족형태 중 한국사회의 독특한 가족유형으로 기러기가족('Kirogi' family)을 들 수 있다. 국립국어원 '신어' 자료집에 수록된 기러기가족의 개념을 그대로 정의하면 '자녀를 외국에서 교육하기 위하여 아내와 자녀 또는 남편과 자녀는 외국에서, 남편이나 아내는 국내에서 따로따로 생활하는 가족을 비유적으로 이르는 말'이다.

이들 기러기가족 부부는 대부분 30~40대이며 초등학생과 중학생 자녀를 둔 대졸 이상의 고학력자들이라는 특징을 갖고 있다. 배우자의 직업은 무역업, 고위직 공무원, 교수, 변호사, 의사, 컴퓨터 관련 사업가 등 한국의 중산층 이상 재력을 가진 사람들이며, 이들 중 대부분은 아버지는 국내에 남아있고 어머니와 자녀는 해외에 거주하는 한부모가족의 형태를 이루고 있다(조애저, 2005).

기러기가족에 대한 정확한 통계는 없으나 기러기가족 형성의 주요한 원인인 조기유학생 통계로 그 규모를 추산할 수 있다. 교육인적자원부와 16개 시도교육청의 자료에 의하면 1996년에 3,573명이던 연간 조기유학생은 1998년과 1999년 IMF시절에 감소한 이후 지속적으로 급증해서 2003년도에는 10,149명에 이르렀다고 하였다. 조기유학생 수는 2006년 약 30,000명으로 치닫다가 2010년 이후 점점 감소되고 있다. 조기유학생의 국내 귀국에 대한 통계에 따르면(정기 국정감사 보고자료, 2005) 외국에서 국내 학교로 편입한 학생은 2002년엔 7,300명, 2003년엔 9,412명이었고 2005년에는 12,042명이 되돌아온 것으로 조사됐다. 이상의 결과로 볼 때 매년 전국적으로 20,000명 정도의 조기유학생들이 출국하고 있으며, 40% 정도의 조기유학생이 국내로 들어오고 있는 것으로 보아 전체 조기유학생 규모는 이미 100,000명을 넘어섰다고 할 수 있다. 그러나 조기유학만 인용한 이 통계에 부모의 근무지 이동으로 파견 동행하는 학생 수를 더하면 실제 30% 정도는 더 증가되어 나타난다고 볼 수 있다(김성숙, 2006).

기러기가족은 경제적 부담이 증대될 뿐만 아니라 부부관계에서 심리적 불안감이 생성될 여지가 많으며, 부부관계의 안정감이 결여되는 것으로 파악되고 있다. 또한 자녀와 동거하고 있지 않은 부 또는 모는 자녀와 소원한 관계가 형성되어 부모-자녀관계에서 이상 징후가 발생될 우려가 있다(김승권, 2005).

4) 탈근대성

탈근대적 사회의 특징 중 하나인 다원성과 개인의 자율성을 최대한 존중하며, 권위적인 사회질서의 거부 및 평등적 관계를 지향하는 방식의 하나로 나타나는 가족들이 있지만, 동거가족을 제외하고는 가족으로 인정하느냐의 여부에 대해 아직까지 한국사회에서 사회적 합의가 이루어지고 있지는 않다(김승권, 2005).

(1) 비혼독신가족

비혼독신가족(unmarried singlehood family)은 결혼을 미루거나 결혼하지 않는 비혼의 1인 가족을 말하며, 혼인율의 감소와 초혼연령의 지체에 따라 비혼독신가족은 계속 증가하고 있다.

우리나라 비혼 1인 가구는 1995년 758,140가구에서 2005년에는 1,427,754가구로 크게 증가하였으며(통계청, 「인구총조사」, 각 연도), 비혼 1인 가구의 이러한 증가세는 계속되고 있다. 연령대별로는 2000년에는 34세 미만의 비혼율이 90% 이상이었는데 2015년부터는 35~44세 집단과 45~54세 집단의 비혼율이 증가하고 있다.

비혼독신자의 불만족은 사회적 차별과 왜곡된 시선, 부모님의 결혼압력, 고독감과 외로움, 미래 불안, 곤경에 처했을 때, 성적인 편견 등 다양한 것으로 밝혀지고 있다(김승권, 2005). 자발적으로 개인적 자유와 독립생활을 위해서 선택한 경우라 할지라도 가족과 떨어져 살기 때문에 오는 외로움, 독립생활자들을 위한 주택의 공간이 충분하지 않은 점, 청소문제, 세탁문제, 경제적인 부담 등을 어려움으로 호소하고 있다(이동원 외, 2001). 자발적이든 비자발적이든, 비혼독신가족이 급속히 증가하고 있는 상황에서 이들이 겪고 있는 생활의 불편을 해소하기 위한 사회적 지원이 마련되어야 할 것이다.

(2) 동거가족

동거(living together, cohabitation)란 '함께 거주함'을 의미한다. 동거의 의미는 폭넓게 쓰일 수 있겠으나 여기서 동거의 의미는 특별히 사랑하는 두 사람이 주거 공간을 공유할 때를 의미한다. 동거의 유형으로는 ① 혼인의사를 가지고 사회 관념상 부부 공동생활이라고 인정할 만한 사실상 부부의 요건을 갖춘 동거, ② 혼인의 의사 없이 동거하는 경우, ③ 배우자가 있음을 알고도 동거하는 경우, ④ 단순한 남녀관계의 일시적인 동거, ⑤ 아이를 낳아주고 금전 보상을 받기로 계약하고 하는 동거, ⑥ 동성 간의 동거 등으로 나눌 수 있다. 이와 같이 다양한 형태의 동거 중에서 우리 민법상 사실혼(①의 경우)이 아닌 동거는 법적인 보호를 받을 수 없다(변화순·조은희, 2003).

현재 우리나라에서 사실혼이나 동거에 대한 정확한 통계는 없으나 결혼식을 올린 뒤 1~2년 이내에 혼인신고를 하지 않는 부부가 절반에 이르는 것으로 추산된다. 이렇듯 과거에는 형편이 어려워 결혼식을 올리지 못하고 사실혼관계에 있는 사람들이 많이 있었으나 결혼에 대한 가치관이 변화하면서 실질적으로 사실혼관계에 있는 경우는 계속 늘어나고 있으며 사실혼 외 동거관계에 있는 경우도 증가한다고 본다(변화순·조은희, 2003). 혼인이라는 제도가 안고 있는 불합리한 요소를 극복하기 위하여 법적 영역 밖의 범주에서 남녀가 함께 사는 방식은 보다 다양한 형태로 시도될 것이기 때문이다.

동거가족은 사회적 편견과 자녀의 법적 지위로 가장 큰 어려움을 겪고 있다. 늘어나는 동거가족을 지원하기 위해서는 자녀의 법적 지위나 재산상의 문제에 대한 제도적 보완이 반드시 밑받침되어야 할 것이다. 또한 사회적 지지망을 형성하여 동거가족의 사회적 편견으로 인한 정서적 어려움을 해소할 수 있는 상담 프로그램이 지원되어야 할 것이다.

(3) 동성애가족

혼인의 전제요건으로 남녀 결합관계가 요구된다는 사실은 누구나 당연하다고 보며 보통 이성혼(異姓婚)만을 혼인으로 생각한다. 그러나 최근 '남자와 남자' 혹은 '여자와 여자' 같은 동성 사이의 결합 혹은 동성애관계를 새로운 제도로 인정받으려는 강한 시도들이 있다.

최근에 와서야 게이와 레즈비언 가족이 존재하지 않는 것처럼 행동해 왔던 과거에 대해 공정하지 못하다는 이의가 제기되었다. 동성애가족(homosexual union family)에 대한 정의는 '혈연과 법에 의해 조직된 가족 정의를 벗어나 동성의 커플만으로 구성되거나, 동성의 커플 두 사람 또는 한 사람이 생물학적인 자녀이거나 입양에 의한 자녀, 친족, 의붓 자녀, 심지어는 이전 연인으로부터 형성된 구성원과 함께 사는 가족'을 의미한다(전귀연·구순주, 1998).

우리나라의 동성애자는 약 10만 명 정도로 추산하지만, 미국·프랑스의 경우에 전체 인구의 약 5~10% 정도가 동성애자라고 하는 사실을 감안한다면 그 수가 생각보다 더 많다고 추측된다(변화순·조은희, 2003).

세계적인 동향을 보면 동성애자의 법적 보호는 오랜 논의를 거쳐 최근에는 입법을 통하여 동성 사이의 공동생활관계를 동성혼(same-sex-marriage)으로까지 보호하는 국가가 점차 증가하고 있다. 특히 유럽의 많은 국가, 예를 들어 네덜란드, 벨기에, 영국, 캐나다, 스웨덴, 덴마크, 노르웨이, 프랑스, 독일, 미국의 일부의 주에서 동성혼 혹은 생활동반자관계를 법적으로 인정하고 있다. 또한 법적 보호를 받는 생활동반자관계를 맺는 동성의 커플도 증가하고 있다. 우리나라에서는 동성애가족에 대한 아무런 권리도 보장하지 않고 있으나 세계적인 추세로 볼 때 동성애가족의 법적 보호에 대한 논의가 진행되어야 할 것이다.

(4) 공동체가족

현대사회에 적응하기 위해 개인이나 가족이 개별적이라기보다 광범위한 조직체로서 협동적으로 해결해야 한다는 측면에서 공동체가족(commune life family)이 시도되고 있다.[1)]

초기 공동체는 피난처와 희망이라는 유토피아적 신념을 가지고 유토피아적 갈망을 성취하기 위해 모인 형태였다. 그러나 오늘날의 공동체는 과거의 유토피아적 신념으로부터 많이 후퇴되었다. 과거는 대안사회를 원했지만 현대는 대안가족을 추구하고 있으며, 범위가 과거보다 축소되었다(정해은, 1992). 그래서 오늘날의 집단은 흔히 공동체가족이라 불리며, 인간적인 사랑을 기반으로 한 핵가족과 확대가족의 중간 형태인 소공동체를 의미한다(김태현, 1993).

공동체마다 구성원의 필요와 목적에 따라 창의적으로 만들어질 수 있어 도시공동체, 농촌 공동체, 예술가 공동체, 또는 출판 공동체 등이 출현할 수 있다. 예를 들어 도시 공동체는 이미 직장이 있는 사람들이 직장을 그대로 유지하면서 수입을 모아 소비를 공동으로 해결하는 소비중심 공동체가 있게 된다.[2)]

---

1) 공동체 운동이 필요하게 된 이유로는 세대 간의 문제, 가족문제, 여성문제, 놀이와 일의 가치문제, 정체감의 문제, 인간 혁명의 필요성 등이 있다(김태현, 1993: 152-153).

2) 〈소비중심 공동체〉 제각기 다른 직장을 다니며 별도의 수입을 벌어들이지만 공동의 수입으로 삼지 않고 공동가계를 운영하는 데 필요한 비용만을 각자가 일정한 기준에 따라 제공한다. 자녀양육과 의식주를 위한 가사노동은 가족원들이 협동적으로 분담하여 수행한다. 즉 소비생활의 협동을 도모하는 것이다. 이들은 특히 공동의 식사시간을 통하여 가족적 유대와 화합을 누리는 데 중점을 둔다. 또한 가족원을 위한 의료비용을 공동으로 처리하여 구성원이 병이 났을 때 치료비뿐만 아니라 보살펴 줄 가족원까지 보장받게 된다. 자녀양육을 위해서는 공동으로 여러 어린이를 함께 기르는 대가족적인 장점을 맛볼 수 있음으로 직업여성은 이중역할갈등을 줄일 수 있고, 전담주부는 핵가족의 불안정 속에서 겪는 소외감을 어느 정도 극복할 수 있다. 이러한 과정을 통해서 공동체 아이들은 어른과의 관계가 보다 용이하며 부모자식 간의 유대 또한 친밀하고 강하다(정해은, 1992: 229-232).

이스라엘의 '키부츠(Kibbutz)'는 가장 대표적인 공동체라고 할 수 있다. 우리나라에서는 의정부의 '풀무원'이 1975년부터 노동과 신앙을 중심으로 공동체가족을 이루고 있으며, 부천에 있는 '복음자리 마을'은 1977년부터 신앙과 인간화 운동을 중심으로 공동체가족을 이루고 있다. 1998년 부산의 중학교 교사들이 만든 공동체가족 '그루터기'[3]도 작지만 좋은 예라고 할 수 있다.

공동체가족은 아직 일부이기는 하지만 혈연의 한계를 넘어 의식주생활과 가사노동의 공유, 집합적인 놀이·여가문화의 창조 등 개인의 집단·사회에 대한 대등한 참여와 협력을 통해 자신과 타인을 똑같이 존중하고 배려하는 어울려 사는 생활양식에 대한 모색이라고 할 수 있다. 이러한 공동체가족은 향후 증가할 것으로 전망되는데, 그것은 현대적 의미의 다양한 가족의 출현이 젊은 세대들에 의해 주도되고 있고 이들이 무엇보다 가치의 다원화, 생활양식의 다양화에 대해 강한 요구를 하고 있는 만큼 새로운 가족생활, 특히 특정한 목표를 추구하기 위한 운동의 수단 또는 방식으로서 대안적 공동체에 대한 실험이 계속 늘어날 것이기 때문이다(김승권, 2004).

---

3) 공동체 〈그루터기〉는 부산에 소재하고 있으며, 현재 10년간 공동체생활을 유지해 오고 있다. 구성원은 부부 7쌍(14명)과 아이 13명이며 부모들의 직업적 특성은 1명만 제외하고 모두 중학교 교사들이다.

3. 가족 다양화 경향에서 나타나는 젠더 이슈

가족을 '사람들의 삶 속에서 끊임없이 재구성되어가는 다양한 실체'로 인식한다면, 우리의 과제는 다양한 변화에 대응하면서 그 속에서 개인들이 어떻게 행복을 추구하고, 어떤 모습으로 살아가고 있는가를 더 규명해 보는 것이다. 가족형태의 변화성만큼 가족관계의 적응성이 강화되지 않으면 이런 불균형 속에서 세대 갈등, 성별 갈등 그리고 문화적 계층적 갈등은 증폭될 수도 있다. 특히 변화하는 가족 속에서 규범적이고 전통적이지 않는 가족이라 하여 부당한 편견에 시달리고 남성중심의 사회에서 소외되고 학대받는 경우에 대해 민감하게 살펴야 하고, 이들 가족에 대한 정책적 사회적 뒷받침이 강화될 필요가 있다.

가족 다양화 경향 속에서 나타나는 젠더 관점의 문제로는 한부모가족에 들어있는 여성가장의 어려움, 남성에 비해 독신상태로 더 오래 사는 85세 이상의 초고령 여성 노인의 문제, 10대에 기대하지 않은 임신으로 인한 출산경험을 가져야만 하는 미혼모 문제, 그리고 국제결혼가정의 이주여성들이 겪고 있는 학대와 폭력 등을 지적할 수 있다. 이중 여성 노인과 국제결혼의 젠더 관점은 뒤에서 더욱 자세히 살펴 볼 것이며, 한부모 여성가장의 삶만을 살펴보면 다음과 같다.

현재 우리나라의 한부모가족은 전체 가구의 약 9%로, 남성 한부모가족(아버지와 자녀로 구성된 부자가정)과 여성 한부모가족(때로는 모자가정, 여성가장 가족이라고도 한다)이 있으나 80% 이상이 여성 한부모가족이며, 따라서 여성가구주 비율도 꾸준히 증가하고 있는 추세이다(박옥임 외, 2008). 남성 한부모가족은 대부분 생활기능적, 정서적 어려움을, 여성 한부모가족은 경제적, 정서적 어려움을 가지고 있다(박세경, 2005).

여성 한부모가장이 경험하는 스트레스를 크게 경제적 스트레스, 자녀관계 스트레스, 심리적 스트레스 그리고 사회적 스트레스로 정리해 보면 다음과 같다. 경제적 어려움은 대부분의 여성 한부모가장이 겪는 가장 큰 어려움이다. 여성 한부모가족의 빈곤율은 양친가족이나 남성 한부모가족에 비해 더 높으며, 그들은 취약계층에 많이 속해져 있다. 여성 한부모가족이 겪는 빈곤의 문제는 일반적으로 가구의 주 소득원이었던 남편의 상실로 인한 소득의 감소와 낮은 기혼여성 노동 임금에 기인한다.

또한 자녀와의 관계에서도 여러 가지 어려움을 겪게 된다. 한부모 여성가장은 기존의 어머니로서의 역할뿐만 아니라 아버지의 역할까지도 감당해야 하는 역할 과중으로 인한 긴장과 스트레스를 받으며, 남성 한부모의 경우에는 자녀양육과 가사노동을 처리할 가족원이 없을 경우에는 당혹감과 스트레스를 받게 된다. 자녀의 경우 특히 맏자녀의 경우는 자녀로서의 역할 이외에도 부재한 모 또는 부의 역할을 기대 받게 되면서 역할혼란을 경험하게 된다. 청소년 자녀의 경우 부모의 관심이 소홀하고 행동에 대한 통제와 감독이 약해지면서 가출이나 비행의 가능성이 증가하는 것으로 보고되고 있다(박세경, 2005).

일반적으로 한부모 여성가장은 변화된 가족생활로 인한 심리적 어려움을 호소하고 있는데, 이들은 절망감, 상실감, 소외감, 스트레스 등의 부정적인 정서반응을 나타낸다. 특히 우울감이 높고 걱정이 많으며 자신의 삶에 대한 부정적 평가와 함께 살의 질 자체를 낮게 받아들이는 것으로 나타났다(장혜경·민가영, 2002). 또한 사별에 의한 경우, 배우자 상실에서 오는 상실감과 소외감은 주변 사람들과의 인간관계를 원만히 지탱하기 어렵게 폐쇄적으로 만드는 경우도 있다. 그래서 여성 한부모가장은 친인척, 친구, 동료들로부터 지지를 얻지 못하여 고립되는 등 사회적 네트워크 형성에 어려움을 지닌다(현은민, 2008).

그래서 빠르게 증가하는 한부모가족 등을 긍정적으로 수용하여 그들이 취약한 계층으로 계속 머물지 않도록 소득보장을 통한 경제적 자립을 도와주는 지원서비스가 필요하며 동시에 가족 스스로 역동적으로 다양한 스트레스에서 이겨낼 수 있도록 정서적 지원과 자녀양육 지원이 필요하다.

토 의 점

1. 이 장에 제시된 다양한 가족 외에, 어떤 가족들이 더 존재하는지 찾아 보고, 그 가족들이 지향하는 가치가 무엇인지 토의해 봅시다.

2. 한부모가족을 찾아, 그들이 경험하는 일상의 어려움을 경제적, 심리정서적, 자녀양육과 교육의 측면으로 나누어 정리하고, 그들을 지원할 수 있는 다양한 복지제도에 대해 연구해 봅시다.

3. 이런 가족형태의 다양화가 가져올 새로운 가족문제에 대해 논의해 보고, 다양한 가족구조 속에서 모든 가족들이 보다 행복을 추구하기 위해 지녀야 되는 가치가 무엇인지 찾아보도록 합시다.

제2부

가족의 일상에서 젠더로 갈등하다

3장 출산과 양육의 딜레마

1. 출산과 양육을 둘러싼 사회문화적 환경

의학의 발전에도 불구하고 여전히 출산은 생물학적으로 여성만이 할 수 있는 일이며, 양육은 사회문화적으로 여성이 남성보다 더 많이 담당해 온 역할이다. Parsons가 여성과 남성의 사회적 역할 수행을 구분하여 여성의 역할을 '표현적 역할', 남성의 역할을 '도구적 역할'로 지칭한 이래, 기능주의적 관점에서의 성역할 구분은 산업사회 이후 현재까지 지속되고 있는 현상이다. 특히 여성의 가족 내 역할–양육적이고 애정적인–에 대한 믿음은 지금까지도 당위성을 가지고 지지되는 가치로 받아들여져 왔고, 많은 부부들이 실제로 여성이 주된 양육자가 되어야 한다고 생각하는 경향이 있다(김주희, 2007; Fox, 2009).

전통적인 성역할 분리가 받아들여지는 분위기에서 남성은 규범적으로나 실생활적인 측면에서 일과 가족이 분리되지만, 여성은 자신의 일터가 곧 가정이라는 측면에서 일과 가족이 분리되지 않는다(Luxton, 2009). 이와 같은 일과 가족의 미분화는 전업주부뿐만 아니라 취업주부에게도 해당된다.

출산과 양육이 여성의 역할로 규정됨으로써 여성의 경제활동이 제한되었고, 취업여성은 직장과 가족생활을 병행하기 어려움을 호소한다. 역할 과부하로 인한 어려움은 여성의 생애주기에 따른 여성의 고용률 변화에서 나타난다. 〈그림 3–1〉에서 알 수 있듯, 우리나라 여성의 고용률은 자녀출산과 양육기에 급격히 떨어진 이후 결혼 전 수준을 회복하지 못하는 M자형을 나타내고 있다. 2019년 기준 여성의 고용률은 20대 후반이 71.7%로 가장 높고, 다음으로 50대 초반(68.0%), 40대 후반(67.4%) 순으로 나타난다. 성인기 이후 여성의 고용률이 가장 낮은 시기는 30대 후반으로 59.9%인데, 2009년 성인기 이후 고용률이 가장 낮은 시기가 30대 전반 50.3%, 30대 후반 54.9%였던 것에 비하면 고용률 자체도 높아졌고 M자형 모양도 어느 정도 완화되었다. 그러나 독일, 프랑스, 영국, 미국 등의 연령대별 여성 고용률이 ∩자형 포물선 형태를 띠고 있는 것과 비교하면 여전히 큰 차이를 보인다.

이는 결혼, 임신, 출산, 육아로 인한 여성의 경력단절을 반영하는데, M자형 곡선 자체보다는 여성이 노동시장에 재진입할 때 재취업 가능한 영역의 급여, 근로조건 등이 결혼 이전 수준보다 낮다는 것이 더 큰 문제이다. 노동 경력이 단절된 여성이 노동시장에 재진입할 때 구할 수 있는 일자리는 대체로 비정규직이거나 비숙련직일 수밖에 없는데, 이는 여성의 고용을 불안정하고 저임금 직종에 집중되도록 한다. 이에 비하여 남성은 경력단절 현상이 없을 뿐만 아니라 지속적인 경력개발이 가능하기 때문에 중년기 이후 임금의 성별 격차는 더 심해진다. 노동시장에서의 임금격차는 가족 내에서의 경제적 지위와 의사결정권에 영향을 미치고 여성을 남성 가부장에게 종속되게 하는 결과로 이어진다.

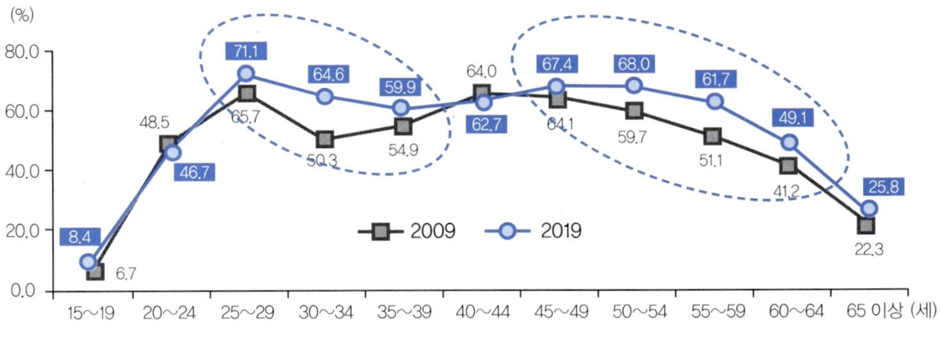

출처: 통계청(2020). 『통계로 보는 여성의 삶』.

〈그림 3-1〉 여성의 연령별 경제활동 참가율

한편, 2000년 48.8%였던 여성의 경제활동 참가율은 2019년 53.5%로 4.7%p 증가하였다. 같은 기간 동안 남성의 경제활동 참가율은 76.5%에서 73.5%로 오히려 3.0%p 감소하였다. 이는 노동시장 및 사회에서 여성의 비중과 역할이 그만큼 커졌음을 의미한다. 그러나 가족 안에서 이루어지거나, 여전히 가족이 많은 역할을 맡고 있는 출산과 양육에 있어서는 성별 구조가 변화하지 않고 있는 것이 현실이다. 이 장에서는 이러한 사회문화적 맥락에서 출산과 양육을 둘러싼 젠더 이슈를 살펴보고자 한다.

2. 출산

출산은 우리 사회의 성차별적 현실이 확연히 드러나는 영역 중 하나이다. 우리나라뿐만 아니라 여러 문화에서 출산은 종종 모성 신화와 직결되곤 한다. 즉, 모든 여성은 태생적으로 모성을 타고 나며, 출산과 어머니됨, 양육을 통해 자동적으로 모성을 실현함으로써 여성성을 완성한다는 것이다. 실제 대다수 우리나라 사람들은 여성이 출산을 통해 완성된다고 믿으며 결혼한 여성이라면 당연히 출산을 해야 한다는 인식을 하고 있다(김기엽, 2007; 김미숙, 2010; 김혜정, 2010). 이러한 맥락에서 정혜정 외(2009)는 출산과 관련된 젠더 이슈를 의무적 출산과 출산하지 않을 권리 등으로 나누어 설명하였는데, 결혼한 여성의 출산에 대한 사회적 압력으로 인해 출산을 여성의 선택적 권리가 아니라 의무로 받아들이게 하는 문화가 형성되어 있음을 지적하였다. 또한 여성의 경제활동 참여가 증가하고 삶의 다양성과 선택에 대한 관심과 수용도가 높아지면서 여성의 출산이 선택적 권리이며 출산하지 않을 권리 또한 수용될 수 있어야 함을 언급하였다.

출산이 의무가 아니라 선택이라는 인식이 확산되고, 출산 이후 육아에 대한 책임이 여성에게만 집중되는 현실 속에서 우리 사회는 지난 20여 년 동안 극적인 출생아 수 감소를 경험하였다. 2000년 64만 명이던 출생아 수는 2020년 27만 2천여

명으로 감소하여 절반 미만이 되었다. 같은 기간 동안 조출산율은 13.5명에서 5.3명으로, 합계출산율은 1.48명에서 0.84명으로 감소하여 세계에서 가장 낮은 합계출산율과 가장 급격한 출생아 수 감소세를 보이고 있다.

급격한 출생아 수 감소와 초저출산의 배경으로는 청년층이 취업난과 주택문제로 인해 비혼과 비출산을 선택하는 경우가 늘어나는 것이 꼽히는데, 특히 여성의 경제활동이 증가하고 결혼을 지연하거나 기피하는 '미혼화' 현상과 관련이 있다(김경수, 허가형, 김윤수, 김상미, 2018; 이삼식, 이지혜, 2014; 이상림, 2019; 한유미, 곽혜경, 2004).

여성들이 결혼을 지연하거나 기피하는 원인은 결혼이 여성에게 불리한 제도일 뿐만 아니라 임신과 출산 이후 경력을 희생하거나 단절해야 하는 현실을 거부하기 때문이라고 볼 수 있다. 보건사회연구원의 '2018년 전국 출산력 및 가족보건·복지 실태조사' 결과 결혼에 대한 인식에서 성별 차이가 상당한 것으로 나타났다. 미혼남성은 결혼을 '반드시 해야 한다'는 의견이 14.1%, '하는 편이 좋다' 36.4%, '해도 좋고 안 해도 좋다' 39.2%, '하지 않는 게 낫다' 6.6%로 나타났다. 미혼여성은 '반드시 해야 한다' 6.0%, '하는 편이 좋다' 22.8%, '해도 좋고 안 해도 좋다' 54.9%, '하지 않는 게 낫다' 14.3%의 응답 분포를 보였다. 결혼에 대한 긍정적 태도의 응답률이 남성은 50.5%로 절반을 넘은 반면, 여성은 28.8% 수준에 그쳤다. 2015년과 비교하면 남녀 미혼인구 모두에서 결혼에 대한 긍정적인 태도가 줄어든 것을 확인할 수 있다. 2015년 조사 결과에서는 결혼에 대한 긍정적 응답률이 남성은 60.8%, 여성은 39.7%였다. 이는 2018년과 비교해 남녀 각각 10.3%p, 10.9%p 낮아진 수치이다(이상림, 2019).

자신의 결혼 의향에 대해 남성은 58.8%가 '결혼할 생각이 있다'고 응답한 반면 여성은 45.3%로 남성에 비해 13.5%p 낮았으며, 남성에 비해 낮은 여성의 결혼 의향은 20대에서 40대까지 전 연령대에 걸쳐 일관성 있게 낮게 나타났다. 또한 여성은 20대 후반 이후 연령이 높아질수록 '결혼할 생각이 있다'는 응답률이 낮아질 뿐만 아니라, 연령이 높아질수록 '과거에는 결혼 의향이 있었지만 현재는 없다'는 경향을 보였다. 이처럼 결혼의 필요성이나 자신의 결혼 의향에 대한 부정적인 태도는 결국 '미혼화' 뿐만 아니라 초저출산으로 이어질 수 있다.

자녀출산에 대한 인식도 성별 및 연령대에 따라 다르게 나타나는데, 서로 다른 연령대를 대상으로 출산에 대한 인식을 묻는 연구(김기엽, 2007; 김혜정, 2010)에서 청소년들보다는 미혼성인들이 출산을 당연하게 여기는 비율이 더 높게 나타났다. 또한, 두 연구에서 모두 여자보다는 남자에서 출산을 당연하게 여기는 비율이 더 높게 나타났는데, 이는 양육의 부담이 상대적으로 훨씬 더 적은 남성이 출산을 더 당연하게 여기는 것이라고 볼 수 있을 것이다.

한편, 자녀의 성(性)은 전적으로 생물학적 요인에 의하여 결정되는 기능임에도 불구하고 우리나라의 출산 성비는 출산의 젠더적 요인, 즉 성에 대한 차별과 선호도라는 사회적 요인에 의하여 영향을 받고 있다. 자녀의 성별에 대한 선호에는 세대차가 나타나는데, 김미숙(2010)의 질적 연구에서 어머니 세대보다는 할머니 세대에서 남아에 대한 선호가 더 뚜렷하게 나타났다. 이러한 연구 결과들은 출산이 젠더와 밀접하게 관련된 이슈임을 시사한다. 〈표 3-1〉과 〈그림 3-2〉는 우리나라 자녀의 출생 순위별 성비의 추이를 보여준다(통계청, 2020).

2009년 이후 연도별 출생 성비는 105.0에서 106.4 사이로 정상 성비 수준(103~107)을 유지하고 있다. 출생 순위별 성비는 10년 전과 비교하여 상당한 차이를 보이고 있다. 2009년에는 출산 순위가 낮아질수록 성비가 급격히 높아지는 현상을 보였다. 즉 첫째 자녀보다는 둘째 자녀에서, 둘째 자녀보다는 셋째 자녀에서 성비는 뚜렷이 높아졌다. 첫째 자녀의 성비는 105.1, 둘째 자녀의 성비는 105.8로 정상 성비 범위 내에 있지만, 셋째 자녀의 성비는 114.4, 넷째 자녀의 성비는 114.1로 남아의 비율이 급격히 높아졌다. 이는 10여 년 전까지만 하더라도 남아 선호 사상이 출산이라는 영역에서 뚜렷이 나타나는 증거였다. 그러나, 출산 순위에 따른 출생 성비는 2014년 이후 정상 범위 안으로 들어왔으며, 2019년에는 출산 순위가 낮을수록 출생 성비도 낮아지는 것으로 나타나 남아선호사상은 과거에 비해 어느 정도 약화된 것으로 볼 수 있다.

〈표 3-1〉 출산 순위별 출생 성비 (단위: 천 명, 여아 백 명당 남아 수)

구분		2009	2010	2011	2012	2013	2014	2015	2016	2017	2018	2019	증감
출생아 수	전체	444.8	470.2	471.3	484.6	436.5	435.4	438.4	406.2	357.8	326.8	302.7	−24.1
	남아	229.4	242.9	242.1	249.0	223.9	223.4	224.9	208.1	184.3	167.7	155.4	−12.3
	여아	215.5	227.3	229.1	235.6	212.6	212.1	213.5	198.2	173.5	159.1	147.3	−11.9
출생 성비	전체	106.4	106.9	105.7	105.7	105.3	105.3	105.3	105.0	106.3	105.4	105.5	0.1
	첫째아	105.1	106.4	105.0	105.3	105.4	105.6	106.0	104.4	106.5	105.2	106.2	1.0
	둘째아	105.8	105.8	105.3	104.9	104.5	104.6	104.5	105.2	106.1	105.8	105.3	−0.5
	셋째아 이상	114.3	110.9	109.5	109.2	108.0	106.7	105.5	107.4	106.4	106.0	103.2	−2.8

* 출산 순위 미상 포함

출처: 통계청(2020). 『2019년 출생 통계 결과』.

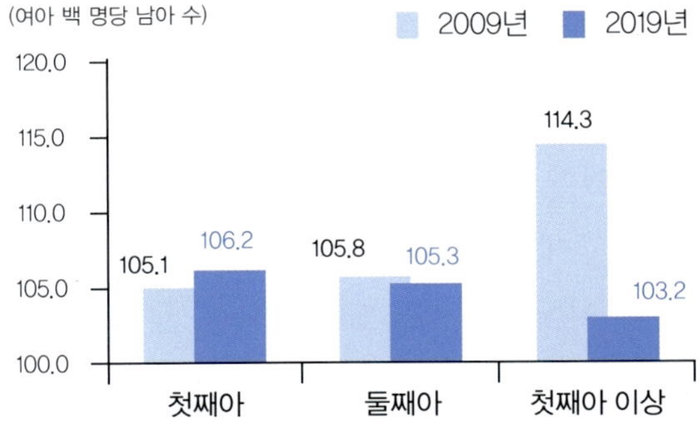

출처: 통계청(2020). 『2019년 출생 통계 결과』.

〈그림 3-2〉 출산 순위별 출생 성비

2009년 시·도별 출생 성비는 대구, 경북, 울산, 제주, 경남, 충북, 인천, 대전이 정상 성비 수준보다 높았으며, 나머지 시·도는 정상 성비 수준이었다. 2019년에는 정상 성비 수준보다 높은 지역이 서울, 대구, 인천, 충북이었다. 대부분의 지역에서 성비가 정상 성비로 나타나는 것은 일견 남아선호사상으로 일컬어지는 자녀의 성별에 대한 차별과 선택적 출산이 줄어든 것으로 해석할 수 있다.

실제 자녀의 성별에 대한 선호도에는 세대차가 있는 것으로 나타난다. 유아의 부모 세대는 아들이든 딸이든 상관없다는 인식을, 조부모 세대는 아들이 1명은 있어야 한다는 인식을 가장 많이 하는 것으로 보고되었고(박영신, 김의철, 김미숙, 2012), 연령이 높을수록 딸에 대한 선호가 낮아 고령층에서 아들 선호가 뚜렷하다고 분석되었다(은기수, 2013). 그러나 이런 경향성은 최근으로 올수록 달라지고 있다. 성균관대 서베이리서치센터에서 실시하고 있는 한국종합사회조사에 따르면 선호 자녀의 성별에 대한 응답에서 2012년 이후 딸을 선호한다는 응답이 더 우세했고, 2014년 조사 결과에서는 딸을 선호한 응답자가 아들을 선호한 응답자보다 64.6% 많았다(동아일보, 2017). 딸에 대한 선호도는 서로 다른 설문 조사에서도 공통적으로 나타나는 현상이다(마이크로밀 엠브레인, 2013; 육아정책연구소, 2008; 한국리서치 월간리포트, 2018).

〈표 3-2〉 시·도별 출생 성비 (단위: 여아 백 명당 남아 수)

	2009	2010	2011	2012	2013	2014	2015	2016	2017	2018	2019	증감
전국	106.4	106.9	105.7	105.7	105.3	105.3	105.3	105.0	106.3	105.4	105.5	0.1
서울	105.3	106.6	104.9	106.1	105.6	105.1	104.3	105.3	105.0	107.9	107.5	–0.4
부산	106.5	106.8	103.1	106.1	106.7	107.2	106.7	104.7	106.3	105.7	105.1	–0.6
대구	109.9	108.6	106.0	104.8	103.2	104.5	106.9	103.6	107.5	102.5	109.2	6.7
인천	107.3	106.7	106.5	104.6	103.8	106.6	107.3	103.5	107.2	104.9	107.8	2.9
광주	105.9	108.3	106.8	107.3	105.3	105.6	106.9	102.7	108.5	107.0	101.3	–5.7
대전	107.1	106.6	107.1	105.5	103.2	108.2	107.7	106.6	106.2	104.0	103.0	–1.0
울산	108.4	108.5	106.3	105.6	102.8	105.3	106.3	107.1	108.4	105.3	103.8	–1.5
세종	–	–	–	106.3	96.3	105.8	109.9	105.3	99.1	107.8	101.5	–6.3
경기	105.5	106.3	105.8	105.6	105.5	104.0	104.7	104.8	106.5	104.8	105.6	0.8
강원	106.4	106.4	107.2	103.8	106.8	104.3	101.9	104.6	106.9	102.0	105.7	3.7
충북	107.3	106.8	105.4	104.9	103.6	102.5	103.2	106.1	104.8	105.8	107.6	1.8
충남	105.4	106.5	107.5	103.7	105.9	104.6	106.6	102.9	105.2	102.5	104.9	2.4
전북	106.2	107.9	105.1	108.7	106.5	106.5	105.3	105.9	103.8	103.7	104.7	1.0
전남	104.8	107.0	103.5	102.5	103.1	103.4	105.3	104.4	108.9	104.4	103.8	–0.6
경북	109.8	107.2	106.4	107.4	108.2	107.6	105.5	106.9	106.3	109.0	103.8	–5.2
경남	107.6	107.6	106.6	106.8	106.4	108.0	105.1	105.2	107.1	104.8	102.9	–1.9
제주	108.3	107.4	105.6	103.4	103.1	105.1	108.6	108.1	107.6	104.5	102.0	–2.5

출처: 통계청(2020). 『2019년 출생 통계 결과』.

그러나 아들보다 딸을 더 선호한다는 결과가 아들과 딸을 평등하게 인식한다는 뜻은 아니다. 오히려 내재적으로 아들과 딸을 다르게 키워야 한다는 차별적 인식이 반영된 결과라고 할 수 있다. 아들보다 딸을 선호한다고 응답한 사람들의 대부분은 딸을 키우는 것이 재미있을 것 같아서, 나중에 효도할 것 같아서 등을 그 이유로 들었다(마이크로밀 엠브레인, 2013). 반면, 아들을 선호하지 않는 이유에 대해서는 나중에 '집을 마련해 줘야 해서' 등으로 응답을 하였다. 딸이나 아들을 선호하는 이유가 다르게 나타나는 것은 부모로서 역할 수행 기대를 반영하는 것으로, 결코 자녀에 대한 평등한 기대와 평등한 부모역할 수행을 의미하는 것이라 할 수 없다.

'2008년 한국 아동패널', '2012년 한국 종합사회조사' 자료를 이용하여 미래사회에 대한 희망이 자녀 선호에 어떤 영향을 미치는지 살펴본 연구(서지연, 2018)에서 미래사회에 대한 희망이 긍정적이고 자녀의 투자재적 가치관을 중시할수록 남아를 선호할 확률이 높게 나타났다. 따라서 최근 부각되고 있는 딸에 대한 선호는 미래에 대한 희망이 감소한 현실에서 자녀에 대한 투자재적 기대가 희석되고 소비재적 기대가 반영된 결과라 할 수 있다. 즉 출생 성비의 정상화나 딸에 대한 선호가 진정한 젠더 평등의 결과라고 보기는 어렵다는 것이다.

이런 점에서 우리 사회에서 출산은 개인과 가족의 의사결정이기도 하면서, 동시에 젠더에 관한 사회적 가치가 반영된 현상임을 말해주고 있다. 즉, 자녀에 대한 성별 선호가 여성의 '낳거나 낳지 않을 권리'를 뛰어넘어 우리 사회의 출산을 결정하는 가치라 할 수 있다.

3. 양육

1) 모성과 양육

자녀양육과 관련된 젠더 이슈는 맞벌이가족에서 더욱 첨예하게 나타난다. 맞벌이가족의 여성에게 부과되는 이중역할로 인한 부담 때문이다. 자녀양육에 관한 문제는 생활의 다양한 측면과 관련되어 있지만, 특히 맞벌이가족 취업여성이 직면하는 가장 큰 도전은 성역할에 대한 사회적인 기대라기보다는 고전적인 '모성'에 대한 기대라고 김주희(2007)는 지적한다. 즉, 여성의 취업률 증가 현상과 전통적 성역할에 대한 사회적 관념 또한 변화하기 때문이다. 기혼여성들이 생산활동에 참여하고 사회생활의 경험 및 성취를 위해 취업을 스스로의 발전의 기회로 삼는 태도에 대하여 사회적으로 장려하고 관대해지지만, 아직 문화적인 수용이 이를 따라가지 못하기 때문에 맞벌이가족 취업여성의 역할과 부하와 갈등을 낳고 있다는 것이다. 전통적으로 모성은 '모성의 신비' 등으로 표현되어 왔고, 모성에 대해 다음과 같은 가정을 한다(Hoffnung, 1998; 김주희, 2007에서 재인용).

첫째, '모성'은 여성의 최고의 성취이다.

둘째, 자녀양육, 가사, 남편에 대한 내조 등 어머니에게 부여되는 역할은 서로 호환 가능하다.

셋째, 여성은 어머니인 것과 그에 관련한 일련의 역할을 수행하며 '현모'로서의 역할을 즐긴다.

넷째, 어머니의 역할 수행 태도는 자녀의 복지에 밀접하게 관련되어 있다.

그러나, 모성에 대한 이와 같은 전통적인 관념은 맞벌이가족의 취업여성과 자녀의 삶에 오히려 부정적인 영향을 미칠 수 있다. 그 불이익은 여성들의 주된 삶을 자녀양육과 가족을 위하여 헌신하도록 압력을 가해 여성의 생산활동을 저해하였으며, 가족 전체의 경제적인 복지에도 부정적인 영향을 미치게 된 것 등이다(Schwartz와 Scott, 1999). 예를 들어 취업여성은 자신의 일정을 계획할 때 자신의 경력 개발이나 직업적 성취보다 가족생활에 더 중심을 두는 경향이 있으며,

직종을 고려할 때에도 소득이 적더라도 '어머니의 일'과 병행할 수 있는 직업을 선택하고자 한다(마경희, 2009; Luxton, 2009). 우리 사회에서 흔히 여성 교사나 약사가 최고의 배우자감이라고 여겨지는 경향이 있는데, 이는 이 직종이 여성의 직업적 역할 수행과 가족생활의 양립이 가능하다고 생각하기 때문이다. 또한, '모성의 신비' 관념은 취업여성들이 이상적 어머니로서의 헌신적 수행을 다하지 못하는 것에 대해 죄책감을 갖도록 유도한다. 예를 들어 대부분의 취업모들은 자신들이 자녀에게 보편적 관심을 기울이지 못하는 것에 대해 자주 죄책감을 느낀다고 보고한다(최규련, 1995). 대학생들의 경우, 어머니의 취업에 대한 관념에 성차가 있는 것으로 나타났는데, 취업모가 비취업모보다 자녀양육이나 가족생활 등에 있어 더 부정적인 결과를 가져올 것이라는 신념은 남학생이 여학생보다 높았으며(성미영, 권희경, 장영은, 2010), 긍정적인 결과를 가져올 것이라는 신념은 여학생이 남학생보다 더 높았다(권희경, 장영은, 성미영, 2010). 이러한 연구들은 어머니의 취업 자체가 자녀에게 영향을 미칠 것이라는 가정을 가지고 실시되었으며, 인식면에서 어머니 취업의 결과에 대한 성차를 보여주고 있다.

반면, 아버지들은 가정에서 자신의 아버지 역할의 부재에 대하여 별다른 죄책감을 느끼지 않는다. 어머니는 자녀에게 지속적이고 특별한 관심을 주어야 한다는 사회적 믿음은 자녀에게 발생하는 모든 문제에 대하여 어머니에게 책임을 묻는 것과 함께, 자녀에 대한 양육 책임자로서 어머니의 역할에 대한 복종을 강조하는 여성에 대한 전통적 성역할을 강화해 왔다(Schartz & Scott, 1999; Coltrane, 2009). '생계담당자'인 남성과 '전업주부'인 여성과 그들의 자녀로 구성된 '안정성'을 상징하는 핵가족, 즉 산업화 시대의 '현대가족'의 창조는 진정한 여성다움을 예찬하였고, 그 영향은 아직도 현대 여성들로 하여금 진정한 여성다움은 '모성'의 실현에 있다는 '모성 신화'의 강박관념으로부터 벗어나지 못하도록 한다. 이러한 영향은 현대의 수많은 취업여성을 '진정한 여성다움 예찬'의 희생양이 되도록 하였다. 서양에서는 실제로 모성, 즉 주 양육자인 어머니의 역할이 실제로 아동발달에 어떤 영향을 미치는가에 대한 연구가 지난 세기 동안 꾸준히 전개되어 왔는데, 여성의 취업이 자녀양육에 미치는 영향에 대하여 선행연구들은 여성의 취업이 자녀양육에 긍정적인 결과를 초래한다는 것과 부정적인 결과를 초래한다는 상반된 결과를 보고하고 있다.

아동발달에 대한 부모됨(parenting)이 미치는 영향에 대한 견해는 크게 두 가지로 구분되는데, 그 하나는 부모됨이 아동에 미치는 영향이 그다지 크지 않다는 관점이다(Hoffman, 1989). 즉, 아동이 건강하게 성장하는 데는 그들의 부모로부터의 노력의 투입은 그리 중요한 요인으로 작용하지 않는다는 것이다. 즉, 아동은 그것이 매우 남용적이거나 학대적인 것이 아니라면 '부모의 돌봄'의 영향을 크게 받지 않는다고 주장한다. 그리고 아동의 타고난 경향성은 부모의 좋은 돌봄을 잘 받아들이고 부모의 실수를 견뎌내는 적응력을 포함하며, 아동의 이러한 적응력이 발달과 더 밀접하게 관련되는 것이라고 하였다.

한편, Freud의 이론을 따르는 행동주의 학자들 중 일부는 부모 돌봄의 양식과 정도는 아동의 성장과 인성 형성에 영향을 많이 미치기 때문에 부모들은 자녀양육을 위한 정교한 계획과 조정이 필요하다고 하였다. 즉, 훈련되고 조직적인 부모들만이 완전하고 건강한 자녀로 성장시킬 수 있을 것이라는 것이다. 이러한 견해와 관점을 같이하는 연구들은 아동의 발달과 관련된 문제에 있어 모성의 역할을 강조하였다. 즉, 아동문제가 발생하면 어머니들은 문제를 야기한 주체로 비난을 받아 왔다. 특히, 가정에서 어머니의 부재는 아이들에게 일어나는 모든 문제는 어머니의 책임이라는 관념과 함께, 취업모들 스스로 자신에 대한 확신을 잃게 하고 죄책감을 느끼고 자책을 하도록 하였다.

최근의 연구들은 부모의 성숙도와 정신적인 안정성을 포함하는 가족생활과 부모의 양육의 질이 어머니의 취업 여부보다 더 아동의 발달에 중요한 영향을 미침을 강조한다. 부모의 취업이 아동의 복지에 미치는 영향과 관계하는 중요한 매개변수는 부모가 근무할 때 자녀에게 제공되는 돌봄의 질이라고 한다. 즉, 아이들과 돌보는 사람의 비율, 돌봄의 안정성, 집단의 크기 등이 돌봄의 질을 결정하는 데 중요한 요소들이다.

이러한 연구 결과들은 1세 이상 아동의 경우 높은 질적 수준의 시설에서의 돌봄은 집에서 돌보아지는 아동과 동등하거나 더욱 혜택이 많을 수 있다고 보고한다. 심지어 저임금 가족의 자녀는 때때로 지적 발달에 있어서 유아 시설에서 돌봄을 받는 것이 집에서 돌봄을 받는 것보다 더욱 혜택을 받을 수 있다고 한다(Salughter, 1983).

부모의 취업이 아동에게 미치는 영향은 부모들이 자신의 취업을 원해서 선택한 것인가와 취업 요구들의 본질 등과 같은 부모들의 취업에 관련한 요소들과 관련이 있는 것으로 나타났다(Ferber et al., 1991). 어머니들이 원해서 취업할 경우 가족은 높은 긴장을 경험하지 않으며 자녀들도 전업주부의 아이들만큼 건강하다고 한다.

반대로 아버지들이 장시간 근무하고 스트레스가 많은 경우에는 아버지들이 심리적으로나 신체적으로 자녀를 수용하기가 어려워지고, 잠재적으로 자녀의 늦은 언어발달에 공헌하는 것으로 보고하여 자녀양육과 관련된 아버지의 영향력을 시사하였다(Parcel & Managhan, 1994).

2) 부성과 자녀양육

기혼 취업여성이 증가함에 따라 아버지들 역시 더욱 많은 시간과 에너지를 가족생활을 위해 투입해야 할 필요성이 증가하고 있다. 현대사회에서 일과 가족의 양립은 취업여성에게만 해당되는 문제가 아니라, 남성에게도 해당되는 문제이다. 실제로 출산 휴가는 점점 더 많은 남성들이 사용하고 있으며, 육아 휴직 또한 양성이 모두 사용 가능하다. 그러나 이분법적인 성역할에 대한 전통적인 기대가 아직 우리 문화 속에 깊이 뿌리박혀 있기 때문에 비전통적이거나 새로운 역할을 수행하기 위해서는 많은 노력이 필요하다. 전통적인 이분법적인 세계관은 어머니의 역할을 양육과 가사를 위한 것으로, 아버지의 역할을 도구적 부양자와 가계의 권위주의적 대리인으로 이해해 왔다(김주희, 2007; Coltrane, 2009). 이러한 관념에 따라 아버지의 의무는 가족에 대한 경제적 부양이 일차적이었으며, 자녀양육과 관련해서는 단지 자녀들이 외부 사회에 잘 적응하도록 훈육하고 인도하는 의무만으로 충분하다는 통념을 갖는다. 그러나 맞벌이가족의 증가와 함께 이제 사적인 영역에만 종사하던 여성이 공적인 영역으로 이동함으로써 '모성'에 대한 변화가 일어나고 있다. 그렇다면 이러한 변화에 부응하여 자녀양육과 관계하는 '부성'에는 어떤 변화가 일어나고 있는지를 알아볼 필요가 있다.

(1) 부성 양육 기대

전통적인 의미의 '아버지됨(fatherhood)'은 전통적 의미의 '어머니됨(motherhood)'과 같이 맞벌이가족을 포함한 현대가족의 양육방식에 지대한 영향을 미침으로써 가족생활을 둘러싼 많은 활동을 제한했다. 전통적 관념을 지닌 아버지들일수록 자녀들과 함께 발전시킬 수 있는 의미 있는 관계를 박탈당하기 쉽다. 그 예로, Popenoe(1999)와 Fox(2009)는 아버지들도 자녀양육을 위해 잘 훈련되고 강한 동기가 부여되는 경우에는 '부모됨'을 잘 수행할 수 있으며, 남성들도 양육적인 역할을 적극적으로 수행하고자 한다고 하였다. 더 과거에 Blankenhorn(1998)은 남성들은 그들에게 부여된 사회적 역할로 인해 부성의 가치에 손상을 입었고 그 의미 또한 희석되었다고 하였으며, 현재 많은 수의 아버지들이 매일 자녀양육의 장소에 부재하는 것은 아동의 발달과 성장에 있어 위험한 결과를 초래할 것이라고 강조하였다. 그리고 이와 같은 현상은 아버지들의 생활이 거의 직장을 중심으로 이루어지는 것, 가족 안에서 어머니의 힘이 더욱 커지는 것, 현대사회에서 이혼이 증가하게 되는 것 등의 주된 원인들에서 야기된 문제라고 하였다. 또한 이러한 사회적 변화에 부응해서 현대사회에 맞는 새로운 아버지상이 출현하고 있는 것에 대해 설명하였다.

현대사회의 부모됨은 과거와 달리 자녀양육에 대해 공동의 책임을 강조하는 쪽으로 변화하고 있다. 즉, 어머니와 아버지가 가족에서의 다양한 역할 수행과 가사와 가족을 위한 역할 수행을 함께 수행하는 새로운 부모의 상으로 정의된다(Coltrane,2009).

그러나, Hochschild(1989)는 협력적인 부부(collaborate couple)와 새로운 아버지상의 출현에도 불구하고 '실제와 현실 간의 모순'이 나타나고 있으며, 그러한 모순이 사회적 계층별로 다름을 지적하였다. 즉, 중산층에서는 많은 남성들이 '새로운 아버지'가 되기를 갈망하며, 실제로 미래의 배우자도 전문 직종에 종사할 수 있는 여성과 결혼할 것을 기대하고, 또한 그들이 '새로운' 아버지상을 잘 수행할 것이라는 것에 대한 믿음이 가는 여성과 결혼할 것이라고 하였다. 그러나 현대사회의 직장 시스템에서 부과되는 과다한 업무량은 많은 중산층 남성들이 '새로운 아버지상'의 관념을 지니고 있음에도 불구하고 '전통적' 아버지 역할을 행하게 되는 모순을 경험하게 함으로써 중산층 맞벌이가족의 자녀양육에 영향을 미치는 사회구조적 모순을 지적하였다.

한편, 노동계층의 아버지들의 경우는 중산층 아버지들과 반대되는 패턴을 경험할 것이라고 하였다. 노동계층의 남성들은 중산층 아버지들에 비해 더 낮은 수준의 교육을 받았고, 그리하여 취업하기가 어려운 여성들과 결혼할 것이며 또한 그들이 지니는 역할에서도 전통적인 성역할의 관념을 고수할 것이라 가정했다. 그러나 현실적으로는 자신의 기대와는 달리 저임금 직종의 직장 변동 및 실업과 같은 노동시장에서의 그들의 유용성에 관련된 변동 때문에 임시직에 종사하거나 실업 등으로 인해 집에 있는 시간이 더 많아지면서 노동자 계층의 아버지들은 더 많은 가사에 참여하고 자녀양육에 참여하게 된다고 하였다.

이 두 경우의 산업사회의 사회구조적인 영향 때문에 아버지들 모두는 자신의 현실과 이상이 부합하지 않는 삶을 살아갈 것이라고 해서 이러한 현상을 '현실 지연(reality lag)'으로 설명하고 있다.

현대사회의 아버지상은 변화하고 있고, 많은 아버지들은 새로운 아버지상을 추구하고 있다. 그리고 사회제도적 변동과 그 영향은 자녀양육에 대한 태도와 방법 등을 포함한 우리 가족생활에 영향을 미친다. 아버지됨을 위한 노력에 있어서도 아버지와 자녀의 깊은 상호 관계에 초점을 둔 질적 관계로의 진정에 관심을 기울여야 할 것이다.

(2) 바람직한 아버지의 역할

최근 새로운 아버지상의 출현은 어머니 역할의 변화와 함께 가정과 자녀양육에 성실하게 관계하는 아버지로 나타나고 있다. 그러나 이러한 변화가 안정된 형태의 부성을 구축하지는 못하였다. 미디어를 통해 묘사되는 '새로운 남성의 상'은 아직 많은 사람들에게 자연스럽게 인식되지는 못한다. 예를 들어, 드라마에서 아이의 기저귀를 가는 아버지의 모습은 자주 무능하고 여성스러움을 내재한 남성으로 묘사되기도 한다. 대조적으로 여성은 계속해서 변화하고 있다. 전통적인 여성에서 슈퍼우먼으로, 슈퍼우먼에서 미시우먼으로 변화하고 있다. 즉, 여성은 유연하게 자신의 역할을 사회 변화에 부응해서 변화시켜야 한다. 반면 남성에 대한 이미지는 훨씬 더 느리게 변한다.

경제학자들은 자녀에 대한 남성의 투자가 극대화되는 상황을 낮은 복지, 일부일처제, 남성이 자녀에게 접근할 수 있는 노동 분배의 형태, 여성의 생산적 공헌의 중요성에 관한 인식이 그 원인이라고 하였다. 이와 같은 분석에 따르면 오늘날은 자녀양육에 대한 남성들의 극대화된 노력의 투자를 기대해 볼 수 있는 시점이라고 할 수 있다.

산업화를 통해 나타난 남성의 역할은 상당히 고정적이다. 산업화 이전 사회에서 부모와 자녀들이 모두 함께 노동에 종사하였을 때는 아버지는 물리적으로 자녀들에게 가까웠으며 더 자주 자녀의 삶에 관여하였다. 중상류층 아버지들은 자녀의 생활에 더 깊이 관여하였으며, 특히 아들의 교육에서는 더욱 그러하였다.

한편 오늘날 아버지들은 부성에 대한 시각에 새로운 인식을 갖기 시작하였다. 자신의 가족과 함께 있을 때 가장 큰 행복을 느끼는 아버지들의 집단을 '새로운 아버지'라고 한다. 이러한 새로운 아버지들은 광고 모델의 아버지처럼 일을 즐기기는 하지만 일로서 인생을 정의하지 않는다. 현대의 아버지 역할은 남성성에 대한 문화적 정의가 그들의 아버지됨을 구속하기도 하지만 종래의 시대적 역사적 정의는 남성을 어떤 모습으로 존재하여야 한다고 명확한 답을 제시하지는 못했다.

4. 개인과 사회의 상호작용

여성이 성차별에 대하여 인식하게 되면서 결혼과 출산을 기피하는 현상이 나타나고 있다. 그 결과 우리 사회는 세계에서 유래가 없을 정도로 빠른 출산율 감소를 경험하고 있으며, 2020년 기준 우리나라의 합계출산율은 0.84명으로 OECE 국가를 포함해 전 세계에서 가장 낮은 수준이다. 이는 여성에게 지워지는 역할의 부담과 한계가 여성의 경력단절 및 임금의 성별 격차로 이어지며, 결과적으로 여성이 개인과 가족 수준에서 결혼과 출산을 기피하거나 연기하는 결정으로 연결될 뿐만 아니라, 결과적으로는 다시 사회적 수준의 저출산 문제를 낳는다는 점에서 체계적인 관점에서 개인과 사회의 상호작용 사례라고 할 수 있다. 이러한 문제는 개인에게 가족과 일이 균형을 이룰 수 있을 때 해결 가능해질 것이다.

마지막으로, Powell(1994)이 제안한 가족과 일의 균형을 성취하기 위해 노력하는 취업여성의 전략을 소개하고자 한다(김주희, 2007에서 재인용).

첫째, 취업모는 자신의 태도를 점검하라. 당면한 업무에 관하여 "오로지 나만이 이 일을 수행하여야 하는가?"라고 자신에게 물어보는 것이다(아이들을 학교에서 데려오기, 설거지, 장보기, 세탁일, 반상회 참석 등). 즉, 내가 그 역할을 행하지 않으면 정말로 내 생활과 자존감에 영향을 미치는가? 나는 어떤 일을 거절해서는 안 되는가? 나는 모든 일을 완벽하게 수행할 필요가 있는가? 등 스스로의 수행과 관련된 문제들에 대해 자문해 볼 필요가 있다. 취업모의 '모성'과 '해야 한다'는 인식은 실제적인 역할에서의 갈등보다도 더 큰 압박의 원인이 될 수도 있다.

둘째, 역할을 분담하고 나누는 것을 배워라. 취업모 자신의 가족과 직장을 위해 갖는 모든 책임들을 나열해서 기입한다. 다음에는 남편의 역할에 대해 적어본다. 역할의 목록을 통해 '나는 가사 일을 가족과 나누고 있는가?'를 생각해 본다. 자신이 수행하는 역할 중 도움을 받을 수 있는 것과 제거할 수 있는 것을 결정한다. 자녀로부터 어떤 도움을 받을 수 있을 것인가? 가사 일을 위한 외부 고용에 재정을 할애할 수 있는가? 세탁물 수거 및 배달 서비스를 이용할 수 있는가? 많은 경우 취업모들은 자녀를 돌보는 것과 가사일은 전업직이라는 사실을 인식하지 못하며 자신이 두 가지 일에 종사하고 있다는 사실도 깨닫지 못한다.

셋째, 절대 슈퍼우먼이 되려고 노력하지 말아라. 사람들은 일의 모든 영역에 있어 완벽할 수 없다는 사실을 주지하라. 책임의 순위를 정해야 할 것이고, 중요하지 않은 일은 제거될 수 있다. 특별히 자신이 좋아하지도 않는 일이라면 그것을 제거함으로 인해 자녀들과 더욱 많은 시간을 보낼 수도 있다. 다른 어머니들과 돌봄의 공유를 구축하는 것도 좋은 방법이다. 예를 들어, 아이가 친구의 생일 파티에 초대되었고, 자신이 데려갈 수 있는 시간이 충분하지 않다면 다른 친구의 어머니에게 함께 데려가도록 부탁할 수 있다. 그리고 다음에는 자신이 기회가 될 때 다른 어머니의 자녀들을 데려갈 수 있다. 즉, 아이들의 놀이를 위해서도 부모들 간의 상호 협조 계획을 수립할 수 있다.

넷째, 죄책감에서 벗어나라. 취업모가 당면한 가장 어려운 문제는 죄책감이다. 취업모의 근무시간과 퇴근 후의 가사를 위한 시간 사용은 자녀들에게 사용하는 시간을 빼앗을 수 있기 때문에 자녀들에게 늘 죄책감을 갖게 된다. 그러나 많은 연구들이 자녀들과 같이 보내는 시간의 양보다 질이 더욱 중요하다고 보고한다. 어머니가 전업주부로서 자녀들과 온종일 함께 시간을 보낸다고 하여도 무관심하거나 짜증스러워 한다면 자녀들이 건강하게 성장할 수 없을 것이다. 취업모의 자녀들이 자신의 어머니와 많은 시간을 함께 보내지 못하더라도 낮에 어린이집에서 친구들과 함께 교제하는 기회를 갖고 저녁에는 퇴근한 어머니와 질적으로 충만한 시간을 갖게 됨으로써 충분히 행복할 수 있다. 부모들이 자녀와의 모든 시간을 늘 질적으로 충만한 시간으로 보내기 어렵고, 자녀들이 말하는 모든 것을 경청하고 응답할 수 없다는 것은 자명하다. 그러나 매일 자신이 진실하게 자녀들의 생각과 요구를 경청하고 응답할 수 있는 시간을 계획하는 것은 매우 중요하다. 많은 부모들은 일에 열중하면서 자녀들이 말하는 것을 소홀하게 경청하게 된다. 그러나 자녀들도 부모들이 자신의 말에 관심을 갖고 있는지를 매우 민감하게 인지하기 때문에 성의를 다해 응답해야 한다.

또 하나 중요한 것은 자녀들과 함께 시간을 보낼 때는 그 시간을 의미 있게 보냄으로써 자녀들로 하여금 그들이 어머니와 특별한 시간을 보내고 있고 돌보아지고, 그리고 어머니에게 매우 중요한 존재라는 사실을 인식하게끔 하는 것이다. 자녀에 대한 정서적 지원은 취업모의 주된 책임이지만 취업모는 또한 그들의 남편과의 관계를 위한 정서적 지원을 필요로 한다. 남편과의 관계를 위해서는 상호 간의 필요를 위한 의사소통과 상호 간의 스트레스 감소를 위한 활동이 필요하지만 이러한 정서적 지원은 투입 가능한 시간의 양보다 시간의 질적인 사용에서 더욱 긍정적인 결과들을 생산해 낼 수 있다.

다섯째, 스트레스를 해소하라. 취업모들에게 주어지는 매일의 과중한 역할들로 인해 심한 심리적 긴장감과 신체적 피로가 축적되게 된다. 정신적 스트레스 및 체력을 증진시키기 위해서는 스트레스 해소를 위한 노력이 필요하다. 운동은 스트레스를 해소하기 위한 가장 유익한 방법 중 하나이다. 운동을 함으로써 에너지를 증진시킬 수도 있고 다른 임무를 수행할 수 있는 여분의 에너지도 창출해 낼 수 있다. 만일 운동할 시간을 내기 어렵다면 직장의 점심시간을 이용하여 직장 근처를 조깅하거나 걸을 수도 있으며 직장에서 집까지의 거리가 적절하다면 걸어서 퇴근하는 방법 등도 있다. 가족과 일을 위해 분투하다 보면 휴식과 운동을 위한 시간을 찾기가 어려운 것은 사실이지만 운동을 위한 시간은 아주 중요하다.

여섯째, 저녁식사는 가족과 함께 하도록 노력하라. 많은 취업여성들이 가족을 위해 푸드코트나 패스트푸드를 이용하는 것이 사실이다. 우선 자녀들은 피자, 햄버거, 라면, 자장면, 만두 등을 좋아한다. 하루는 피자 가게, 또 다른 날은 동네 중국집에서 저녁을 배달시키는 가족이 종종 있다. 이러한 식습관은 단지 취업모 자신과 가족의 영양 손실뿐만 아니라 장래의 건강을 박탈할 수 있다. 또한 자녀들에게 있어서도 삶의 문제들을 즉석으로 해결할 수 있다는 매우 좋지 않은 사고와 습관을 주입시킬 수 있다.

직장과 가정을 관리하는 데 있어서 목표를 세우고, 시간을 관리하고 우선순위를 정하는 것은 매우 중요하다. 이와 같은 기술을 효율적이고 적절하게 이용하는 것은 스트레스 감소를 위해 중요한 전략이 될 수 있다. 또한 이러한 전략은 비단 취업여성에게만 해당하는 것이 아니라, 남성에게도 가족과 일의 균형을 성취하기 위해 필요한 전략이 될 수 있다.

토의점

1. 우리나라의 출생아 수 추세와 현황을 알아보고, 출생아 수 감소의 원인 중 가족 내·외의 젠더적인 요인에 대해서 논의해 봅시다.

2. 자녀양육기 맞벌이부부를 찾아 인터뷰를 진행해 봅시다. 가사와 자녀양육에 대한 분담을 어떻게 하고 있으며, 아내와 남편은 현재의 상황에 대해 어떻게 생각하고 있는가를 조사하고, 변화가 필요하다면 어떻게 시작할 수 있을지, 그 방법을 생각하고 토론해 봅시다.

3. 자신의 성장과정을 돌이켜 보면서, 가족 내에서 경험한 젠더 이슈들(성에 따라 다른 부모의 양육 태도나 기대 등)이 나의 삶에 어떤 영향을 미쳤는지 생각해 봅시다. 그리고 내가 가족을 형성하여 자녀를 출산하고 양육할 때에는 어떤 가족 환경을 만들고 싶은지 생각해 봅시다.

4장 가사노동

가정은 사회의 기본단위이며, 가족 구성원들의 성장과 발달을 위한 필수적인 사회조직체계이다. 인간은 모두 태어나면서부터 가정에서 생활을 시작하게 되고, 이러한 가정생활을 영위하는 데 필요한 노동이 바로 가사노동이다. 1985년 세계 여성의 해 10주년 기념 국제회의에서 유엔은 여성의 무보수 노동에 대한 가치평가를 하고 국민계정에 반영하도록 함으로써, 가사노동의 가치평가를 위한 노력이 본격적으로 추진되었다. 한국에서도 1995년 입법된 「여성발전기본법」에 무보수 가사노동의 가치평가가 되어야 하며 국가 및 지방자치단체는 그 책임이 있음을 명시하였다. 지난 20여 년 동안 가사노동의 가치변화를 보면, 가사노동의 경제적 가치는 145조 원에서 360조 원으로 증가하였으나, 명목 GDP에서 차지하는 비율은 24~25%로 큰 차이를 보이지 않았다. 성별로 분류해 보면, 남성의 가사노동의 평가액 비중은 지속적으로 증가해 왔고, 여성은 감소세를 보였다.

여성의 경제활동 참여가 증가하고 맞벌이가 보편적인 가족구조로 자리잡은 오늘날에 이르러서도 가족 내 여성과 남성의 삶을 근본적으로 바꾸지는 못하였다. 여성들의 유급노동시간이 늘어난 만큼 남성의 가사노동 참가가 동일비율로 증가하지 않는 현실은 결국 여성의 유급노동과 관계없이 대부분의 가사노동은 여전히 여성의 몫으로 남아있다는 것을 의미한다. 가사노동은 우리의 일상생활 유지를 위한 필수적인 노동이다. 그러나 가사노동은 무급노동으로써 사회적 가치평가를 받지 못하는 여성노동으로써 젠더 불평등적 노동구조를 여실히 보여주는 영역이기도 하다.

최근 급격한 사회적, 경제적 변화로 인해 가정기능이 축소 혹은 다른 기관으로 이전됨에 따라서, 가사노동 또한 과거의 생산적이고 노동집약적인 형태에서 소비생활중심의 노동으로 변하게 되었다. 이와 동시에 가정에서 이루어졌던 많은 기능들이 가정 외부나 사회에 그 기능을 이전하게 됨으로써, 소위 '가사노동의 사회화'라는 현상이 나타났다. 가사노동이 사회화되는 과정에서 육체적 노동이 요구되던 과거의 가사노동에서 벗어나 애정적, 정서적, 그리고 시간적 측면의 중요성이 강조되는 노동으로 변모하였다.

그러나 가사노동을 담당해야 하는 여성들은 성역할 가치관의 변화 속에서 자신들의 역할 수행에 만족하지 못하고, 가사노동이 사회적으로 인정받지 못한다는 점에서 불공평한 역할임을 인지하기 시작하였다. 게다가 양성평등적인 가치관은 가사노동 영역에서 많은 변화를 가져오게 함으로써 가사노동에 대한 새로운 인식의 필요성이 더욱 강조되고 있다. 따라서 가사노동은 가족 구성원들의 안녕을 위한 돌봄노동의 형태로 나타나고 있음에 주목할 필요가 있다.

1. 가사노동의 정의

가사노동(Household work)의 역사는 인류의 초기로 거슬러 올라간다. 원시공동사회에서 여성은 생명을 유지하는 데 필요한 기본적인 노동을 담당하였다. 식량을 구하고, 음식을 조리하며, 동물과 식물을 이용하여 의복을 만들었다. 게다가 아이를 출산하여 키우는 등 끊임없이 노동을 해온 여성들은 농경사회와 산업사회를 거쳐서 오늘날 현대에 이르기까지 계속 일을 하고 있다. 여성의 노동을 임금노동과 가사노동으로 구분하게 된 것은 역사적으로 볼 때, 비교적 최근의 일이라 하겠다.

전업주부는 가족의 노동력 재생산을 위하여 필요한 가사노동(장보기, 식사준비, 세탁하기, 청소하기, 자녀돌보기)을 하면서 대부분의 시간을 보내고, 취업주부는 노동시장에서 노동을 하면서 집에 돌아오면 가사노동도 겸해야 하는 상황이다. 따라서 가사노동에 대한 사회적 인식은 집안에 있는 여성들이 가정 내 노동을 한다는 것에다 당연히 여성의 몫이라는 인식이 겹쳐지면서 가사노동은 여성들의 취업여부와는 관계없이 여성의 몫으로 남게 되었다. 이러한 가사노동에 대한 인식은 산업사회가 진행되면서도 여전히 유지되어 오다가, 여권운동이 활발해지고, 여성의 교육수준이 높아지고, 경제활동비율이 증가하면서 점차 변하기 시작하였다.

가사노동도 노동의 특정한 형태라고 볼 수 있다. 노동이란 토지, 자본과 함께 생산요소의 하나로서 인간에 의하여 제공되는 생산력을 말한다. 가정에서의 자본은 가족원의 활용을 통한 수입이 이루어지고 가정에서의 노동은 가족 구성원의 효용을 창조하기 위해 그들의 생산력을 투입한 가사노동으로 구성된다(정영금, 1984). 즉, 가사노동은 반복되는 가정생활에서 그것의 유지를 위한 기능을 도와주는 활동들로서 가족 내에서 가족 구성원의 욕구를 충족시키기 위하여 사회에서 생산된 재화와 용역을 가족 구성원들이 실제로 활용할 수 있는 형태로 만들거나 가족이 직접 소비하기 위해 가정에서 재화와 용역을 생산하는 활동을 의미한다(문숙재, 1988). 이러한 가사노동을 통해 가족의 기능이 보존되며 동시에 가족 구성원 전체의 노동력이 재생산된다.

가사노동은 사회가 변화 발전함에 따라 그 기능이나 내용이 변모해 왔다. 1960년 산업화에 따른 자본주의, 물질주의 사회가 도래하면서 가족 기능의 변화, 가정 내 삶의 변화가 잇따랐고, 가사노동의 주 담당자인 여성의 역할 및 기능도 변화되었다.

가사노동은 가정생활 전반은 물론 구성원들의 삶의 질과도 밀접한 관계에 있다. 즉 가족의 복지, 건강, 욕구 등을 충족시켜 주고 가정 내의 모든 자원을 어떻게 효율적으로 관리하는가 하는 것은 매우 중요한 문제이다. 전통적으로 가사노동은 여성의 몫으로 인식되어 왔고, 편리한 기기와 설비가 많이 공급되고 가정생활 향상을 위한 기대가 보다 높아진 오늘날에도 가사노동의 주 관리자는 여전히 여성이라는 점은 변함이 없다.

가사노동 주 관리자인 여성의 가치관에 따라서 가족원의 욕구충족과 가치실현을 목적으로 한 관리행동은 다를 것이고, 가정관리 행동의 필수적 요소인 자원 및 정보 활용 능력도 생활에 반영될 것이다. 그리고 가정자원관리자의 지식, 능력, 기술, 노동력 등은 가족생활에 큰 영향을 미치고 가정자원관리자가 어떻게 가정자원을 관리하여 자원을 효율적으로 관리하는가에 따라 가정생활의 질이 좌우된다(이선화·채옥희, 1996).

中間美子(1987)는 가사노동의 기능을 본질가치와 도야가치로 분류하였다. 그러나 본질가치인 기본적 욕구충족기능, 가계지출 억제기능 등 수단적 기능은 대체가 가능하지만, 표현적 기능인 정신적 안정기능, 생활문화 창조기능, 육아 교육기능, 노약자 보호기능의 대체에는 한계가 있다. 생활문화 창조기능이라고 하는 것은 개별 가정 내에서 가사노동을 통해서 개성적인 문화가 창조되고 생활기술과 생활양식이 전승되는 것을 말한다.

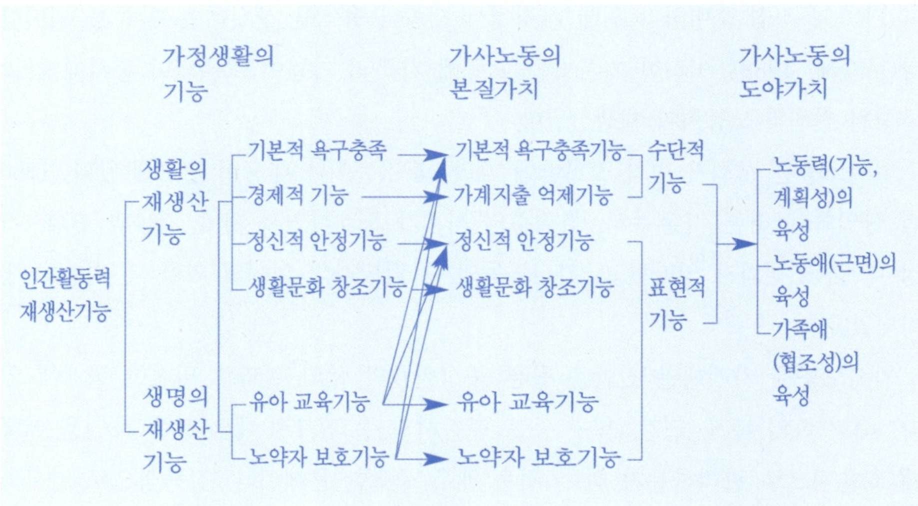

출처: 中間美子(1987).

〈그림 4-1〉 가사노동의 가치

Walker & Woods(1976)는 가사노동을 가족이 하나의 단위로서 기능을 다할 수 있도록, 재화와 용역을 창출하기 위해 개별가정에서 수행되는 활동으로 정의하였고, 가사노동과 가정생산의 개념을 동일시하였다. Heinrich(1967)는 가사노동은 가정 내에서 사용되거나 소비되는 모든 재화를 향유하게끔 만드는 행위뿐 아니라 나아가서 가족원의 생활을 위해 필요한 모든 용역을 제공하는 행위를 포함한다고 하면서 가계의 생산행위로 정의하였다. 다시 말해 가정생산이란 가사노동을 통해서 산출될 수 있다.

가정생산은 가족 구성원들에 의해, 그들을 위해 수행되는 무보수의 활동으로서 시장 재화나 유급의 서비스에 의하여 대체시킬 수 있는 활동으로 볼 수 있다. Beutler & Owen(1980)은 기존의 경제적 활동만을 강조한 개념에서 벗어나, 시장 활동에 대응되지 않는 활동들로 가정생산을 만들어 가정생산 모델을 제시하였다(〈그림 4-2〉 참조).

출처: Beutler, I. F., & Owen, A. J.(1980).

〈그림 4-2〉 생활 활동 유형

가사노동 사회화의 예

(질문) 요즘 집에서 하던 빨래를 세탁소에 맡긴다거나 하는 일들이 많이 있잖아요~ 이런 것을 가사노동의 사회화라고 하던데 여기에는 또 어떤것들이 있을까요? 그리고 이로 인해서 생기는 문제점들은 없을까요?

(답변) 외식, 자녀를 유아방에 보내는 것, 제사 음식을 사다가 상을 차리는 것들이 가사노동의 사회화에 포함됩니다. 문제점보다는 여성이 좀 더 가사노동에서 자유로워졌다는 장점이 있는 것 같습니다. 문제점이라고 하긴 그렇지만 가사노동의 사회화로 인해서 자녀와 부모간의 유대감을 형성할 수 있는 수단이 줄어들었다고 볼 수 있을 것 같습니다. 하지만 그 자유로워진 시간을 잘 활용한다면 예전보다 더 좋은 유대감, 가족애를 이룰 수 있겠죠.

출처: daum 지식인(2006. 12. 07).

2. 부부의 가사노동시간 결정이론

1) 시간가용성이론

부부는 각자의 노동시장 참여시간을 고려하여 가사노동에 투입되는 시간을 합리적으로 조정하고 분담한다는 이론이다. 즉, 보편적으로 남성은 여성보다 경제활동 참가율이 높고, 맞벌이부부일지라도 남성의 유급노동시간이 더 길며, 시장에서의 기대소득도 더 높다. 따라서 남성이 유급노동에 더 많은 시간을 투입하고 여성은 대부분의 가사노동을 담당하는 것이 시간가용적 측면에서 합리적 선택이 된다는 것이다. 그러나 한국사회의 현실에서 보면, 여성의 유급노동시간이 아무리 증가하더라도 여전히 가사노동의 대부분을 전담하는 것으로 나타났다. 여성이 유급노동을 통하여 경제적 여유가 생기면, 자신의 가사노동시간을 줄이는 효과는 어느 정도 있겠지만, 남편의 가사노동시간의 증가 내지 감소와는 관계가 낮은 것으로 나타났다.

2) 상대적 자원이론

여성은 남편에게 경제적으로 의존하거나 경제활동을 하더라도 지위나 소득이 상대적으로 낮으므로 갖고 있는 자원의 열세로 인하여 가사노동에 대하여 더 많은 부담을 안게 된다는 것이다. 자원이 적은 쪽이 무급노동인 가사노동을 수행함으로써 자원이 많은 상대방의 유급노동을 원활하게 지원할 수밖에 없다는 것이다. 그러나 상대적 자원이론은 여성의 소득이 증가해도 남성의 가사노동시간에는 영향을 미치지 않는 현상을 충분히 설명하지 못한다.

3) 성역할태도이론

부부 간의 가사노동 분담은 시간이나 자원보다는 두 사람의 성역할 태도가 결정요인이 된다고 주장하는 이론이다. 즉, 남녀평등의식이 강한 성역할 태도를 가진 여성은 그렇지 않은 여성보다 가사노동을 적게 하고, 평등한 성역할 태도를 가진 남성은 가사노동에 더욱 적극적으로 참여하게 된다는 이론이다. 성역할 태도는 가사노동의 젠더 불평등을 더욱 가속화시키는 결정요인으로 작용한다.

3. 가사노동의 사회화

산업사회가 진행됨에 따라서, 가정 내의 노동은 공장에서 생산된 시장상품과 상업적인 서비스로 대체되어 갔다. 즉 가사노동의 상품대체와 가사노동의 사회화(socialization of household work) 혹은 기계화가 진행되면서 가정에서 이루어지던 노동들은 점차 분업화되거나 자본주의 시장경제에 편입되기 시작하였다. 이러한 변화는 초기에는 집에서 직접 음식을 마련하기보다는 밖에서 해결함으로써 외식산업이 발달하게 되는 등 생존에 필요한 기본적인 의식주에서부터 일어났다. 또한 가정에 도입된 다양한 가전기기와 소비상품들은 여성으로 하여금 가사노동으로부터 벗어나게 하였고, 더 나아가서는 경제활동에 참여할 수 있는 계기를 마련해주었다. 이후 차츰 가정의 육아 및 교육기능도 전문화된 교육기관에 의존하게 되면서, 가정의 기능은 더욱 축소되었다. 즉 가사노동의 사회화가 진전되면서, 많은 주부들의 가사노동은 감소되었지만 반대로 경제적 생산자로서의 역할은 상실하게 되어 결과적으로 가사노동의 경제적 가치마저도 사라지는 현상을 만들고 있다고 보아도 과언이 아니다.

그래서 가사노동의 사회화에 대해 부정적인 견해를 보인 연구들도 있다. 가전기기와 소비상품들이 가사노동시간을 절약시켜서 결과적으로 여성의 가사노동시간을 감소시켰다기보다는 오히려 여성으로 하여금 동시에 여러 가지 일을 수행하도록 하였다는 지적이다(김성희, 1996). 가령, 세탁기를 돌리면서, 진공청소기로 청소하고, 전기밥솥에 밥을 하는 다중적 수행행동은 가사노동에 투입되는 에너지를 감소시키기도 하지만, 여러 가지 과업을 동시에 수행할 수 있도록 하면서 노동강도를 높이고 피로감을 조장하는 부정적인 영향을 가져왔다는 것이다.

가사노동의 좋은 점은 노동환경이 여성친화적이고, 구성원들로부터 자신의 노동에 대한 인정을 받고, 노동과정이 자율적이며 비교적 자유롭다는 것들이다. 또한 자신이 투입한 노동의 결과가 곧 자신에게 만족도를 줄 수 있다는 점도 가사노동의 긍정적 측면이다. 맛있는 음식을 준비하여 가족원들과 함께 나누고, 자녀를 양육하고 교육시킴으로써 행복감을 느끼는 것 등은 무보수의 가사노동임에도 불구하고 여성들이 높은 자존감과 만족감을 가질 수 있는 중요한 요소이다.

과학과 IT 등의 첨단기술의 발달로 더욱 편리하고 간편한 가전기기와 소비제품들이 나오고 있다. 정보화시대가 열리면서 일터와 가정이 통합되면서 재택근무가 보편화될 것이고, 각종 사무기기를 가정에 설치해 놓고 가정 내에서 경제활동을 하게 된다면, 가정은 생산 공간으로 재편되고, 생계유지를 위한 노동은 임금노동과 가사노동으로 구분되기 어려울 것이다. 또한 스마트하우스와 같은 최첨단의 주거환경, 인터넷쇼핑, 컴퓨터와 가전제품의 구분의 모호성들은 가사노동이 또 다른 차원으로 변화될 것임을 시사한다. 즉, 인공지능을 갖춘 가사도우미용 로봇,

사이버 가전기기 설치, 스마트주택으로 인한 에너지, 통신 등의 통합적 제어 등은 가사노동으로 묶여 있던 여성을 자유롭게 하고, 나아가 가사노동의 여성성을 벗어나 남성이나 여성, 연령에 구분 없이 가사노동을 할 수 있는 환경이 조성될 것으로 기대한다. 미래사회에서는 남성과 여성이 공평하고 정당하게 일과 보상을 분배받을 수 있고, 평등한 사회적 지위를 가질 수 있을 것이다. 가사노동은 성역할 규범이나 사회적 위계질서에 따른 차별화가 아니라 가사노동 수행자의 선택과 의지에 따라 이루어지는 노동으로 나아가야 할 것이고, 이러한 가사노동의 재구조화는 가사노동의 경제적 가치를 사회적으로 인정하고 보상체계를 확립해 나가는 기틀이 될 것이다.

Egner(1952)는 자급자족의 가계로부터 오늘날의 시장 의존적 가계로의 변화에 주목하면서, 가사노동의 사회화를 가계 내의 생산과정이 끊임없이 가정 외적인 영역 즉 영리적이고 공적인 부문으로 전이되어 가는 과정으로 보았다. Fisher(1972)도 가족 구성원의 욕구충족에 필요한 재화나 용역이 시장을 통해 구입됨으로써 가사노동이 가정 밖의 영역으로 전이되는 현상으로 규정하면서 "가사노동의 산업화"라는 용어로 표현하였다. 문숙재, 채옥희(1986)는 가정 내에서 수행하였던 가사노동을 가정 밖의 여러 가지 서비스로 대체하여 시간 또는 노력의 경감을 도모하는 방법이므로 가사노동의 사회화를 "가사노동의 외부화" 또는 "산업화"의 용어와 같은 의미로 보았다.

가사노동의 사회화에 대한 정의를 요약하면 세 가지 형태로 분류할 수 있다.

① 자본주의적 사적 기업에 의해 소비비용 또는 유통비용으로서 사적 소비수단으로 개별가족에 사적으로 공급되는 형태이다.

② 복수의 개별가족이 분업, 협업하여 상호적으로 개별가족의 가사노동을 대체하는 형태이다(문숙재·채옥희, 1986). 이와 유사하게 가사노동의 방향을 첫째, 공동취사, 공동보육 및 공동구입 등의 동일 목적을 지닌 주민들의 공동화, 둘째, 이용자의 편익을 중시하는 영리적 사회화를 하는 것이다.

③ 공공적 사회화로서 국가 및 지방자치단체의 시설을 통해 가정의 기능을 외부화하는 것이다(백유진, 1994).

골병드는 가사노동, 국가는 뭘 할 것인가?

명절 노동에서 자유롭지 못한 내게 명절이 유일하게 주는 설렘이 있다면 일상의 무미건조한 쳇바퀴에서 벗어날 수 있다는 것 하나뿐이다. 그러나 일상에서 벗어난 대가는 매번 가혹하였고, 몸은 앉지도 못한 채 한 동작만 온종일 반복하는 중노동에 쉽게 적응하지 못했다.

차례 준비에 꼬박 하루를 갖다 바치고 나머지 날들은 무거운 몸으로 기진맥진해 있노라면 평소에 미뤄뒀던 일들은 엄두도 못내고 명절은 언제 왔는지 모르게 훌쩍 가버린다. 명절을 무료하게 보내지 않고 무언가를 했다고 자랑이라도 하려고 몇 년째 책장 먼지만 뒤집어쓰고 있는 책을 볼 작정이었지만 책 근처에도 가지 못했다. 그러나 명절이 남기고 간 기억은 집요해서 여러 날이 지나도록 몸에 들러붙어 몸이 일상으로 회복하는 것을 집요하게 가로막았다. 명절은 늘 쉬이 풀리지 않는 근육통과 노곤함을 떨구고 가는데, 올해는 연휴 말미에 생리까지 닥치니 기운은 바닥으로 가라앉아버렸다. 그나마 나 정도는 약과에 든다는 것을 모르지는 않는다.

사람들 입이 대거 모이는 제사나 명절은 여성에게는 가사노동의 극한을 보여주는 것과 다름없다. 그러니 제사를 안 지냈으면, 명절이 아예 없었으면, 하는 말이 쏟아져 나오는 것도 당연할 것이다. 음식 그릇이 산더미처럼 쌓인 부엌에서나 여자들끼리 모인 데서 푸념으로 끝나던 제사무용론을 언제부터인가 진지하게 말하는 사람들도 생기기 시작했다. 그러나 필시 기독교적인 사고에 젖은 사람들이 주창하는 것이 틀림없어 보이는 이런 주장에 동참하고 싶지는 않다. 제사 노역의 고통을 들어 "나 죽은 뒤엔 제사 지내지 말라."를 유언으로 남기는 여성도 나오고 있지만, 이는 맥락을 정확히 짚었다고 볼 수 없다. 가부장을 중심으로 한 부계혈통 가계의 단합대회인 제사가 여성의 노동에 의해 떠받쳐지고 있으므로 여성의 노역이 가중될수록 체제는 견고해짐을 인정하더라도, 제사를 없앤다고 며느리들의 명절 근육통이 사라지는 것은 아니다.

문제는 그 자리에 모이는 사람들이 먹을 음식을 차려내는 일이 여자들한테만 집중되기 때문에 여성의 육신이 골병드는 데서 나오는 것인데도, 애꿎은 특정 종교 탓으로 돌려지는 것이다. 차례를 지내지 않는 기독교 신자들도 명절이 있는 한 일가족과 친척이 모여들면 여자들은 수 십 명이 며칠 동안 먹을 밥을 지어야 한다. 그렇다고 명절을 없애자고 할 것인가?

사람들의 발길을 모으는 인터넷 블로그는 상당수가 요리에 관한 것이다. 가족을 먹여 살려야 하는 숙제로 골치 아픈 주부들의 발길이 끊어지지 않기 때문이다. 취업하는 여성이 늘었지만 여전히 가사노동은 여자만의 몫인지라 빠른 시간 안에 밥상을 차려야 하는 일이 요리 블로그의 인기를 식지 않게 한다. 나는 요리 사이트에 가끔 들어가 보며 거기 나오는 대로 따라 해봐야지 생각도 하지만 나오는 순간 기억은 증발된다. 한두 가지 반찬도 아니고 끼니때마다 너덧 개 이상의 알록달록한 반찬을 한꺼번에 그것도 순식간에 만드는 일은 부엌에서 오랜 연륜과 내공을 쌓거나 아니면 탁월한 감각을 갖고 있지 않으면 결코 만만한 일이 아니다. 두 가지 이상의 일을 동시에 해내지 못하는 나같은 사람에게는 경탄과 현기증만 일으킬 뿐이다. 고도의 섬세함과 치밀함이 요구되는 밥 노동을 여자만 전담하다니, 억울하다는 생각이 드는 것은 나뿐일까? 재능과 기술은 독점하지 말고 마땅히 나눠 가져야 한다. 남자한테 떼어주고 남는 재능은 다른 곳에서 쓰는 게 더 유익하지 않을지?

제사나 명절 노동의 답은 멀리 있지 않을 것이다. 제사나 차례 상에 오를 음식 만드는 일에 남자들이 동참하면 일은 어렵지 않게 풀린다. 일이 절반으로 줄어드는 데야 제사와 명절을 치르는 일이 여자들의 몸을 갉아먹는 고역이 될 턱이 없다. 남자들이 몇 시간씩 같은 자세로 부침개를 뒤집는 단순 반복 노동의 고통을 느끼기 싫다면 그럴수록 제사 상은 가벼워질 것이며, 음식을 시켜 먹든 제사를 안 지내든 뭔가 해결을 모색할 것이다.

가사든 육아든 여성의 전담노동으로 내맡겨진 돌봄노동에 남자들이 참여하는 것은 그 어떤 국가정책보다 문제 해결에 효력을 발휘할 것이다. 그러나 제 손으로 아이 기저귀 가는 일은 귀찮아하면서 아내의 고초를 국가나 사회가 해결해주지 않느냐고 불만인 남자들이 있는 것을 외면하는 한, 여성계에서 주장하는 돌봄노동의 사회화는 이기적인 남자에게 면죄부를 주는 것으로 귀결되기 십상이다. 남자에게 앞치마를 주고 부엌으로 이끌지 않는 한 여성 자신의 몸을 갉아먹는 중노동에서 스스로 헤어나기는 힘들 것이다. 명절마다 내 몸이 아픈 건 자업자득의 측면이 적지 않는 셈이며, 결단을 내리지 않는 한 이 고초는 해마다 반복될 것이다.

출처: 정문순 칼럼(2010. 10. 05). http://blog.naver.com/sv1994/60116065013에서 인출.

4. 가사노동 사회화의 요인

가족 구성원들의 욕구를 충족시키기 위해 행하여지는 가사노동의 일부 또는 전부를 가정 외로 이전시키는 가사노동의 사회화를 촉진시키는 요인들을 살펴보기로 하겠다. 각 요인들은 서로 상호작용하면서 가사노동의 사회화를 지속적으로 진행시키고 있다. 즉 가정에서의 생산과정이 기업부문으로 이전되며 그 가정의 생산과정이 가정 외부로 이양될 수 있는 조건이 다시 형성되어 가사노동의 사회화는 급속도로 진전되게 된다. 산업화에 수반되어 오는 핵가족화, 인구의 고령화, 독거가구의 증가 등으로 가사노동을 경감시키려는 욕구가 증대되고 인구의 도시집중화에 의해 많은 가정이 자본주의 경제체제의 메카니즘 속에 포함됨에 따라 자연히 가정의 생산양식의 변화가 광범위하게 확산된다. 또한 교통과 유통체계의 발달에 따라 소비재의 원활한 공급체계가 구비되면서 도시가계의 구매기회는 확대되고 가사노동의 사회화는 보다 용이해진다. 그리고 남녀평등사상의 보급, 여성교육수준의 향상으로 인해 여성의 가치관이 변화하여 가정 내의 역할 범위를 넘어서 사회적 지위 확보 및 자아실현의 욕구가 생겨났다. 또한 사회적으로도 직업의 분화, 전문화 등으로 노동력 수요가 증가되고 여성에게 적합한 취업분야의 출현 등으로 인해 주부의 취업 및 사회진출이 증가하고 있다.

주부의 취업 및 사회진출은 부부의 역할과 관계에 변화를 초래하였는데, 부부관계는 종래의 주종관계에서 평등한 동반자 관계로 변화되고 있으며 주요 의사결정에서 부부가 공동으로 결정하는 경우가 많아졌고 주부의 독립성 및 존엄성이 인정되는 등 주부의 지위가 향상되고 있다. 또한 부부의 역할에서는 전통적인 가족에 있어 남편이 주로 물질적인 부양책임과 가장으로서의 권위를 가졌던 반면 주부는 애정과 정신적인 역할을 담당하였으나 이러한 전통적 역할이 점차 변화하여 주부가 가정의 재정관리인이 됨에 따라 전통적인 여성의 일 이외의 가정일을 남편과 동등한 위치에서 수행하게 되었다. 따라서 성에 따른 역할 구분은 점차 그 경계가 모호해져 역할 유동성을 초래하는 경향이 있으나 아직도 여전히 성에 따른 차이가 나타나고 있다. 다시 말해 여성은 주로 전통적인 남성의 역할이었던 경제적 생산영역에 참여를 하고 있으나 남성들의 가정 내 역할 참여는 크게 증가하지 않은 상태이다. 따라서 여성은 가정 내 역할과 가정 외 역할을 동시에 수행해야 하는 이중역할의 부담을 안고 있다. 이러한 상황에서 가사노동 또는 시간을 절약시키는 제품이나 용역들에 대한 필요성이 증대하게 된다.

그러나 가사노동의 사회화는 가사노동의 능률을 향상시키고 자유시간을 증가시키며 따라서 주부의 취업이나 사회참여를 용이하게 해주며 편리하게 하는 등의 여러 가지 장점을 지니고 있으나 반면에 규격화, 획일화된 상품과 서비스의 이용으로 각 가정의 독자성이 없어지며 가정생활이 기업에 종속되어 비인간적이 되기 쉬운 단점도 가지고 있다. 또한 가정 내의 가사노동에서 습득된 생활기술이나 가정생활문화의 전달기회가 감소되고 가족의 단란함에 부정적인 영향을 미치며 경제적인 부담이 크며 또한 가공식품 등의 과다이용으로 인해 위생, 영양이 문제시되고 있다. 즉 오늘날의 사회문화적 기술경제적인 급격한 변화는 가사노동의 사회화라는 새로운 가능성을 부여하였고 또한 그것은 가정에 다양한 장점을 제공하는 한편 가정 내 생산의 이점을 상실케 하며 여러 가지 문제점을 내포하고 있다. 따라서 오늘날의 가정은 사회문화적 기술경제적 발전을 위한 많은 선택가능성 중에서 가정에 주어진 인적, 물적 자원으로 최선의 방법을 선택하여 생활의 질적 향상을 위해 노력해야 한다.

가사노동의 경제적 평가

전업주부들 고생하시는데……. 가사노동을 돈으로 환산하면 얼마나 될지…….

국내 20세 이상 전업주부의 무급 가사노동 가치가 1인당 월 111만 원으로 추산됐다. 여성가족부와 통계청, 한국여성개발원은 27일 여성개발원 국제회의장에서 통계청의 2004년 생활시간 조사 결과를 이용해 각계 전문가가 참가한 '생활시간 조사 종합분석 결과 학술세미나'를 개최했다. 김종숙 한국여성개발원 연구위원과 권태희 성균관대 경제학과 박사는 세미나에서 '여성 무급 가사노동의 가치 평가와 가계생산의 국민소득계정 통합을 위한 연구'를 발표했다.

논문에 따르면 전업주부의 무급 가사노동 가치를 산출하기 위해 4가지 추계방법을 이용해 계산한 뒤 이들 추계방법을 가중 평균한 평가법을 활용한 결과 전업주부의 무급 가사노동 가치가 국내총생산(GDP)의 28.2%인 219조 원으로 추산됐다. 그리고 전업주부 1인당 무급 가사노동 가치는 월 111만 원, 연간 1,337만 원이었으며 무급 가사노동 시간은 1일 평균 5시간 49분이었다.

이번 분석은 가사노동의 가치를 인정받지 못해 주부들이 법적, 제도적 차별을 받고 있는 상황에서 객관적 평가 모델을 제시했다는 데 의미가 있다. 논문은 "교통사고시 상해와 피해 보상, 이혼시 재산분할청구액 산정, 조세제도에서 부부 간상속 및 증여, 사회보험제도 상 전업여성에 대한 보험료 산정기준 등을 논의할 때 여성의 무급 가사노동 가치가 적용될 수 있다"고 설명했다. 이밖에 미취학 아동 돌보기, 취학아동 보살피기, 배우자나 부모, 그외 가족 보살피기 등 '돌봄'과 관련된 가계 산업에 투입된 노동과 자본 등을 모두 계산한 결과 GDP의 5.48%인 42조 6,587억 원에 달한 것으로 나타났다.

이날 세미나에선 또한 김태홍 한국여성개발원 선임 연구위원의 '사회자본으로서 자원봉사 참가 결정 요인과 경제적 가치'에 관한 연구 발표가 있었다. 이에 따르면 우리나라 전체 인구 가운데 자원봉사자 비율은 1.9%로 18% 이상인 프랑스와 네덜란드, 영국, 미국보다는 훨씬 낮았고 일본의 5.5% 보다도 낮았다.

김 연구위원은 국가나 지역 행사, 아동과 노인 · 장애인, 재해주민과 시설복구 등과 관련된 순수한 의미에서 10세 이상 자원봉사 노동의 연간 경제적 가치를 산출한 결과 2조 1,467억 원으로 나타났다고 밝혔다. 순수한 자원봉사뿐 아니라 이웃과 친분 있는 사람을 돕거나 사회참여활동 등을 포함한 광의의 자원봉사 노동의 연간 경제적 가치는 우리나라 GDP의 1.1% 수준인 8조 5,919억 원이었다. 자원봉사 노동의 경제적 가치가 GDP에서 차지하는 비율은 선진국의 경우 미국 5.8%, 영국 5.7%, 호주 2.8%, 일본 1.3% 등이었다.

출처: 조선일보(2005. 12. 28).

5. 여성과 가사노동

가사노동은 가족이 생활을 영위하는 데 필요한 노동이며, 개별가정에서 수행되는 활동들이다. 그러므로 가사노동은 가족을 위하여 가정에서 행해지는 사적인 노동으로서, 가족 구성원들의 생명유지활동을 포함하여 노동력의 재생산을 위하여 행해지는 의·식·주 생활 관련 활동 및 가족관리 활동, 경영 및 장보기 활동들로 이루어져 있다(임정빈 외, 1994). 이러한 관점에서 볼 때, 가사노동은 가족을 유지하기 위한 핵심노동임에 틀림없다. 그럼에도 불구하고 가사노동을 수행하는 여성들은 노동자로 인정받지 못하고 있다. 특히 산업사회에서의 주요 생산자 역할을 하는 노동자들은 대부분 남성으로 인식되어 왔다. 여성들은 그저 하찮은 일을 처리하는 존재이며, 노동의 강도나 중요성과는 무관하게 무보수의 노동을 수행하고 있다.

자본주의적 노동시장에서 소득을 창출하지 않거나 임금을 받지 않는 일은 노동의 중요성을 상실하게 되고, 노동자로서의 권리나 의무도 갖지 못하게 된다. 이러한 자본주의적 노동시장 모델에서 본다면, 가사노동을 하는 여성들은 가시적인 소득을 창출하지 못하고 게다가 임금도 받지 못하기 때문에 사회적으로 소외된 존재가 된다.

흔히 사람이 하는 일은 그 사람의 사회적 지위와 관련이 있다고 한다. 여성도 여성자신이 하는 일의 성격에 따라 여성의 사회적 지위가 결정된다. 즉 자본주의 체제에서 화폐가치가 있는 생산노동시장에 참여하지 못하는 여성들은 남성에게 경제적으로 의존하게 되고, 가사노동은 남성의 생산노동을 뒷받침해 주는 "보이지 않는 일" 혹은 "놀고 하는 일"로 취급되면서, 가사노동을 담당하는 여성의 사회적 지위도 낮아지게 되었다. 전통경제학에서도 가사노동은 생산적 노동으로 간주하지 않았다(손덕수, 1987). 개인이 아닌 가계를 소비단위로 보고, 가계분석도 가구단위로 함으로써, 여성의 개인적인 가사노동을 제외한 것이다. 교환 가치와 잉여 가치가 있는 노동만을 생산적 노동으로 보았으므로, 무보수의 가사노동은 생산적 노동이 아니라고 본다. 그러나 가사노동은 집안의 누군가가 담당하지 않으면 대체비용을 지불해야만 한다. 가령, 집안일을 해주는 도우미를 고용한다거나, 자녀양육이나 돌봄을 위한 대체인력을 구하는 경우에는 비용을 지불해야 하므로 경제적 가치(잉여)로 환산된다. 즉 가사노동이 시장상품으로 대체하는 경우에는 분명히 소득을 창출하는 임금노동과 다름이 없다.

노벨경제학상을 받은 베커(Becker)가 "시간분배이론"에서 가사노동도 생산활동이라고 규정하면서 가사노동에 대한 재평가가 시작되었다(Becker, 1965). 베커에 의하면, 가정도 단순히 소비주체가 아니라 생산의 주체로서 시장재화에 시간을 투입하여 가족 구성원의 욕구와 삶의 질을 충족시켜 주는 다양한 재화(음식, 세탁된 옷, 깨끗한 환경, 출산 및 육아활동 등)를 생산한다고 본다. 가사노동을 생산적 활동으로 보는 새로운 시각은 여러 가지 측면에서 사회적으로 수용되고 있는 실정이다.

① 가사노동을 가족 구성원 외의 다른 사람에 의한 대체노동으로 충족시킨다면, 그 임금은 GNP에 포함되므로, 가사노동은 국민경제에 가치를 창출하는 노동으로 보아야 한다.
② 가사노동을 시장재화 또는 서비스로 대체할 경우 실질적으로 가계지출을 수반하므로, 이에 해당되는 비용이 절감되어 생산적 노동이 되는 것으로 보아야 한다.
③ 가사노동은 재화나 용역을 소비할 수 있게 해주므로 상품에 사용가치를 부가시킨다.
④ 가사노동은 노동력 재생산에 필요한 생활 수단의 가치를 높이므로 이를 사용하는 노동력 상품의 가치도 높아져 부가가치를 생산하는 생산적 노동이다(이기영, 1987).

맞벌이 남성 가사노동시간, 여성의 5분의 1로 하루 평균 42분 불과

맞벌이부부 중 남성의 가사노동시간은 하루 42분으로, 여성의 3시간 27분에 비하면 5분의 1에 불과한 것으로 분석됐다. 서울시여성가족재단 손문금 연구위원은 19일 '맞벌이부부의 일상생활 시간과 가족공유시간' 보고서에서 맞벌이 여성의 근로시간은 하루 평균 4시간 46분으로 남성(5시간 53분)보다 적었지만, 가사노동까지 합하면 남성보다 1시간 38분 더 많이 일한다고 밝혔다. 이번 보고서는 통계청의 2009년 생활시간조사 자료를 토대로 분석한 것이다.

미취학 아동이 있는 경우 맞벌이 여성의 근로시간은 4시간 5분, 가사노동시간은 4시간 42분으로, 맞벌이 남성과 비교하면 근로 시간은 1시간 28분 짧지만 가사노동시간은 3시간 22분이나 길었다. 반대로 자유시간은 맞벌이 여성이 3시간 16분으로 맞벌이 남성보다 1시간 3분 짧았으며, 미취학 아동이 있는 경우 자유시간은 여성이 2시간 36분, 남성이 3시간 56분이었다.

맞벌이 남성의 가사노동시간은 홑벌이 남성(44분)에 비해서도 2분 짧았지만, 미취학 자녀가 있는 경우에는 9분 더 길었다. 맞벌이 남성은 아내와 함께 하루 평균 116.59분 동안 가정관리, 식사, 여가 등의 활동을 했다고 답해 홑벌이 남성보다 아내와 공유한 시간이 17.55분 적었다. 맞벌이 여성은 하루 114.91분을 남편과 함께 보냈다고 답해, 전업주부보다 31.74분 적었다. 맞벌이부부가 함께한 활동은 식사가 45.21분으로 가장 많았고 인터넷과 DVD 등 미디어활동 27.06분, 교제 및 여가 21.62분, 가정관리 19.36분, 가족 보살피기 1.98분 등의 순이다.

손 연구위원은 "맞벌이부부의 노동시간은 부부가 정서를 공유할 시간을 줄이고 있다. 부부 간 친밀감을 유지하기 위해 더 노력해야 한다."고 말했다.

출처: 연합뉴스(2010. 07. 19).

토 의 점

1. 가사노동의 사회화는 남성과 여성의 삶에 어떤 영향을 미쳤는지 생각해 봅시다.

2. 남성이 가사노동을 싫어하는 이유에 대해 생각해 보고, 남성의 가사노동 실행을 증진시키는 방법에 대해 토론해 봅시다.

3. 가사노동 사회화가 미래의 가족에 어떤 변화를 만들 것인가를 토론해 봅시다.

5장 가족의 돌봄노동

여성의 경제활동 증가와 더불어, 전통적으로 가족 내에서 여성들에 의해 수행되어오던 돌봄노동이 더 이상 개별가족 내에서 충족될 수 없는 상황이 도래하였다. 그럼에도 불구하고 현실은 여성의 경제활동 참여와는 관계없이 돌봄노동이 여성의 의무와 책임이 되어 아동양육이나 노인부양의 물리적, 심리적, 경제적 부담은 여성으로 하여금 한계 상황에 내몰리게 만든다. 따라서 단순히 여성을 위한 지원이 아닌, 돌봄노동에 대한 사회적 지원이 절실히 요구된다. 현재 돌봄노동에 대한 개념조차 정립되어 있지 않을 뿐만 아니라 돌봄노동과 여성의 역할의 역학적 관계를 해결할 수 있는 정책도 간과되고 있는 실정이다. 따라서 본 장에서는 우리 사회에서의 돌봄노동에 대한 정책적 논의의 근거를 제시하고, 아동과 장애아동, 그리고 노인을 돌보는 돌봄노동의 현실을 구체적으로 살펴보고, 가족 내 돌봄노동에 대한 사회적 지원정책 방향에 대하여 논의하고자 한다.

1. 돌봄노동의 개념과 정의

인간은 전 생애적 돌봄이 필요한 존재이다. 돌봄은 우리가 태어나면서부터 죽음에 이르기까지 이루어지며, 돌봄노동이 필요하지 않은 사람은 없다. 따라서 돌봄은 곧 인간의 보편적 가치에 해당된다. 생애주기별로 보면 영유아와 초등학생

시기에는 돌봄을 받는 대상이 되지만, 성인기에 접어들면 돌봄노동을 제공하다가 노년기가 되면 누구나 누군가에 의한 돌봄을 받게 되는 위치에 놓인다. 돌봄노동은 우리 사회의 재생산과 유지를 위한 필수불가결한 핵심적 노동임에도 불구하고 지금까지 우리 사회에서는 관심 밖의 영역에 머물러 왔고, 흔히 '공짜노동' 혹은 '무급노동'으로 인식되어 왔다.

그러나 인간중심의 사회적 관점에서 볼 때, 돌봄노동은 시장노동보다 더 소중한 노동이다. 시장노동은 성인기에 시작하여 은퇴 이전까지 인생의 한정된 시기에 이루어지는 노동인 반면, 돌봄노동은 모든 사람에게 해당되며 전 생애를 통하여 필수적인 노동이기 때문이다. '시장노동의 가치 = 임금 = 생산성'이라는 협의의 고리를 깨고 재생산 영역과 돌봄의 가치를 부각시키려는 거시적 변화가 필요하다는 주장들이 증가하고 있다. '돌봄 = 무급노동 = 비생산적'이라는 인식을 극복하기 위해서는 취업 vs. 비취업의 구분보다, 취업 참여(활동), 돌봄 참여(활동), 지역사회 참여(활동) 등 '참여(활동)' 개념이 강조될 필요가 있다는 지적은 노동형태의 분류에 있어 매우 합리적인 기준이다(조흥식 외, 2013).

최근 돌봄노동의 사회화 현상이 증가하면서, 돌봄노동자의 여성화, 저임금 직종, 비정규직의 확장 등으로 이어진다. 또한 돌봄노동의 상업화가 급속도로 진행되고 있는데, 이러한 현상은 자본화된 여성, 혹은 냉혹한 현대모델이라는 지적이 있다(Hochschild, 2003).

Daly(2000)는 돌봄노동(care work)이란 "스스로 자신을 돌볼 수 없는 사람을 돌보는 행위로서, 병자, 노약자, 어린 자녀들을 그 대상으로 하는 노동"으로 정의하였으며 행위 혹은 행동 자체뿐 아니라 돌봄노동이 수행되는 정서적 관계의 측면까지 중요하게 포함하였다. 돌봄노동의 대상은 사회의 구성원 전체이지만 타인의 돌봄을 필요로 하는 사람들이며, 돌봄노동은 곧 사회구성원들의 유지 및 재생산을 위해 요구되는 사회적 활동이자 필수적인 노동이다.

돌봄노동은 협의적 측면에서 살펴보면 개인과 개인 간 관계이지만, 광의적으로 보면 가족과 사회, 개인과 사회를 연결하는 사회적 관계 속에서 수행되는 노동이다. 또한 돌봄노동은 개인 간 서비스이지만 일상적 노동의 범주와 달리 정서, 도덕적 요소를 포함하고 있다(Daly & Rake, 2003).

〈표 5-1〉 돌봄노동의 정의

돌봄노동 = 시간 (실제적인 시간 + 대기시간) + 노력 + 기술 + 사회적 기술 + 감정이입 + 스트레스 (돌봄 대상자에 대한 스트레스 + 관찰자나 규제자에 대한 스트레스)

2. 돌봄노동에 대한 성차별적 성격

1) 복합적 성격

돌봄노동을 Balbo(1987)는 "조각보 이불(patchwork quilting)"과 같이 비유하면서, 즉 "여러 가지 요인이 합쳐진 복합적 구성물(Balbo, 1987)"이라고 언급하였다. 먼저 돌봄노동의 내용을 한마디로 정의하는 것은 쉽지 않다. 돌봄노동의 일부분은 인간의 기본적인 자연권의 하나인 생존을 위한 통상적인 노동들로 구성되어 있으며, 아동을 대상으로 하는 돌봄노동은 사회 노동력의 세대적 재생산의 책임과 역할을 구성한다. 또한 돌봄노동은 물리적, 신체적인 노동뿐 아니라 정서적인 측면이 중요하게 존재한다.

Daly & Lewis(2000)는 "사회적 돌봄"을 세 가지 측면으로 정의를 하고 있다.

① 노동으로서의 특성이다. 노동의 특성은 돌봄노동과 복지국가와의 관계를 보다 자세하게 살펴볼 수 있게 해주어, 돌봄노동의 유급 혹은 무급의 특성, 공식·비공식적 특성, 국가의 역할 등의 문제를 분석할 수 있게 해준다.

② 돌봄노동은 의무와 책임의 영역 속에서 실천된다. 규범적이며 윤리적인 차원과 측면을 포함한 사회정서적 관계 속에서 노동이 실천된다는 것이다.

③ 돌봄노동은 공적 혹은 사적인 경계를 포괄하여 수행되는 경제적, 정서적으로 비용이 드는 노동이다.

이 세 가지 측면의 돌봄노동 특성은 결국 신체적, 감정적인 노동을 요구하는 활동이며 규범적이며 윤리적인 측면을 포함한 사회적 관계 속에서 수행되는 노동으로 정의된다.

돌봄노동은 장소와, 서비스 실시 주체의 유무에 따라서 공식적 노동이 되기도 하고 비공식적 노동이 되기도 하며, 유급노동이 되기도 하고 무급노동이 되기도 한다. 먼저 돌봄노동이 수행되는 장(場)은 공식영역과 비공식영역으로 나눌 수 있다. 공식영역으로는 노동시장과 공공부문이 해당되며, 돌봄노동이 공식영역에서 수행되게 되면, 유급의 노동, 공식적 노동이 된다. 반면 전통적으로 수행되어 왔던 장(場)과 연결망들, 예를 들어 가족, 사회적 관계, 비공식 노동시장이 비공식영역에 해당된다.

돌봄노동 제공자가 현금을 지급받는지 아닌지에 따라 유급노동자가 되기도 하고 무급노동자가 되기도 한다. 공식영역에서 유급으로 받는 돌봄노동 제공자만이 사회적으로 인정받는 전문직업인이 된다. 공공부문에서 수행되거나 시장영역에서 수행되면, 돌봄노동은 상품성을 띠게 되고, 유급의 노동이 된다. 반면 비공식영역에서 유급의 돌봄노동자들은 임금을 받지만, 시장임금이 아닌 유사임금 형태로, 공식적인 현금시장관계에 포함되지는 않는다(장혜경 외, 2007).

〈표 5-2〉 돌봄노동의 제공 형태

돌봄노동의 제도들		돌봄노동 제공	
		유급	무급
비공식	가족	보모, 도우미, 간병인	어머니, 며느리, 딸
	사회적 관계		친척, 친구
	비공식 노동시장	할머니, 친척, 친구, 보모, 이웃, 간병인	
공식	공식 노동시장 (민간 및 공공부문)	전문보육교사, 전문간병인	자원봉사자

출처: Leira(1994). p. 38을 기반으로 재구성.

2) 돌봄노동에 대한 성차별적 현상

돌봄노동의 의무나 책임, 역할의 분배와 수행과정, 돌봄노동의 서비스 제공 측면과 욕구에서 성(性) 차별성이 존재하고 있다. 먼저 노르딕국가군의 일부를 제외한 대부분의 국가에서 돌봄노동은 일차적으로 가족에 책임을 두고 있다. 즉 가족은 국가보다 우선해서 가족 성원의 편안을 위해 노력하고 보살펴야 하며, 국가는 가족이 충족시키지 못한 일부분만을 지지해 준다는 가족책임주의 태도로 일관하고 있다. 실제로 미국의 노인돌봄에 관한 한 연구를 살펴보면, 가족 혹은 친척이 노인을 시설보호가 아닌 재가서비스로 케어를 하고 있는 비율은 약 70~80%에 이르며, 노인성 질환을 앓고 있는 65세 이상 노인의 75%가 가족의 케어에 의존하고 있는 것으로 추정된다(Hooyman & Kiyak, 1999).

OECD 국가들의 경우, 돌봄노동의 2/3~4/5가 비공식 돌봄자에 의해 제공된다(Jacobzone, 1999, 2000). 또한 돌봄노동의 의무나 책임과 역할은 가족 내에서 대부분 여성에게 짐 지워지고 있다. 현재까지도 복지국가에서 수행되고 있는 여러 가지 사회정책은 여성에게 모성의 책임과 돌봄노동의 수행을 강조하게 되며(Abramovitz, 1996; Nelson, 1986, 1990; Pfau-Effinger, 2005), 결과적으로 여성의 무급 돌봄노동으로 인하여 국가는 케어가 필요한 가족에 대한 노동과 비용을 최소화할 수 있게 된다. 가족 내 돌봄노동의 주된 책임의무자는 취업여부에 관계없이, 자녀양육과 노인부양 두 가지 측면에서 모두 여성이 맡고 있다.

〈표 5-3〉 무급 돌봄노동자의 성별구성 (단위: %)

	아동돌봄		성인돌봄		아동, 노인돌봄	
	여성	남성	여성	남성	여성	남성
프랑스	23.0	12.0	5.0	3.0	27.0	14.0
독일	28.0	16.0	7.0	4.0	33.0	19.0
아일랜드	40.0	17.0	7.0	3.0	44.0	19.0
이탈리아	37.0	15.0	9.0	4.0	41.0	18.0
네덜란드	41.0	31.0	8.0	5.0	45.0	34.0
영국	37.0	21.0	10.0	6.0	43.0	26.0

출처: Eurostat(2001); Daly & Rake(2003). p. 54에서 재인용.

나라별로 보다 구체적으로 살펴보면, 1997년에 실시된 전미가족부양자협회(National Family Caregivers Association, NFCA)의 설문조사에 따르면, 미국 가족에서 노인을 주로 돌보는 사람(primary caregiver)의 82%가 여성이며, 36~50세 사이의 중년이 전체의 70%, 66~80세도 22%나 된다. 이들의 관계는 주로 자녀들이 질환을 앓고 있는 부모를 보살피는 것으로 나타났고, 그다음으로 배우자들이다. 이들 중 현재 고용상태(전일제와 파트타임 모두 포함)에 있는 사람들은 전체의 47%이며, 이들 고용상태에 있는 사람들 중 전일제 직장에 다니는 사람의 비율은 71%로 나타났다(최희경, 2000).

영국의 경우에도 돌봄노동자(careworker)를 대상으로 조사한 Ford(1998) 등의 연구를 보면 돌봄노동자의 96%가 여성으로 나타났다(Ford et al., 1998; Ungerson, 2000에서 재인용). Hammer & Osterle(2003)의 오스트리아 연구에서도 노인을 대상으로 한 장기요양 서비스가 가족 내에서 무급의 여성노동에 의해 수행되고 있는 것으로 나타났다.

이처럼 여성에게 과다하게 편중되어 있는 돌봄노동의 의무와 책임은 여성들의 취업에 상당한 영향을 미치게 된다. 돌봄을 받아야 하는 대상자의 유무와 대상자의 수 자체가 여성의 취업에 큰 영향을 미치며, 동시에 돌봄노동 지원정책이 증가될수록 여성취업 활성화에 긍정적인 효과가 있을 것이다.

3. 돌봄에 대한 사회적 지원정책

1) 인구구조에 따른 돌봄 대상자의 확대 및 수요 변화

통계청(2019)이 발표한 장래인구추계 자료를 보면 2020년 현재 0~14세 유소년인구는 12.4%(6,230,000명), 15~64세 생산가능 인구는 인구의 71.5%(35,980,000명), 65세 이상 고령인구는 16.1%(8,030,000명)이다. 유소년 인구는 2010년 16.1%에서 2020년 12.4%로 급감하였고 2040년 10.1%로 전망된다. 고령인구는 2040년에는 34.3%(16,660,000명)에 이를 전망이다. 이러한 인구구조의 변화를 살펴보면, 아동돌봄에 대한 수요는 상대적으로 감소하지만, 노인돌봄에 대한 수요는 크게 증가할 전망이므로 돌봄에 대한 보다 심층적인 대응방안이 요구된다.

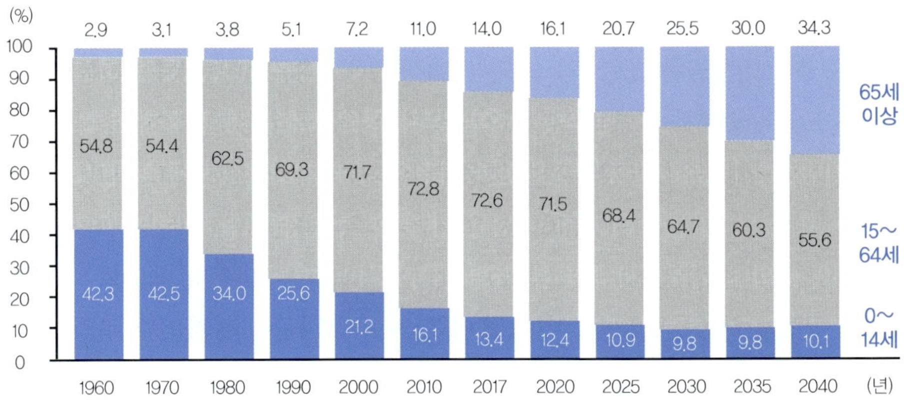

자료: 통계청(2019). 『장래인구추계: 1960년~2040년』.

〈그림 5-1〉 연령계층별 인구구조 변화

2) 돌봄노동 정책의 기본 방향

1990년대 이래 돌봄정책은 보편주의 원리에 기반을 두고 있다. 특히, 2020년을 전후하여 무상보육·교육, 노인장기요양보험의 도입으로 보편적 돌봄정책이 본격화되기 시작하였지만, 질 높은 돌봄서비스를 지속적으로 받기에는 여전히 미비한 현실이다. 돌봄정책은 국가가 적극적인 공급자 역할을 수행함으로써 돌봄비용을 합리적으로 지원할 수 있는 체계를 수립해야 한다. 가령, 아동돌봄에서는 국공립 아동돌봄 인프라를 확충하여 아동돌봄의 공공성을 확보하고, 노인돌봄에서는 계층이나 상황에 따른 다차원적인 맞춤형 돌봄이 밀접하게 연결되어야 한다. 그러나 돌봄정책의 공공성 측면에서 볼 때, 서비스 공급 주체인 국가의 역할은 제한되어 있으므로, 정책의 실효성과 현실성을 고려해 보면 서비스 요구를 충족시키기 위해서는 민간중심의 돌봄체계도 재구조화할 필요가 있다.

돌봄노동 정책에서 매우 중요한 것은 돌봄이 필요한 서비스 대상자들에 대한 돌봄은 사회적 돌봄(Social Care)으로서 재명명되어야 하며 국가와 사회와 가족이 함께 공동 분담해야 한다는 원칙이다. 인구고령화로 인해 노인돌봄은 장기화되고, 산업화로 인해 가족의 구조가 대가족제도에서 핵가족제도로 변화함으로써 가족 내 돌봄 자원이 감소하고 있어 돌봄서비스 대상자는 점점 증가하고 있지만 돌봄에 대한 사회적 지원체계는 매우 미미한 시점이다.

돌봄노동 정책의 기본 방향에서 첫째는 고용 유연화, 고용 불안정 등으로 인해 점차 이중 생계부양자모델이 확산되고 있는 상황에서 일과 가족 돌봄노동 책임 양립을 지원하는 정책이어야 한다. 가족친화적 고용정책, 일·가정양립지원정책 등은 서구 유럽복지국가에서 주요한 정책영역 중의 하나이고 이는 대부분 여성과 남성에게 노동권을 보장하면서 가족생활을 유지하도록 하는 것을 목표로 하고 있으며 주로 자녀양육과 일을 병행하는 것을 지원하고 있다. 이에 돌봄정책의 주요 목표로 일과 가족책임의 조화를 목표로 할 것을 제안한다. 즉 가족돌봄의 책임은 주로 가족 내에서 여성에게 집중되어 있으며 이로 인해 취업기회가 제한되고 있는 것이 현실이다(장혜경 외, 2007).

특히 일하는 돌봄자에 대한 적절한 사회적 지원은 유럽복지국가에서 돌봄 인력 공급의 감소에 대한 대응책으로 제안되고 있는 방안이기도 하다. 둘째, 한국은 돌봄노동 서비스에 있어 공적 영역의 공급 확대와 재원 확보가 이루어져야 한다. 유럽복지국가의 돌봄노동 서비스 체제는 최근 민영화의 방향으로 전환되고 있다. 그러나 유럽국가는 공적 영역의 돌봄노동 서비스가 이미 발달한 상태에서 방향 전환을 꾀하고 있는 것으로 한국과는 상황이 다르다. 이에 가족중심모델이면서 시장화된 영리민간영역의 공급자가 많은 것이 한국의 현실인데 적절한 돌봄노동 혼합(care mix)을 위해 공적 영역의 공급자 확대 또는 공적 재원에 의한 돌봄노동 서비스 확대를 돌봄정책의 기본 방향으로 설정하여야 한다(장혜경 외, 2007).

3) 돌봄노동 정책의 지원 형태

다음으로는 우리나라의 아동 및 노인의 돌봄노동 지원의 정책 내용 및 형태들을 중심으로 살펴보고자 한다.

(1) 아동돌봄 노동

아동돌봄 노동과 관련하여 제공되는 서비스는 현금지급 방법으로는 아동수당, 육아휴직수당, 양육수당, 연금크레딧을 제공하는 등의 방법과 보육서비스의 제공이 있다.

① 아동수당제도

아동수당의 역사는 19세기 프랑스를 중심으로 유럽에서 일부 회사들이 대가족을 거느린 근로자들에게 지급했던 특별 상여금에서 유래된 것으로, 점차 확산되어 1920~1930년대에는 여러 국가들이 이 제도를 도입하였다.

아동수당제도는 엄밀한 의미에서 본다면 돌봄노동에 대한 사회적 지원은 아니다. 아동수당제도는 자녀가 있는 가족의 경제적 부담을 국가가 일부 부담한다는 것에서 자녀가 있는 가족을 대상으로 제공되는 현금급여 제도이다. 따라서 아동수당은 아동돌봄에 대한 지불의 의미로서보다는 아동빈곤, 가족의 경제적 부담을 완화하기 위한 목적으로, 인생주기 중 가장 경제적으로 곤란한 시기에 아동양육비를 보조한다는 의미로서, 자원의 수평적 재분배과정으로 이해될 수 있다.

② 양육수당, 육아휴직수당

양육수당과 육아휴직수당은 자녀를 양육기간 동안 주 부양자가 노동을 중단하고 자녀를 양육할 경우에 부모(주 부양자)에게 지급되는 수당이다. 특히 초기 양육기에는 부모가 개별 가정에서 자녀를 직접 양육할 경우에 휴직 중인 부모에게 경제적 소득을 보전해 줄 수 있는 방법이 된다. 덴마크, 핀란드, 프랑스, 노르웨이, 덴마크 등의 국가들은 부모가 자신의 집에서 자녀를 양육할 경우 양육수당을 지불하는 제도를 갖고 있다. 이때 노르웨이의 경우 공공보육서비스를 사용할 경우 급여율은 낮아지기도 하고, 덴마크, 핀란드의 경우 부모가 공공보육시설을 전혀 사용하지 않는다는 조건 하에서 보조금지급이 제공되기도 한다(OECD,

2001). 예를 들어, 프랑스에서는 한 명 이상의 자녀가 있는 가족을 대상으로 하며 부모 중 한 사람이 6세 미만의 자녀를 양육하기 위해 노동을 중단하거나 노동시간을 감축할 경우 육아휴직수당이 지급된다.

그러나 양육수당 혹은 육아휴직수당은 양육노동, 돌봄노동에 대한 지불의 의미를 갖지만, 본래 의미와는 다르게 핀란드는 공적보육서비스를 제공하는 대신 개별가족의 양육을 장려하는 현금급여 지급방법으로 사용되고 있고, 프랑스의 경우 양육수당 혹은 육아휴직수당이 노동정책, 실업정책의 일환으로 왜곡되는 등 또 다른 문제점이 있다. 또한 아동양육과 관련해서 본다면, 육아휴직수당은 개별가족에 양육의 책임을 전가하고, 여전히 여성에게 양육전담자로서의 역할로 회귀하게 하는 기제로 작동하게 되며, 여성의 노동권과 관련해서 본다면 여성들의 노동력을 주변화시키는 결과를 초래하게 된다.

③ 연금크레딧

지금까지 대부분의 사회에서 돌봄노동의 주 서비스 제공 주체는 여성들이다. 돌봄노동은 시장노동과는 달리 노동의 가치나 급여를 공식적으로 지원받지 못하며, 이는 여성들로 하여금 노동의 기회, 소급의 기회, 시간 접근권 등에서 배제되게 만든다. 이러한 현실에서 연금크레딧 제도란 돌봄을 위한 휴직기간 동안 일시적 노동단절을 경제적으로 보상하기 위하여 돌봄노동 기간을 연금기여 기간으로 인정하여 산정해 주는 방안이다.

④ 보육서비스

보육서비스는 취업 유무에 관계없이 자녀를 둔 가정의 주 양육자에게 양육의 물리적, 경제적 부담을 사회가 일부 지지할 수 있는 방안으로서 많은 국가에서 제공하고 있다. 보육의 공적인 책임, 공적인 개입이 일반적으로 수용되고는 있지만, 현실적으로는 어느 국가에서도 공적인 재원조달이 있다고 해서 "전적으로 공적"인 서비스는 없고, 민간이라고 해서 "전적으로 민간"인 경우는 없다. 공과 사의 혼합은 국가마다 다르다. 공식(formal) 보육서비스에서 3세 미만 유아를 가장 많이 수용하고 있는 국가는 캐나다와 덴마크, 스웨덴, 노르웨이의 노르딕 3국, 영국과 미국이다. 반대로 가장 유아 이용률이 낮은 국가는 남부유럽 및 중부유럽이다. 반면 3~6세 연령층의 경우, 전반적으로 유아 이용률이 높으며, 일부 국가에서는 90%에 이른다(장혜경 외, 2007).

(2) 노인돌봄 노동

노인돌봄 노동과 관련해서는 노인요양시설 및 서비스를 제공하는 방법과 노인이나 노인을 돌보는 돌봄노동자를 대상으로 현금급여를 제공하는 방법이 있다. 유럽의 최근 경향은 가능한 한 시설 내 돌봄서비스 제공을 늦추고 자신의 집에서 재가서비스를 제공받도록(in-home service) 유도하고 있으며, 여기에 급여를 지급하는 방안으로 가고 있다(Daly, 2002). 돌봄노동에 대한 현금급여는 돌봄자(carer)와 돌봄 대상자(care recipient) 두 집단을 대상으로 한다. 흔히 돌봄노동자에게 제공되는 경우를 돌봄수당(careallowance), 돌봄 대상자에게 제공되는 경우를 간병수당(attendance allowance)이라고 한다. 이 각각은 무엇에 대한 지불이며 이것의 장단점은 무엇인지, 지불의 형태는 어떠한가를 구체적으로 검토해 보면 다음과 같다.

① 돌봄수당

돌봄수당(care allowance)은 돌봄자나 가족들에게 제공되는 현금급여로, 개인적인 관계를 기반으로 하여 돌봄노동 서비스를 제공하는 자에게 지급된다. 돌봄수당에는 긍정적인 측면과 부정적인 측면이 있다(표 5-4).

〈표 5-4〉 돌봄수당의 장점과 단점

긍정적인 측면	• 돌봄노동자에 대한 사회적 권리가 합법적으로 인정된다. • 돌봄노동자의 재정적 지원이 될 수 있다(특히 돌봄으로 인하여 취업을 포기하거나 노동시간을 단축해야 할 경우에 재정적 안정을 제공한다.) • 돌봄 대상자에게도 좋은 점은 일관성 있게 지속적으로 서비스를 받을 수 있다는 점이다.
부정적인 측면	• 돌봄수당은 엄격한 의미에서 월급이 아니기 때문에 부가급여 등의 경제적 이익이 없으며, 따라서 정규적인 임금노동으로 인정되지는 않는다. • 정부는 돌봄수당을 서비스에 대한 대체물로 이용할 수 있다. • 돌봄자에게 책임을 지울 수 없으며, 서비스의 질을 보장할 수도 없다. • 급여에 따른 조건들이 때로는 개인적인 문제에 원하지 않는 공적인 개입을 초래할 수도 있다.

② 간병수당

간병수당(attendance allowance)은 돌봄 대상자에게 제공되는 급여이다. 보상의 방법에는 직접적인 현금급여와 간접적인 급여 방식이 있다. 직접적인 급여에는 정액지급, 계정제(budget), 환불제, 바우처제도, 크레딧제도 등이 있다.

〈표 5-5〉 간병수당의 장점과 단점

긍정적인 측면	• 간병수당은 돌봄을 필요로 하는 개인이 독립할 수 있게 한다. • 선택권: 가장 최선의 것을 선택하도록 함으로써, 적절한 돌봄을 받을 가능성을 높인다.
부정적인 측면	• 필요한 도움이 이용 가능하여야 한다. 만약 비공식적 네트워크에서 필요한 도움을 못찾는 경우 시장에 의존할 수밖에 없다. • 간병수당으로 필요한 돌봄서비스를 구매할 수 있는지, 시장가격과 대비해서 간병수당의 액수가 충분한지 판단하기 어렵다. • 돌봄의 질에 대한 보장을 하기 어렵다. • 돌봄수혜자가 필요한 돌봄서비스를 스스로 조직할 수 없다면, 이를 대신해 줄 매니저가 필요한데, 이 때에는 추가비용이 필요하고 돌봄수혜자의 독립성에 영향을 미칠 수 있다. • 현금급여로 돌봄서비스를 구매할 때에는 공식시장과 비공식시장 모두에서 가능하다. 이때 단기적으로는 비공식시장의 이용이 편리할 수 있지만, 장기적으로 본다면 돌봄자의 법적인 권리의 결여 등 상당히 불리한 점들이 있다. 또한 정부가 비공식경제에 대해 재정지원을 하는 것도 이례적인 일이다.

③ 수당지급과 성별분업

돌봄 관련 수당 및 급여를 제공받는 사람들의 성별은 대부분이 여성이다. 그렇지만 여전히 현금지급 수급자의 대부분을 여성이 차지하고 있는 현실은 여성주의자들이 비판하듯이 '재가족화(refamilization)', 돌봄노동의 가족으로의 재배치 현상을 가져오는 위험도 있다. 현금급여의 방법은 동전의 양면과 같은 성격을 갖고 있어서, 돌봄노동을 가시적인 노동으로 드러내어 돌봄노동에 대한 가치를 인정하고 사회적으로 평가한다는 긍정적인 의미가 있는 반면에 기존의 성별분업을 고수하여 여성들을 돌봄노동에 갇히게 할 위험을 동시에 가지고 있다. 즉 돌봄의 책임과 역할이 가족 쪽으로 무게중심을 이동하게 되고 다시 재가족화의 위험을 가지고 있다. 따라서 학자들은 케어수당 혹은 양육수당에 대한 우려를 심각하게 제기하고 있다.

〈표 5-6〉 돌봄 관련 수당 및 급여 수급자 중 여성 비율

국가	돌봄급여나 간호수당을 받는 돌봄자 중 여성 비율
호주	돌봄급여(Carer's Payment)를 받는 수급자 중 59.9%가 여성
오스트리아	간호수당(Attendance Allowance)을 받는 80%가 여성임
캐나다	NA
핀란드	Informal Carer's Allowance 수급자의 80%가 여성임
프랑스	가족서비스관련 종사자 중 99%가 여성임
독일	등록된 Informal Carers의 97%가 여성임
일본	NA

출처: Jenson & Jacobzone(2000).

④ 돌봄자와 돌봄 대상자의 관계

아동돌봄과는 달리, 노인의 경우에는 돌봄자와 돌봄 대상자와의 관계가 중요하다. 경우에 따라서는 현금지급의 조건으로 긴밀한 관계를 강조하기도 한다. 예를 들어서 영국에서는 질병을 앓고 있는 사람에 대한 돌봄수당(invalid care allowance, ICA)을 지급하는 경우, 돌봄 대상자가 돌봄급여를 받는 경우에만 돌봄자가 ICA를 받을 수 있도록 하고 있다. 혹은 네덜란드, 핀란드, 미국에서도 수당지급 시 돌봄자와 돌봄 대상자 간의 계약이나 사인을 요구함으로써 돌봄 대상자의 권리를 보호하고 강조하게 된다. 혹은 국가에 따라서는 친척관계를 수당지급의 자격요건으로 요구하기도 한다(홍승아, 2006).

〈표 5-7〉 비공식 돌봄과 공식 돌봄에 대한 지원 형태

	비공식 돌봄	공식 돌봄
전통적 형태	• 관계에 기반(관계에 따라 서비스의 질 차이) • 대상자의 집에서 수행 • 무급	• 전문적 돌봄 • 대상자의 집/공식시설에서 수행 • 유급
돌봄 정책의 변화	• 현금지급제도 도입(돌봄수당/간병수당/양육수당/보육수당) • 세액공제제도(tax credit) • 바우처(특정서비스를 이용할 수 있는 권리) • 크레딧 시스템 • 조세감면	• 시설 및 서비스 확대 • 보편적 이용권리

여성의 돌봄노동 이제 사회가 고민하라

폐쇄적인 핵가족 구조와 권위적인 위계질서의 대가족 체제를 넘어 배려와 보살핌의 원리를 먼저 생각하는 지역 돌봄 공동체의 모델이 속속 제시되고 있다. 소 잃고 외양간 고치는 격이 될 것인가, 위기를 기회로 만들 것인가. 저출산 고령화사회가 초읽기에 들어섰다는 위기 의식에 따라 최근 '돌봄 문화'에 대한 재고찰이 이어지고 있다.

'돌봄'이란 전통적으로 주부가 그의 자녀와 가족을 돌봐온 모든 일을 가리킨다. 방향은 돌봄노동에 대한 사회적 확장이다. 여성에게 전가하던 돌봄의 책임을 남성 나아가 사회로 넓혀야 한다는 이야기다. 지난 27일 서울시대안교육센터 '하자'에서 열린 '돌봄과 소통이 있는 가족문화와 지역사회를 위한 심포지엄'에서 서강대 사회학과 조옥라 교수는 돌봄을 사회적 영역으로 확대하자고 제안했다.

그는 "한국의 가정은 권위주의, 불합리성과 모순을 내면화하는 장소가 돼 더는 돌봄의 공간으로 적절치 않다."며 "이제는 돌봄의 문제를 가정보다 사회적인 문제로 접근해야 한다."고 설명했다.

고된 노동과 낮은 보수를 받으면서 간호사, 사회사업가, 가정관리사 등으로 일해온 여성의 돌봄 가치를 새로 규정해야 한다는 지적도 있었다. 페미니스트 교육철학자 넬 나딩스 미국 콜롬비아대 교수는 "여성 스스로 돌봄을 평가절하하면서 이 일을 기피해도 안 되지만 사회도 여성의 돌봄노동에 대한 가치를 제대로 평가하면서 감사할 줄 알아야 한다."고 말했다. '일과 돌봄'의 행복한 만남은 사회의 배려 속에서 이뤄져야 한다는 설명이다.

돌봄의 책임을 남성이 함께 나누어 지면 국가 발전에 도움이 된다는 분석도 나왔다. 지난 23일 한국여성단체연합과 한국기독청년회전국연맹이 서울 사회복지모금회 강당에서 연 토론회에서 윤홍식 전북대 교수는 "경제협력개발기구에 가입한 국가에서 남성의 돌봄노동 참여 지원 수준이 높을수록 국가의 빈곤율이 낮고 국가경쟁력이 높다."며 "돌봄에 한국 남성이 합류해야 한다."고 말했다.

이처럼 남녀와 세대 간 격차를 넘어 사회가 돌봄노동에 대한 패러다임의 전환을 이뤄야 한다는 데는 지역 공동체와 관련 학자들의 의견이 하나로 모인다. 실제 공동육아나 생활협동조합 등으로 지역 공동체의 기반을 일군 일부 지역에서는 10여 년 전부터 가족을 넘은 돌봄 공동체에 대한 '실험'이 진행 중이다. 한양대 문화인류학과 김찬호 교수는 그 사례로 공동육아로 시작해 지역 공동체 모임을 일군 서울 마포의 성미산 학교, 홀몸 노인과 장애인의 빨래를 해주는 공간인 대전 석교동의 빨래방, 일산 후곡 마을의 녹색마을 만들기 등을 꼽았다. 김 교수는 "가족을 넘어서서 공동의 영역을 만들고, 그 안에서 이웃들이 넘나들고 서로 돌보게 된다면 현대인의 고독과 불안이 다소 해소될 수 있다."며 지역 공동체 조직을 '돌봄 위기'의 대안으로 내세웠다. 인구의 4분의 1에 이르는 한부모 가정, 1인 단독가구의 증가로 돌봄에 대한 경제적인 비용이 늘면서 각 가정의 주부가 해오던 돌봄노동에 대해 이제 사회가 고민해야 할 때가 됐다.

출처: 한겨레신문(2005. 11. 29).

토 의 점

1. 돌봄노동 정의에 대해 생각해 봅시다.

2. 돌봄노동의 사회화와 여성의 사회적 역할과의 관계에는 어떠한 변화가 나타났는가에 대하여 토론해 봅시다.

3. 돌봄노동 수당제도의 장점과 단점에 관하여 논의해 봅시다.

6장

이혼[1]

1. 증가하는 이혼

이혼율의 증가는 가족의 문제를 '사적인 문제'만이 아니라 사회적인 관심사로 공론화하는 계기로서 작용하고 있다. 이혼은 왜 개인들이 결혼관계를 해체하는가에 대한 선택의 의미를 이해하는 차원과 더불어, 이상적인 가족에 대한 사회적인 시선과 변화하는 결혼/가족제도에 대한 주요한 고찰을 필요로 한다. 또한 이혼은 다양한 가족제도에 대한 새로운 관점과 변화하는 가족관계 속에서 '가족'이 무엇인가라는 근본적인 물음을 동반한다.

이혼을 '문제 있는 개인들'의 선택으로 의미화하는 사회적 시선과는 다르게, 본 장에서는 이혼율의 상승이 왜 불평등한 가족제도와 연관이 되며, 고정화된 성역할에 기반을 둔 핵가족제도의 문제점에 대한 고찰 없이는 결혼관계 내의 불안정성은 지속될 수 밖에 없음을 주요하게 분석하고자 한다. 이러한 맥락에서 부부관계를 둘러싸고 남녀 간에 갈등이 야기되는 원인이 사회적으로 남성과 여성에게 고정화된 젠더(gender) 역할을 강요하는 결혼제도와 밀접하게 연관이 되고 있

---

1) 이번 장에 인용된 인터뷰 사례와, 글의 일부분은 본인의 박사논문 "Divorce in Contemporary Korea: Individualization, Intimacy and Gender (2008)"에 기초한 것임을 밝힙니다.

음을 살펴보고자 한다. 가부장적인 관념에서 형성된 불평등한 젠더관계는 남성과 여성에게 다른 이혼경험을 부여하는 젠더화된 이혼(gendered divorce) 과정을 야기하고 있으며, 고정화된 젠더관계의 변화는 새로운 가족관계 형성을 위한 시작점이 될 것이다.

2. 이혼에 대한 편견

근대사회 이후에 '정상적인 가족'은 부부와 자녀로 구성된 '핵가족'으로 간주되어지고, 남성과 여성의 고정된 역할에 기반해서 구성되어졌다. 비록 이혼율은 빠르게 증가함에도 불구하고 '핵가족'을 정상화하는 가족의 개념은 이혼에 대한 부정적인 시각을 온존하게 한다. 이것은 미디어를 통해서 접하는 이혼에 대한 지식이 단편적인 측면만을 보이고 있기 때문이기도 하다. 미디어는 '충동이혼', '증가하는 결손가정' 등 피상적인 정보만을 전달하고 있으며, 이혼이 '가족위기'를 형성하는 주요인으로 묘사하고 있다. 또한 여성에 의한 이혼신청률의 증가로 인해서, 사회적으로 '가족해체'와 여성이 주요하게 결부되어서 언급되어지고 있지만, 여성들이 '왜' 이혼을 원하는가에 대한 진지한 사회적인 접근은 많지가 않다. 이혼이 단편적으로 다루어지는 현실은 필자가 인터뷰한 여성의 이야기를 통해서도 나타난다.

> 사람들이 이혼 과정을 잘 몰라요. 드라마에서는 이혼을 이상하게 너무 간단하게만 생각하는데 이혼할 때 가장 큰 문제가 뭔지 그런 것에 대해서 중요하게 다뤄지지가 않아요. 우리 사회가 여자들한테 관심이 없기 때문에 그런 것을 파헤치고 알리고 그러는 노력이 부족하다 싶어요. 사실은 모든 여자들은 알고 있지만 세상은 여성들의 이야기에 관심이 없기 때문에 듣지 않잖아요.

이혼(divorce)에 대한 부정적인 여론은 여성들이 경험하는 이혼 과정 및 이혼

결심의 이유와 일상적으로 수행하는 여성들의 가정 내에서의 책임과 역할에 대해서 세밀한 분석을 하지 않는다. 무엇보다 결혼생활 내에서 여성들에게 요구되는 역할이 많은 여성들이 이혼을 신청할 수밖에 없는 갈등과 긴장을 야기하는 과정임에 주목하지 못한다.

이혼에 대한 단편적인 접근은 이혼에 대한 편견이 뿌리 깊게 자리잡고 있는 현실을 통해서도 나타나고 있다. 2008년 메릴랜드대학교가 17개국을 대상으로 진행한 이혼·사별 여성에 대한 차별 정도에 관한 조사에 의하면 응답자의 82% 정도가 한국에서 이혼한, 사별한 여성에 대한 차별이 있다고 했으며, 이 결과는 조사국 중 가장 높은 수치를 보이고 있다(세계일보, 2008. 06. 24). 이혼율의 증가와 이혼 당사자에 대한 구체적인 편견은 다음의 연구에서도 나타나고 있다. 이혼에 대한 사회적인 이해를 알아보기 위해서 10대에서 60대까지 716명을 조사한 연구에서 70%가 '불만족한 결혼생활을 유지하는 것보다 이혼이 더 낫다'라고 응답을 했음에도 불구하고 세부적인 질문에서는 이혼에 대한 편견을 주요하게 보이고 있다. 즉 대부분의 응답자들이 '사람들이 이혼을 너무 쉽게 한다'라고 응답을 했고 응답자의 30% 정도가 '자신들의 자녀가 이혼한 가정의 배우자와 결혼하는 것을 원하지 않는다'라고 대답을 했다(옥선화 외, 1998).

핵가족을 모델로 한 가족에 대한 정상적/비정상적인 구분은 이혼을 가족해체의 주범으로 간주하면서 현실에서 변화하는 가족의 다양성에 대한 이해의 부족을 야기한다. 부부와 자녀를 중심으로 한 '핵가족'만을 정상적인 가정으로 사고하는 사람들의 생각은 여론조사에서도 나타나고 있다. 2006년에 성인 1000명을 대상으로 한 '정상가족'에 대한 조사에서 64.5%가 한부모 가정에 반대했고 72.6%가 동거에 반대하는 상황이었다. 그러나 가족의 다양성에 대한 부정적인 시선과는 다르게 실제로 50% 이하만이 사회에서 말하는 '양부모와 아이들로 이루어진 가정'을 가지고 있다(한겨레신문, 2006. 06. 20).

그러나 2020년도 조사에서 한국사회의 이혼에 대한 태도는 많이 변화하였고, 더 이상 이성 간에 결혼이 '당연하고', 이혼은 '문제적'이라는 가치관보다는 결혼

뿐만 아니라 이혼 또한 개인의 선택으로 바라보고 있음을 보여준다(〈그림 6-1〉 참고).

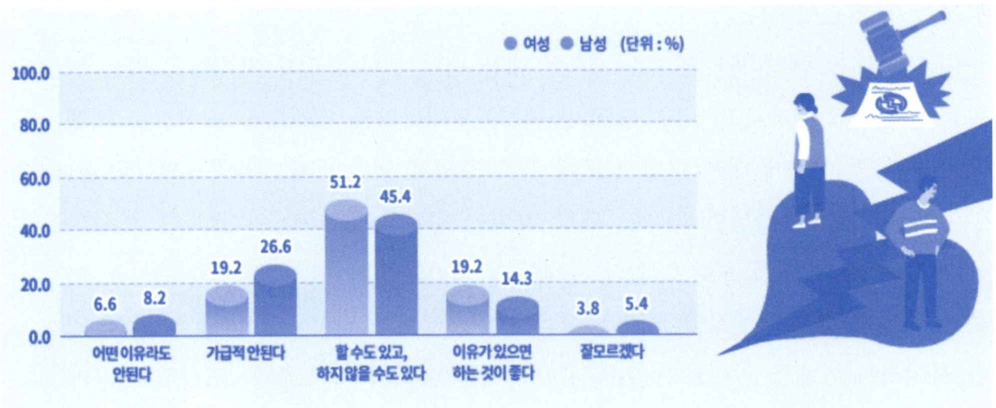

출처: 성인지통계시스템 https://gsis.kwdi.re.kr/gsis/kr/main.html

〈그림 6-1〉 이혼에 대한 견해

또한 전통적인 형태의 가족관계의 변화는 여성가구주의 증가를 통해서도 나타나고 있다. 2019년 여성가구주 비율은 31.2%로 2000년 대비 12.7% 상승하였고, 2019년 가구주가 미혼여성인 가구는 1,487,000가구로 2000년 대비 2.6배 증가하였으며, 여성 1인 가구는 2,914,000가구로 2000년 대비 2.2배 증가하였다. 또한, 2018년 결혼을 '해야 한다'는 여성의 비율은 28.6%로 남성(37.9%)보다 낮고, 10년 전보다 18.1%로 하락하였음을 보여준다(통계로 보는 여성의 삶, 2019). 이러한 가치의 변화는 가족을 이성 간의 결혼을 중심으로 한 하나의 모델로만 바라보는 태도가 차별적이며, 삶의 불평등을 공고히 한다는 것을 인식하는 흐름들이 사회적으로 등장하고 있음을 보여준다. 그러나 이러한 이혼에 대한 태도나 결혼에 대한 인식의 변화 속에서도 2004년도에 제정된 「건강가정기본법」에 기반해서 가족은 '혼인·혈연·입양'으로 이루어진 것이 사회의 기본단위로 규정하고 있다. 이러한 법적인 규정은 결혼을 중심으로 한 가족형태를 이상적인 가족으로 규정하고 있다는 점에서 이혼 등 다양한 가족들은 여전히 평등한 가족으로 인정되지 못하고 차별에 노출될 수 있음을 보여준다.

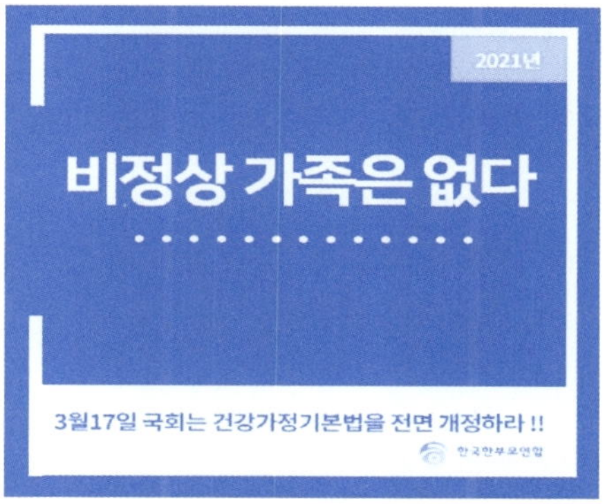

〈그림 6-2〉 건강가정기본법 개정 촉구 한국한부모연합 홍보물

이렇듯, 가족을 정의하는 법적인 조항에서도 여전히 이혼에 대해 편견을 조장하는 태도가 자리 잡고 있는 것과 마찬가지로, 2019년에 진행한 연구에서도 이혼을 경험한 사람에 대해서 일상적인 차별이나 거리감이 여전히 존재함을 보여준다.

> 얼마 전에 제 친구가요. 저희도 나이가 이제 50세가 넘어가고 그러니까요. 제2의 인생에 대해서 어떻게 다시 한 번 꿈을 꿔야 되지 않겠냐는 이야기를 하다가요. 누구는 어때, 누구는 어때, 걔를 보면 느낌이 어때라고 이야기를 하는데요. 저를 딱 보더니요. 불쌍하다고 하는 거예요. 그 이야기를 듣는 순간, 다 이렇게 훅 무너져 내리는 느낌이었어요. "왜 내가 불쌍해?"라고 물으니 "너는 남편이 없잖아."라고 말을 하는 거예요. 그러니까 제가 2004년도에 이혼을 했는데 15년 동안 걔는 계속 저를요 친구인데 불쌍하다고 생각을 하면서 살아온 거예요. 그래서 되게 무너졌어요(한국건강가정진흥원, 2019).

이혼을 통한 여성가구주의 증가 속에서도 이혼에 대한 사회적인 편견과 한부모 가정에 대한 평등하지 않은 태도가 일상적으로 존재하는 것이 우리 사회의 현실이다. 이혼한 당사자가 경험하는 상처는 자신이 타인에 의해서 '가십거리'의 대상이 되는 과정에서도 나타나고 있다.

> (일터에서) 후배 중에 한 명이 이혼을 했는데 이혼했다는 것을 알고 주변에서 막 호들갑 떨고 그러는 것 보니까 딱 싫더라고요. 바로 저거구나. 많이 우울했었어요(목소리가 흐려짐). 그 기분이 한 며칠 갔었죠. 아무리 내가 내 선택에 대해서 굳이 숨기고 싶거나 그렇지는 않지만 누군가가 내 이야기를 저렇게 하고 내가 또 저런 대상이겠구나 하는 생각이 들더라고요.

'가십거리'는 이혼을 한 당사자가 공동체 안에서 '이혼한 사람'으로 문제화되는 과정을 보여주는 주요한 사례이며 왜 '이혼한 사실'을 감출 수밖에 없는가를 이해하는 근거가 된다. 일반적으로 '가십(gossip)'은 공동체 안에서 정상적인 삶과 일탈된 삶을 구분하고, 다양한 삶의 경험을 배제하는 사회적인 통제의 역할을 담당한다(Morgan, 2004). 이혼을 둘러싼 '가십'은 결혼을 정상화하고 이혼을 '문제적인 사람'들의 선택으로 구분하는 역할을 하고 있음을 위의 여성의 경험에서 확인할 수 있다. 이혼을 한 당사자에 대한 '가십'과 사회적 편견은 이혼한 사람들을 '이기적인', '결혼에 대해 헌신이 부족한', '무책임한' 사람으로 간주하기에 이혼한 경험을 이야기하는 것을 주저하게 하는 요인이 된다.

이혼율의 상승은 특정한 가족, 개인의 문제가 아니라, 한국사회의 결혼과 가족제도를 둘러싼 '관계 맺기' 방식에 대한 새로운 시각과 관점을 필요로 한다. 또한, 이혼율의 상승은 성평등이 이뤄지지 않는 노동환경으로 인해서 이혼 이후에 빈곤을 경험하는 여성들이 많다는 점에서 개인의 선택을 넘어서 성차별적인 가족제도뿐만 아니라 사회적으로 작동하는 성차별 해소와 맞물려서 접근해야만 한다.

3. 이혼율 추이와 이혼 사유의 변화

한국에서의 가족제도의 변화는 급격한 이혼율의 상승을 통해서 보여진다(〈표 6-1〉 참고). 조이혼율(인구 천 명당 이혼건수)은 1970년에 0.4%, 1990년도에 1.1%에서 2000년도에 2.5%로 빠른 변화를 보이고 있으며, 비록 2020년에 2.1%로 다소 줄어들었지만, 여전히 높은 비율을 보이고 있다. 2006년 이혼통계에 따르면, 평균 결혼기간은 11.4년이며, 이혼한 사람의 73.4%가 이혼 당시 30~40대이다. 그러나 20년 이상 결혼생활을 유지한 관계에서도 이혼율은 1996년에 8.9%, 2004년 18.3%, 그리고 2008년에 23.1%로 나타나고 있다. 이혼 당시 자녀가 없는 부부가 2000년 이후 계속 증가하여 2008년에는 45.7%가 자녀가 없는 상황이다. 외국인과의 이혼 또한 매년 증가하여 2008년에는 총 이혼의 9.7%를 차지하고 있으며, 이는 변화하는 한국사회의 현실을 반영하고 있다(통계청. 『이혼통계』. 각 연도). 이혼율에 있어서 2020년도에 전체 이혼비율은 감소했지만 60세 이상 황혼이혼은 전체 이혼 가운데 34.7%를 차지하면서, 결혼관계에서 문제가 있어도 '참고 살아야' 하는 태도가 아니라 자신의 삶을 찾고자 하는 태도가 전 연령에서 주요하게 고려되고 있음을 보여준다(연합뉴스, 2020. 12. 11).

〈표 6-1〉 이혼율의 변화 추세 (단위: 건, %)

연도	이혼건수	조이혼율
1970	11,615	0.4
1980	23,662	0.6
1990	45,694	1.1
2000	119,455	2.5
2010	116,858	2.3
2020	106,500	2.1

출처: 통계청. 『인구동향조사』. 각 연도.

1990년대 이후 급격하게 상승하는 이혼율은 동시에 이혼 사유에 대한 복합적인 맥락을 고려할 필요성을 제기한다. 변화되는 이혼 사유를 살펴보기 위해서 재판이혼과 합의이혼을 분리해서 고려하고자 한다. 이혼 과정에서 80% 이상이 합의이혼을 하며, 부부가 이혼에 동의하는 합의이혼 시에는 이혼 사유를 증명할 필요가 없지만, 일치하지 않을 경우에 행하는 재판이혼 시에는 이혼을 원하는 당사자가 법에서 요구하는 6가지 이혼 사유[2]에 근거해 '부부 공동 생활관계가 회복할 수 없을 정도로 파탄'되었음을 증명해야만 한다.

합의이혼과 재판이혼 과정에서 제기되는 이혼 사유는 실제 남성과 여성이 경험하는 다양한 맥락에서의 이혼의 이유와는 차이가 있을 수 있으며(Allan and Crow, 2001), 실제 이혼의 이유와 법적으로 기록하는 이혼의 이유 또한 차이를 보이고 있다(박혜경·국미혜, 2003). 이것은 이혼을 하는 당사자들의 실제 이혼 사유가 법적인 차원에서 다루는 이혼의 사유보다 훨씬 더 다양하고 복합적인 맥락을 가지고 있다는 것을 의미한다. 그럼에도 불구하고 법적인 이혼의 사유를 파악하는 것은 시대에 따라 변화하는 이혼 사유에 대한 개략적인 고찰을 할 수 있는 기초적인 자료가 될 수 있다.

2000년 이후 합의이혼의 이유로서 가장 많이 언급되는 것은 성격차이이고, 가족문제로 인한 이혼은 하락하는 경향을 보이고 있으며, 기타 이혼요인이 2000년대 이후로 계속 증가함을 보여준다(〈표 6-2〉 참고). 합의이혼 시 '성격차이'로 인한 이혼이 가장 대표적인 이혼의 사유인 것은 변화하는 부부관계에 대한 바람과 욕구를 반영하고 있으며, 결혼관계에 대한 구체적인 분석을 필요로 한다.

---

2) ① 배우자에 부정한 행위가 있었을 때, ② 배우자가 악의로 다른 일방을 유기한 때, ③ 배우자 또는 그 직계존속으로부터 심히 부당한 대우를 받았을 때, ④ 자기의 직계존속이 배우자로부터 심히 부당한 대우를 받았을 때, ⑤ 배우자의 생사가 3년 이상 분명하지 아니한 때, ⑥ 기타 혼인을 계속하기 어려운 중대한 사유가 있을 때

〈표 6-2〉 합의이혼 사유 (단위: 건, %)

시점	계	배우자 부정	정신적·육체적 학대	가족 간 불화	경제 문제	성격 차이	건강 문제	기타	미상
2000	119,455	9,729	5,205	26,195	12,786	48,067	1,053	15,500	920
	100.0%	8.1%	4.4%	21.9%	10.7%	40.2%	0.9%	13.0%	0.8%
2005	128,035	9,708	5,706	12,159	19,105	63,028	803	15,448	2,078
	100.0%	7.6%	4.5%	9.5%	14.9%	49.2%	0.6%	12.1%	1.6%
2010	116,858	10,001	5,559	8,564	14,017	53,032	794	23,605	1,286
	100.0%	8.6%	4.8%	7.3%	12.0%	45.4%	0.7%	20.2%	1.1%
2015	109,153	8,016	4,172	8,017	12,126	50,406	639	22,766	3,011
	100.0%	7.3%	3.8%	7.3%	11.1%	46.2%	0.6%	20.9%	2.8%
2017	106,032	7,528	3,837	7,523	10,742	45,676	594	21,195	8,937
	100.0%	7.1%	3.6%	7.1%	10.1%	43.1%	0.6%	20.0%	8.4%

출처: 통계청. 『인구동향조사』. 각 연도.

무엇보다, 이혼의 이유로서 지속적으로 등장하는 가정폭력의 문제는 불평등한 가족관계를 반영하며, 젠더화된 남성, 여성의 사회적인 위치를 반영한다. 무엇보다 가정폭력은 신체에 대한 직접적인 폭력의 비율이 1999년 66.4%, 2000년 55.0%, 2001년 58.8%로 나타나 정서적 학대나 경제적 학대 등 다른 유형에 비해 압도적으로 많은 것으로 나타나고 있고, 가정폭력 상담건수가 1999년 41,497건에서 2000년 75,723건, 2001년 114,612건 등으로 매년 50% 이상 큰 폭으로 늘어나고 있다(여성부, 2001). 또한, 2000년 이후의 조사에서도 가정폭력 가해자와 피해자의 성별이 남성이 많다는 것은 부부 간에 일어나는 가정폭력이 아니라 대부분의 가정폭력이 남편이 아내에게 행하는 폭력이기에 '아내폭력'이며, 가정폭력을 물리적, 신체적 폭력만이 아니라 언어적, 경제적, 성적, 심리적 차원까지 포괄하는 불평등한 가부장제 가족제도 전반의 문제임을 사유해야만 함을 보여준다.

〈표 6-3〉 가정폭력 피해자 성별 현황 (단위: 건)

성별	2002	2005	2010	2015	2019
전체	98	100	111	236	395
여자	78	92	94	196	330
남자	20	5	6	19	41
미상	0	3	11	21	24

출처: 대검찰청. 『범죄분석』.

합의이혼에 대한 사유뿐만 아니라 재판이혼 사유의 추이 또한 가족에 대한 인식변화를 살펴볼 수 있는 주요한 자료이다. 재판이혼의 사유변화를 알아보기 위해서 법원행정처의 2018년도 '이혼사건 원인별 비율' 조사를 살펴보면 다음과 같다(〈표 6-4〉 참고). 2013년도 이혼 사유는 성격차이(43.1%), 경제문제(10.1%), 가족 간 불화(7.1%), 배우자 부정(7.1%), 정신적·육체적 학대(3.6%), 기타(28.4%)로 나타났다. 2013년도 이후 신청서에 기재된 이혼 사유별 비교에서도 성격차이, 경제문제, 가족 간 불화, 배우자 부정, 정신적·육체적 학대가 유사한 비율을 보이고 있다.

〈표 6-4〉 이혼의 사유 변화 (단위: 건)

연도	합 계	배우자 부정	정신적·육체적 학대	가족 간 불화	경제문제	성격차이	건강상	기 타
2013	114,099	8,702	4,784	7,961	14,519	53,894	745	23,494
2014	112,540	8,573	4,545	7,967	13,060	51,538	682	26,175
2015	109,153	8,016	4,172	8,017	12,126	50,406	639	25,777
2016	107,328	7,564	3,812	7,927	10,928	48,560	605	27,932
2017	106,032	7,528	3,837	7,523	10,742	45,676	594	30,132

출처: 법원행정처. 『사법연감』. 2018년도 자료.

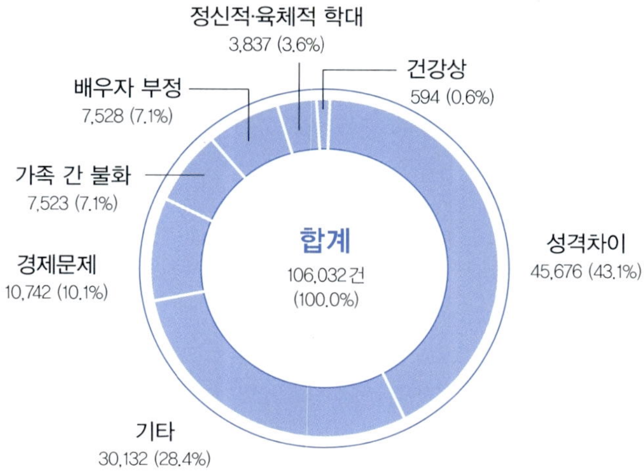

출처: 법원행정처. 『사법연감』. 2018년도 자료.

〈그림 6-3〉 이혼의 원인별 비율

또한, 지속적으로 이혼의 사유로서 등장하는 가정폭력이나 외도의 문제와 더불어 증가하고 있는 여섯 번째 사항 '기타 혼인을 계속하기 어려운 중대한 사유'의 증가는 변화하는 부부관계에 대한 세밀한 고찰을 필요로 한다. 여섯 번째 이혼 사유의 증가는 이혼과 관련된 상담을 하는 가정법률상담소의 통계에서도 드러나고 있다. 1990년 이후의 상담 자료에 의하면, 남성과 여성이 언급하는 여섯 번째 사항의 내용은 '대화의 문제, 사랑 없는 관계, 성격차이'로 인한 이혼상담임을 보여주고 있다(〈표 6-5〉 참고). 2007년도의 조사에서도, 여성(36.1%)과 남성(59.5%)이 여섯 번째 조항을 이혼을 고려하는 가장 주요한 요인으로 이야기하고 있다(한국가정법률상담소, 2008).

〈표 6-5〉 이혼상담의 이유 (1990년부터 1999년까지)

이혼 사유	1호	2호	3호	4호	5호	6호	미상	전체 이혼상담 건수
여성	20.0	6.8	33.5	0.2	0.6	37.9	1.0	38,628
남성	14.3	29.0	7.0	0.6	1.3	45.2	2.6	6,762

출처: 곽배희(2002). p. 93.

이혼율의 상승뿐만 아니라 가정폭력을 포함한 다양한 이혼의 사유들은 남성과 여성의 다른 역할에 기반을 둔 불평등한 핵가족제도의 문제점을 반영하며, 젠더화된 결혼과 동시에 젠더화된 이혼의 과정을 드러낸다(이재경, 2000). 남녀의 고정화된 역할에 기반한 결혼제도의 현실에 대한 이해는 이혼이 왜 가족의 위기나 가족에 대한 가치에 대한 해체가 아니라 '핵가족의 위기'를 의미하는가를 바라볼 수 있는 출발점이 된다.

4. 핵가족의 위기

Bernard(1972)는 '여성의 결혼과 남성의 결혼'이라는 표현을 통해서 결혼제도가 남성과 여성에게 상이한 경험을 야기한다는 것을 말한 바 있다. 근대 이후 형성된 핵가족의 이상은 여성을 의존자로, 남성을 생계부양자로 위치하면서 여성에게 사적인 영역을 담당하는 역할을 부여해 왔다. 이혼율의 증가는 고정화된, 불평등한 가부장제 관념에 기반을 둔 핵가족제도의 위기의 한 단면을 보여주고 있으며, 핵가족제도의 변화 필요성을 제기한다.

이성애 결혼관계 안에서 '경제적인 책임' 중심으로 명확하게 역할이 주어지는 남성과 다르게 여성들은 가정의 번성, 자녀의 현재와 미래를 위한 다양한 역할들을 요구받아 왔고, 시대에 따라서 가족 안에서의 여성의 역할은 변화되어 왔다. 주부들이 보는 여성잡지에 등장하는 광고를 분석한 연구에서 여성들의 가정에서의 역할에 관한 광고가 1980년대 전에는 요리, 가정 필수품 사기, 집 장식 등에 관한 33가지였다면, 1980년대에는 여성들의 일자리와 더불어 아이들의 결혼준비에 관한 것을 포함한 99가지 광고이며, 그리고 1990년대 이후에는 다이어트, 몸매관리를 포함한 자신의 이미지 관리까지 확대되는 상황은 가족을 위한 여성들의 일상적인 역할과 수행의 과정이 다양한 책임을 동반하고 있음을 보여주고 있다(함인희, 1999). 확대되는 여성들의 역할은 가정 내의 다양한 역할을 감수하고 인내하는 여성성을 필요로 하며, 이것은 왜 '좋은 성격'이 이상적인 여성상과 결합되어지는가의 이유이기도 하다. 경제력에 기반을 둔 남성의 역할과 다르게 가족 내의 화목과 안정적인 가족을 형성하기 위한 노력은 참고 인내하는 여성상을 필요로 하기에 여성의 '좋은 성격'은 결혼 이후에 가정의 '화목'을 유지하는 결정적인 토대가 된다. '좋은 성격'이 이상적인 여성상과 결합되는 것은 자녀의 결혼배우자로 가장 주요하게 고려하는 여성상이 좋은 성격의 여성이며, 남성은 경제적인 능력과 연관되는 현실을 통해서도 나타나고 있다(이동원 외, 2001). 즉 '이상적인 성격'은 아내의 역할을 잘 수행하는 '좋은 아내'의 기반이 되는 요인인 것이다. 다섯 명의 남성과 여성들을 인터뷰한 연구에서 남성들이 생각하는 '좋은 아내'는 훌륭한 요리, 효과적인 돈 관리와 저축, 시댁에 잘하는 여성이다. 또한 인터뷰의 모든 남성은 아내의 '좋은 성격'은 아내의 역할을 잘 수행하는 것이며, 남편과 시댁에 순종적인 여성이라고 표현하고 있다(김혜선·이재림, 2004).

이렇듯, 남성은 공적인 영역, 여성은 사적인 영역을 담당한다는 성별이분법은 공적/사적 영역의 분리를 정당화하며 가족제도의 불평등을 보이지 않게 만들어왔다. 이러한 맥락에서, 친밀하고 평등한 부부관계에 대한 사회적인 이상과는 다르게 현실에서 경험하는 불평등한 결혼제도가 이혼의 핵심적인 이유이며, 가족제도의 위기를 야기하는 주요한 기제임을 분명하게 보여준다. 공적/사적 영역에 기반을 둔 가족제도의 변화를 위해서 이혼의 주요한 문제로서 제기되는 가정폭력, 외도의 문제 등과 더불어 여성들이 경험하는 불평등한 일상적인 감정노동, 돌봄노동에 대해 구체적으로 논의하고자 한다.

1) 감정노동

감정노동(emotional labor)은 여성들이 결혼생활을 통해서 자신의 감정이나 '내가' 무엇을 원하는 것보다는 남편과 가족 구성원의 감정상태를 우선적으로 살피는 노동을 의미한다. 감정노동에 대해서 Hochschild(1983)는 인간 감정의 상업화 'commercialisation of human feeling' 라는 표현을 통해서 승무원이 승객의 감정을 살피는 노동과, 가족 구성원을 위한 감정노동이 비슷한 맥락에서 수행되는 과정임에 주목했다. 여성들의 감정노동은 자신들의 감정을 억누르면서 가족 구성원의 감정의 상태를 중심에 두는 불평등한 여성의 위치를 형성하는 기제가 된다(김순남, 2010). 흔히들 '화병'이라고 표현하는 여성들의 심리상태는 결혼생활 내에서 표현하지 못하는 감정들을 반영하는 것이다.

여성들의 감정노동은 사회적으로 '이상적인 가족'을 유지하는 책임이 여성에게 있다는 사회적인 시선 속에서도 강화되고 있다. 이것은 여성들이 '문제'가 있는 가정을 오랜 시간 견뎌내고 이혼을 선택하는 과정이 쉽지 않은 상황을 또한 반영한다. 남성중심의 가족관계를 유지하기 위해서 수행되는 여성들의 감정노동은 사회적으로 '명확하게' 설명할 수 없는 이혼의 이유이지만 많은 여성들이 결혼생활 내에서 자신을 잃어가는 상황과 결합되어 있다. 여성들의 이혼의 사유가 사회적으로 인정되는 상황은 여성이 '피해자'임이 명확하게 인정될 때 가능하다. 즉 가정폭력이나, 남편이 가정을 돌보지 않는 상태 등 여성이 '철저히' 피해자가 되는 상황이 아닐 경우에 여성들의 이혼은 흔히 '이기적인' 것으로 간주되기에 도덕적으로 이혼의 이유를 설명하는 과정이 쉽지 않음을 보여주고 있다. 그러나 명확하게 이혼의 이유를 설명할 수 없지만 일상적으로 경험하는 남성중심의 결혼생활을 다음과 같이 표현하고 있다.

참여자 : 겉으로 보기에는 훌륭하죠. 남들이 보기엔 이혼할 이유가 없는 거예요. 제가 상담소를 찾아가니까 왜 왔냐는 거예요.……(중략)

연구자 : 그럴 때 심정은 어땠어요?

참여자 : 나는 지옥인데. 상담소에서는 "남편이 때리냐? 생활비 안주냐? 술 담배하냐? 그러면 여자가 있냐? 그런데 왜 여기 오냐?"는 거예요. 나는 차라리 이 사람이 나를 때려서 멍이라도 들었으면 좋겠더라고요. 이 사람이 잘못한 게 보이잖아요. 그런데 이 사람이 마음속으로 괴롭힌 것은 아무도 모르잖아요(굉장히 힘든 목소리로). 일상적으로 자기(전남편) 중심으로만 모든 것을 해야 되는 거예요. 맨날 그 사람 감정을 살피는 것도 너무 힘들었고요.

명확하게 설명할 수 없는 '정신적인 고통'은 감정노동의 어려움을 반영하며, 가정의 '평화'를 위해서 여성의 희생을 요구하는 불평등한 가족 내의 여성의 위치를 보여주고 있다. 불평등한 가족 내의 부부관계는 '대화'를 하기 위해서 혹은 남편의 분위기를 살피기 위해서 여성들이 수행하는 감정노동의 과정에서도 나타난다. 다음의 사례는 대화를 하기 위한 감정노동과 동시에 대화가 없이 남편 위주로 집안일이 '결정'되는 과정이 부부관계의 갈등을 야기하는 주요한 요인이며 부부 간에 '거리감'을 형성하고 있음을 보여주고 있다.

너무 힘들었어요. 복잡해서 설명하기는 힘들지만 말하기가 쉽지가 않은 거예요. 어떤 사람들은 진짜 성격차이뿐만 아니라 경제적인 것으로도 힘들어서 우윳값도 못 내고 있기도 한데 그래도 이혼 안 하는 사람도 있으니까요. 친구들이 배우자가 돈이 없는 것도 아니고 때렸다든지 그런 극단적인 상황도 아닌데 헤어질게 뭐냐고 그러기도 하고. 그런데 난 도저히 못 참겠더라고요. 뭐든지 자기 마음대로 결정하고 대화를 하려고 하면 계속 TV만 보고 있고. 집안에서 일어나는 일을 가

> 지고 대화를 하려면 내가 계속 눈치를 살펴야 되니까. 어느 날 말없이 자기가 원하는대로 결정하고. 그런 일상이 난 죽겠던데. 무슨 벽하고 사는 것 같았으니까. 뛰쳐나가고 싶은데 뭐. 마치 공기가 없으면, 숨 못 쉬면은 죽잖아요. 난 정말 죽겠더라고요.

위의 사례는 자신의 이혼의 이유가 '성격차이'라고 언급하고 있지만 개인적인 성격의 문제가 아니라 불평등한 관계에 기반을 둔 결혼관계에 대한 포괄적인 의미로서 '성격차이'를 사용하고 있다. 위의 여성이 언급한 '눈치'라는 단어는 일상적으로 남편중심의 감정상태를 살펴야 하는 감정노동의 어려움을 반영하고 있다. 위의 여성이 표현한 '벽'과 같다는 의미는 이혼을 결심하게 된 여성의 심정을 구체적으로 대비시킨 주요한 표현인 것이다.

2) 돌봄노동

가족 구성원 중심으로 이루어지는 여성의 감정노동과 더불어 일상적으로 가족을 돌보는 역할 또한 결혼생활 내에서 여성들이 경험하는 주요한 어려움 중의 하나이다. 근대 이후에 모성애는 아이와 엄마가 분리될 수 없는 '당연한' 일체감의 기반에서 형성되어져 왔다. 모성애는 아이에게 엄마가 필요한 것은 '자연스런 진실'로서 받아들여지게 하는 역할을 수행해 왔고 동시에 부성애는 아이를 돌보는 주책임자가 아닌 것이 당연한 '진실'로서 사회적으로 수용되어져 왔다. 단지 부성애가 사회적으로 주목받는 것은 "아버지의 부재"이지, 아이 양육과 결부되어서 주요하게 사고되지는 않는다(Lawler, 1999: 70). 사회적으로 구분지어진 모성애와 부성애는 '아이는 엄마를 필요로 한다'는 믿음을 지속적으로 형성하고 아이 양육에 관한 책임을 여성들에게 전가한다. 여성들이 경험하는 '돌봄노동'의 책임은 아이 양육을 포함한 가사노동에 대한 여성들의 부담을 통해서 여실히 나타난다. 여성들의 72.1%가 자녀양육과 가사노동 때문에 취업하지 못하고 있으며, 취업여성의 30.7%가 양육과 가사부담으로 인해서 어려움을 토로하고 있다(통계청, 2005).

아이의 필요에 의해서 형성된 모성애와 더불어 맞벌이가구인 경우에도 가사노동은 여전히 여성의 몫으로 위치 지어지고 있으며, 부부 간에 갈등을 형성하는 주요한 기반이 된다. 2007년 통계청의 조사에 의하면 맞벌이가구에서 여성들의 가사노동 비율은 하루에 32분을 소요하는 남성의 6.5배이며, 맞벌이가구의 남성은 외벌이 가구의 남성보다 1분 더 가사 일에 참여하는 것으로 보고되었다(통계청, 2008).

통계청 사회조사에서 가사분담에 대한 견해를 조사한 결과 '가사를 공평하게 분담해야 한다'는 생각은 2010년 36.8%였던 것과 다르게 2018년 59.1%로 크게 높아졌다. 그러나 실제로 2018년 '공평하게 분담하고 있다'고 응답한 비율은 부인 19.5%, 남편 20.2%로 조사되었다(〈표 6-6〉 참고).

〈표 6-6〉 가사분담에 대한 실태(함께 살고 있는 부부)

		부인이 주 도	부인이 전적으로 책임	부인이 주로 하지만 남편도 분담	공평하게 분담	남편이 주도	남편이 주로 하지만 부인도 분담	남편이 전적으로 책임
2010	남편	87.4	31.2	56.2	10.0	2.6	2.0	0.6
	부인	87.7	34.7	53.0	10.3	2.0	1.7	0.4
2012	남편	80.5	24.4	56.1	16.1	3.4	2.6	0.8
	부인	82.0	29.8	52.1	15.5	2.6	2.2	0.4
2014	남편	80.5	25.0	55.5	16.4	3.1	2.3	0.8
	부인	81.5	29.6	51.9	16.0	2.5	2.0	0.5
2018	남편	76.2	21.9	54.3	20.2	3.7	2.9	0.8
	부인	77.7	26.9	50.8	19.5	2.8	2.4	0.4

주: 부부가 함께 살고 있는 가구에서 19세 이상 '남편'과 '부인'만 응답
출처: 통계청. 『사회조사』. 각 연도.

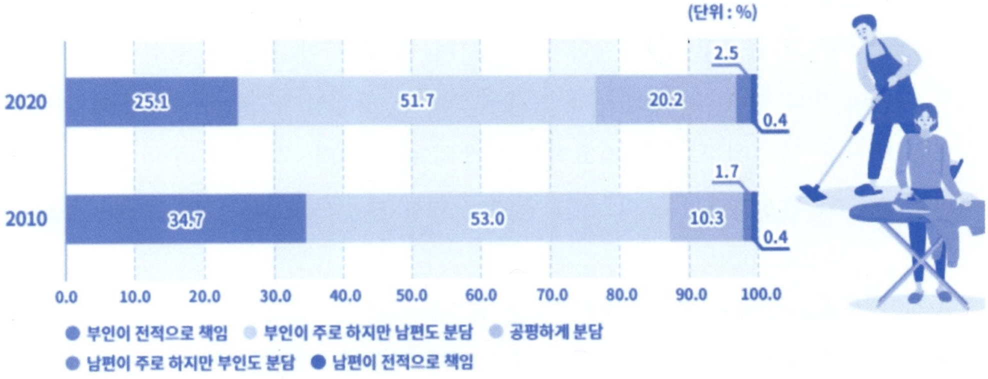

출처: 성인지통계시스템(https://gsis.kwdi.re.kr).

〈그림 6-4〉 기혼여성의 가사분담 실태

가족관계 안에서 돌봄노동을 '함께 분담'해야 한다는 인식은 조금씩 변화되고 있지만 '실제적인' 돌봄수행은 여전히 여성의 몫으로 이루어지고 있다는 것은 코로나19 재난 상황에서 두드러지게 나타난다. 한국여성노동자회가 274명의 여성노동자를 대상으로 진행한 코로나19 상황에서의 고용관계, 근로조건상의 변화에 대한 조사에서 여성노동자의 56.2%가 부정적인 변화를 예상하고 있었다. 무엇보다 가장 주요한 부정적인 변화는 재택근무로 인한 가사노동의 증가뿐만 아니라 자녀가 학교가 아닌 온라인 학습을 집에서 진행함으로써 야기되는 '돌봄노동의 폭발적 증가'에 원인이 있었다. 즉, 코로나19 재난 상황에서 73.5%가 돌봄노동을 여성 본인이 담당한다고 하였고, 남편과 분담하는 비율은 14% 정도밖에 되지 않아 젠더화된 돌봄노동의 현주소를 보여주고 있다(여성노동자회, 2020).

이렇듯, 돌봄노동은 여성의 몫이며, 아이를 '잘 돌보는' 사람은 여성이라는 모성애에 대한 사회적인 관념은 결혼 전 과정과 이혼 과정, 이혼 이후에도 아이에 대한 일차적인 책임을 여성에게 강제한다. 이것은 '왜' 많은 여성들이 아이 때문에 이혼을 지연하지만 '아이'를 위해서 또한 이혼을 결심하게 되는지를 이해하는 토대가 된다.

> 사람들이 애 때문이라도 이혼을 하면 안 된다고 하는데 난 애를 위해서라도 정말 이혼을 해야겠다라고 생각을 했어요. 애가 유치원에 다닐 때 달력에다가 붉은 색 색연필로 몇몇 날짜에다가 색칠을 했더라고요. 그래서 내가 애한테 "이 날짜가 뭐냐?"라고 물으니까 애가 하는 말이 "엄마 아빠가 심하게 싸운 날이야." 그러는 거예요. 내가 얼마나 놀랐는지(깊은 한숨). 애가 받은 상처가 얼마나 컸으면 그랬을까 싶어요.

> 애들이 예민해서 다 알아요. 그러니까 우리가 소리 내서 싸우지 않거든요. 그래도 알더라고요. 예를 들어서 애를 방에서 재우고 우리가 마루에 앉아서 얘기를 할 때 조용조용하게 얘기를 해요. 제 생각에는 톤에 변화가 있다라고 생각을 안 하거든요. 그런데 작은 놈이 문 빼꼼열고 나와서 "엄마 아빠 싸워?" 이렇게 물어요. 그러면 "그냥 얘기해." 하는데도 큰애가 "엄마 아빠가 싸우는거다."라고 말하고 자기 방으로 가요. 그래서 제가 내가 행복하지 않은 것을 우리 아이들이 알겠다라는 생각이 들었어요. 내가 (이혼을) 결심하게 된 것은 내가 행복하지 않은 모습을 평생 보여주는 것보다는 애들을 위해서라도 이혼을 해야겠다 싶었어요.

한국에서 1990년 이후에 실시된 「새가족법」에 의하면 이혼할 경우에 여성들 또한 결혼 내에서 이루어진 재산에 대한 권리 행사나, 양육권과 친권을 동시에 주장할 수 있다[3]. 그러나 현실적으로 이혼 과정에서 여성들이 가장 힘겹게 느끼는 과정이 아이의 양육권과 친권을 둘러싼 갈등이다. 127명의 여성 중에서 79.6%가 이혼 과정에서 양육권과 친권을 둘러싸고 가장 큰 어려움을 경험했다고 한다(장혜경·민가영, 2002). 양육권을 둘러싸고 여성들이 경험하는 힘겨움은 합의이

3) 가족법 개정 이전에는 친권에 대한 부부의 의견이 다를 경우에 우선적으로 아버지에게 친권이 속하는 것으로 규정되었다.

혼 과정에서 남성들이 '양육권'을 아내에게 주는 것을 거부하는 상황에서 발생하기도 하고, '아이 없이 엄마가 살 수 없다'라는 인식 속에서 남성들이 이혼을 거절하거나, 통제하는 수단으로 '양육권'을 주지 않겠다는 '협박'을 통해서도 나타나고 있다. 양육권을 둘러싼 갈등은 여성들이 '양육권'을 얻기 위해서 결혼생활 내에서 구축된 재산을 받지 않는 상황을 초래하기도 한다(김순남, 2008). 재산분배가 제대로 되지 않는 상황은 이혼 이후에 여성들이 경험하는 빈곤의 상황을 야기하며, 사회적으로 불평등한 여성 노동의 위치를 통해서도 여성의 빈곤화는 더욱 공고화된다(변화순 외, 2006).

2021년도 국내 미혼남녀 1,000명에 대한 듀오의 조사에서 맞벌이를 희망하는 비율이 2009년도에 73%였던 조사와 다르게 86.8%로 높게 나타나는 것은 성별분리에 기반을 둔 돌봄노동이나 임금에서의 성차별적인 구조가 변화되어야 하는 현실을 보여준다(아주경제, 2021. 03. 23). 그러나, 열악한 여성 노동의 현실은 남성에 비해서 여성의 임금격차가 2010년(63.9%), 2015년(62.5%), 2018년(65.2%)으로 줄어드는 것이 아니라 여전히 격차가 공고함을 통해서 보여지며, 가족제도의 불평등이 사적인 문제가 아니라 공적인 영역에서의 불평등이 사적인 관계의 차별과 연결되어짐을 보여준다(고용노동부. 『고용형태별근로실태조사』. 각 연도).

3) 경제력을 둘러싼 갈등

이혼의 사유로서 주요하게 등장하고 있는 또 다른 요인은 '경제적인 문제'로 인한 부부 간의 갈등이다. 남성은 생계부양자, 여성은 경제적인 의존자로 규정짓고 있는 전통적인 성역할에 대한 사회적 기대는 맞벌이부부의 증가와 함께 부부관계의 갈등을 야기하는 요소이다. 특히 남성들이 경제력이 상실했을 때 가부장적인 행동이나 아내에 대한 일상적인 통제를 통해서 상실된 남성성을 재구축하려는 과정이 이혼의 문제로 대두되는 것과 연관이 된다(Pyke, 1994). 경제력의 확보를 통해서 형성된 남성의 위치와 남성의 자아가치가 남성이 경제력을 상실했을 경우나,

혹은 아내가 더 경제력이 있을 경우에 부부 간에 갈등의 소지가 된다는 것은 신문의 한 타이틀 '아내에게 버림받은 남편들이 늘어나고 있다'는 것을 통해서 전형적으로 보여주고 있다. 신문의 내용을 구체적으로 보면 다음과 같다.

> 여성의 경제활동이 활발해지면서 아내의 수입이 남편을 뛰어넘은 부부의 경우 전통적인 성역할의 차이가 역전되며 빚어진 갈등으로 부부가 별거하는 사례가 최근 급증하고 있다. 능력 있는 아내 밑에서 기 죽는 남편=직장인 이모(37) 씨는 얼마 전부터 부부 사이가 전쟁터가 된 느낌이다. 대기업에 다니는 네 살 연하의 부인이 자신보다 연봉이 더 높아지면서 지레 자격지심에 사로잡힌 이씨는 잃어버린 자존심을 자기도 모르게 아내에게 잔소리를 퍼부으며 풀려고 하기 때문이다. 남편의 등쌀에 견디다 못한 이 씨의 부인은 별거를 고려하고 있다. 이 씨는 "아내가 돈을 나보다 더 벌면서 자꾸 내 목소리가 줄어드는 것 같아 아내가 귀가시간에 조금만 늦어도 잔소리를 하게 되더라."라며 "아이들도 아내 말만 듣는 것 같고, 여러모로 자존심이 상해 더 이상 살기 힘들 것 같다."고 토로했다(헤럴드 생생뉴스, 2006. 03. 21).

위의 신문 기사는 남성이 실업상태이거나 여성보다 경제력이 부족한 경우에 가족 내에서의 힘의 상실을 느끼는 상황과, 여성이 관계에서 힘의 우위를 점유하는 것으로 사고하는 사회적인 인식을 보여주고 있다. 이러한 관점은 경제력에 기반을 둔 전통적인 성역할을 공고히 하는 것이며, 남성들 또한 남편을 대하는 여성들의 '행동의 변화'와 무관하게 스스로 자아가치의 상실을 경험하게 되는 이유이기도 하다. 또한 여성들에게 남성들이 위축되는 상황을 배려해야 되는 감정노동을 수행하게 하는 현실을 보여주고 있다. 이것은 남성이 실직되거나 아내보다 돈을 적게 벌었을 때 가사일을 더 하지 않는다는 연구 결과를 반영한다(Hochschild and Machung, 2003). 즉 여성들 스스로도 남성의 자아(male ego)를 위축시키지 않기 위해서 가사일을 무리하게 요구하지 않거나, 집안에서라도 남성의 가치를 덜

'손상'시켜야 된다는 감정노동을 수행하고 있다는 것을 반영한다. 이것은 맞벌이의 경우에 여성들이 '공동 가사참여'를 평등의 상징으로 사고하는 것과는 대조적으로 가정 내에서 '남성성의 상실'을 회복하는 것이 가정의 평화에 주요한 요인으로 작용하는 현실을 보여주고 있다(김순남, 2010). 남성들이 가족 내에서 경제력의 부재나 혹은 아내보다 경제력이 약할 경우에 경험하는 심적인 위축감은 변화하는 가족관계의 현실 속에서 새롭게 재구성돼야만 한다.

가족관계 안에서 여성들의 일상적인 노동이 이혼과 연관되는 것은 남성에 비해서 여성들의 높은 결혼 불만족도를 통해서도 드러난다. 1999년도에 1,100명의 결혼한 남성과 여성을 인터뷰한 결과, 80% 남성이 결혼생활에 만족한 반면 여성은 52%만 결혼에 만족했으며, 결혼생활에 불만족한 남성은 18%인 반면 여성은 38%나 결혼생활에 불만족을 보였다(노익상, 2000). 결혼관계에서 남성과 여성의 만족도는 2012년부터 2020년까지의 조사에서도 시기마다 조금의 비율의 차이는 있지만 전반적으로 여성들이 결혼관계에서 불만족 비율이 높게 나타나고 있다(〈표 6-7〉 참고).

〈표 6-7〉 가족관계 만족도(배우자와의 관계)

항목	2012			2016			2020		
	계	성별		계	성별		계	성별	
		남자	여자		남자	여자		남자	여자
계	100.0	100.0	100.0	100.0	100.0	100.0	100.0	100.0	100.0
매우 만족	30.5	36.9	24.0	29.1	34.8	23.3	35.5	42.7	28.0
약간 만족	35.0	34.9	35.2	35.9	36.5	35.2	33.8	33.2	34.4
보통	26.6	23.7	29.4	27.8	24.5	31.2	24.2	20.6	27.9
약간 불만족	5.6	3.2	8.0	4.9	2.9	6.9	4.7	2.7	6.7
매우 불만족	2.3	1.2	3.4	2.3	1.2	3.4	1.9	0.8	2.9

남성과 여성의 결혼생활에 대한 상이한 이해와 만족의 정도는 '같은 시간과 공간' 속에서 형성되는 결혼의 경험이 '젠더화된 차이'를 형성하고 있다는 것을 보이고 있다(김순남, 2009). 남성과 여성의 결혼생활의 차이가 이혼의 경험 또한 '남성의 이혼, 여성의 이혼'으로 구분되는 현실을 반영한다.

5. 새로운 관계 맺기의 변화를 기대하며

한국사회에서 가족에 대한 변동은 이혼율이 늘어나는 것뿐만 아니라, 비혼에 대한 사회적인 수용도의 증가 속에서도 보여지며, 또한 비혼동거나 이성애 혼인·혈연을 넘어서 다양한 방식으로 가족을 구성할 권리에 대한 논의로도 확장되고 있다. 통계청의 2019년 혼인·이혼통계에 따르면 혼인건수는 239,200건으로 2018년보다 7.2% 줄었고, 반면에 이혼율은 감소하는 것이 아니라 증가하고 있다(조선비즈, 2020. 03. 19). 2012년 이후부터 혼인율은 지속적으로 하락하고 있으며, 이성 간의 결혼에 대한 태도가 급격하게 변화하고 있다. 2018년 사회조사에서 '결혼해야 한다'라는 질문에 대한 응답이 처음으로 50% 이하로 떨어졌고, '남녀가 결혼하지 않아도 함께 살 수 있다'고 생각하는 비율은 56.4%로 증가하였다(연합뉴스, 2018. 11. 06).

또한, 생애변동 속에서 "'가족'은 누구인가?"라는 질문은 더 이상 당연하지 않으며, 다양한 관계에 대한 수용도도 크게 변화하고 있다. '가족 다양성에 대한 국민 여론' 조사 결과(여성가족부·한국여성정책연구원, 2019)에 따르면, 응답자의 66.3%가 '혼인·혈연에 무관하게 생계와 주거를 공유할 경우 가족으로 인정한다'고 했으며, '함께 살지 않아도 정서적 유대를 가진 친밀한 관계이면 가족이 될 수 있다'에 48.5%가 동의하였고, 20대의 경우 58.1%로 그 응답 비율이 더 높았다. '남녀가 결혼하지 않고 동거하는 것'에 대해서 응답자의 67%가 동의했고, 비혼동거에 대해 20대(89.7%), 30대(81.0%), 40대(74.3%)의 순으로 높은 동의 비율을 보였다

(아시아경제, 2019. 05. 26). 위의 결과는 생계와 주거를 함께하는 관계뿐만 아니라 정서적인 돌봄을 통해서 삶의 의지처가 되는 관계들 또한 기존의 혼인·혈연가족의 형태를 넘어서 새롭게 재구성되는 유동적인 '가족'의 의미들과 연결됨을 보여준다.

이러한 사회적인 변화는 이성 간의 결혼을 중심으로 한 가족은 '이상적이며' 이혼가족을 포함한 다양한 가족들은 '취약하고', '문제적인' 구도여서는 안 된다는 것을 의미하며, 모든 가족이나, 관계가 평등할 수 있는 사회를 만들어가는 것이 존엄함 삶의 출발임을 가시화하는 것이다. 이러한 흐름 속에서, 누구나 생애에 걸쳐서 타인과 친밀한 관계를 욕망하며, 자신이 원하는 가족·공동체를 구성·해소 가능하고 어떠한 생활공동체라 하더라도 차별 없는 지위를 보장받을 수 있는 가족 구성권에 대한 사회적인 요구들은 이혼을 포함한 다양한 관계들에 대해서 편견이나 차별적인 시선이 아니라 그러한 선택을 존중하고, 상호공존하는 공동체의 가치를 만들고자 하는 것과 연결된다.

이혼율의 증가는 가족의 '위기'가 아니라 새로운 관계의 질과, 관계의 내용에 대한 질문을 동반하는 가족의 재구성화 과정으로서 위치지어져야만 한다. 가족에 대한 문제를 이해하는 첫 출발은 '관계 맺기'에 대한 새로운 시각과 윤리를 필요로 한다. 즉 지금까지 학습 받아온, 혹은 당연시되어온 '사랑', '헌신', '희생', '돌봄'의 내용이 가족 구성원 누군가의 일방적인 희생과 강요된 역할로 이루어진 것이 아닌가에 대한 근본적인 자기성찰을 필요로 한다.

이것은 사회적으로 이야기하는 이상적인 관계를 위한 '대화의 기술'이나 '친밀감을 갖기 위한' 이벤트성 연애나 결혼관계보다는 정상적으로 사고되었던 남성의 역할/여성의 역할에 대한 변화 속에서 가능하다. 핵가족의 변화는 새롭게 형성되고 있는 다양한 가족관계나, 결혼을 선택으로 사고하는 비혼의 증가, 그리고 결혼을 거부하거나 지연하는 개인들의 삶의 의미를 포착하면서 관계의 '평등화'에 대한 사회적인 공론화를 통해서 가능하다. 마지막으로 공적인 영역과 분리된 '사적인 영역'으로만 간주되어 온 가족의 의미는 끊임없이 제기되는 가족 내의 문제를 '개인'의 일로 치부했고 개인이 해결해야 될 문제로서 간주해 왔다. 결국 개인이 해결해야 될 문제로서 바라보는 사고 자체가 문제를 개선하는 것이 아니라 은폐시키는 수단으로 더 주요하게 작용해 왔다. 이것의 대표적인 예가 가정폭력으로 이 또한 '사적인 일'로 사고하는 현실을 통해서 알 수가 있다. 가족의 문제를 사적인 일로 간주하는 사회적인 분위기는 지속적으로 '문제해결'의 주체를 개인으로 국한시키면서 구조적인 문제로 인해서 야기된 불평등한 가족 내의 여성의 위치나, 이혼 이후에 양육비의 지원이나, 열악한 양육에 대한 대안의 부재를 야기하고 있다.

더 이상 가족끼리 알아서 삶을 책임질 수 없을 만큼 경제적인 빈곤이나, 주택비용의 증가가 일어나고 있고, 그러한 삶의 불안정성의 증가는 핵가족을 포함해서 모든 가족이 경험하는 우리 사회의 현실이다. 또한, 4인 가구 중심의 핵가족은 우리 사회의 보편적인 가구형태가 아니며 1인 가구의 증가뿐만 아니라 다양한 가족적인 관계들이 늘어나고 있다. 이러한 상황에서 이혼 이후에 경험하는 경제적인 불안정성이나 자녀양육의 어려움 등은 개인이 아니라 사회가 함께 해결하고 대처해야 하는 것이며, 사회적인 안정망의 확충과 더불어 노동현장에서 한부모로 인해서 경험되는 차별 해소를 통해서 자녀에게 충분한 돌봄과 양육이 가능한 사회를 함께 만들어나가야만 한다. 고립화되고 파편화된 삶이나 차별적인 사회를 넘어서 다양한 방식으로 기존 가족을 넘어서 새롭게 구성하는 공동체·가족에 대한 사회적인 인정은 존엄함 개인되기와 더불어 함께 상호의지하는 친밀한 관계에 대한 개인의 권리를 만들어가는 공동체의 토대가 될 것이다.

토의점

1. 자신이 속한 가족 내에서 문제가 있다면 무엇이며, 평등한 관계를 이루기 위해서 이루어져야 될 가족 내의 변화에 대해서 이야기해 봅시다.

2. 일상적으로 가족 내에서 가사일을 담당하는 사람이 누구이며, 또한 가사일의 범주가 어디까지라고 생각하는지에 대해서 논의해 보고 이상적인 부부관계, 자녀와의 관계에 대해서 이야기해 봅시다.

3. 결혼을 하고자 한다면 어떤 이유이며, 하고자 하지 않는다면 그 이유가 무엇인지 이야기해 봅시다.

4. 이성애 결혼·혈연 외에 비혼동거나 친밀한 동반자 관계들에 대해서 어떻게 생각하는지 이야기해 봅시다.

7장 저소득 여성가장의 삶

1. 저소득 여성가장의 증가 현상

한국사회의 경제적 위기는 외환위기 이후부터 시작되었으며 외환위기 이후 대량 실업사태, 산업구조 조정, 비정규직의 확산, 청년실업 등은 많은 사회적 문제를 낳았다.

지금까지 이어지는 지속적인 경기침체로 사회 전반에 걸쳐 많은 변화가 있었으며 특히 가정 경제의 파산, 실직자의 증가, 가출·가정폭력·가족유기·이혼 등 가족해체를 증가시켰으며, 노숙자들의 대거 등장, 빈곤층의 급증[1]으로 이어졌다.

특히, 외환위기 이후 증가한 도시의 빈곤문제는 과거의 빈곤문제와 다른 '질적인 단절'을 보이고 있다(장세훈, 2006: 15; 조명래, 2006: 49-66). 과거에는 해방 이후 귀환한 해외동포와 월남한 북한주민, 농촌에서 도시로 이주한 이농민들이 도시빈곤층으로 편입되었다. 반면 최근에는 도시 내에서 빈곤의 재생산이 이루어지고 있으며, 빈곤층의 구성에 있어서도 특정 성(sex)의 증가, 비(非)빈곤층의 빈곤화, 근로빈곤층이 증가하고 있다. 이러한 현상을 '신빈곤(new poverty)' 현상이

---

1) 빈곤층은 1960년대 초반 80%였던 절대적 빈곤인구가 1995년에 전체 인구의 4%로 감소했지만 1997년 외환위기를 계기로 2000년에는 11.46%, 2015년 12.5%(한국보건사회연구원, 2016)로 두 배 이상 증가했다.

라고 부른다.

그러나 이러한 '신빈곤' 현상은 우리나라뿐만 아니라 서구자본주의 국가에서도 만연한데[2], 가장 두드러진 특징 중의 하나가 미성년 자녀를 키우는 저소득 여성가장의 증가이다. 이렇게 저소득 여성가장이 증가하는 이유는 무엇인가? 먼저 저소득과 빈곤의 개념 그리고 여성가장을 정의한 후 그 증가 이유를 살펴보고자 한다.

1) 저소득

저소득(low-income)과 관련된 기존 연구를 보면 저소득층(low-income group)을 대상으로 한 연구가 많다. 양윤재(1991)는 저소득층이란 경제적인 소득에 따라 가장 낮은 소득계층을 의미하고 사회적으로는 빈민 또는 영세민으로 정의한다. 박혜인(1992)도 저소득층을 소득이 낮은 계층, 빈곤계층, 생활보호대상자로 정의하고 있다. 그러나 OECD, EU 등 빈곤율의 국제비교에서 통상적으로 활용되는 저소득은 우리 사회보다 넓은 의미로 확대해 그 사회의 일반적인 생활수준에 못 미치는 소득, 즉 평균소득의 1/2선 미만을 저소득이라고 지칭한다.

우리 사회에서 저소득과 같은 의미로 사용되는 빈곤(poverty)이란 일반적으로 인간의 생존에 필요한 물질의 부족을 의미한다. 빈곤 개념은 크게 절대적 빈곤(absolute poverty)과 상대적 빈곤(relative poverty)으로 나누어볼 수 있다. 절대빈곤이란 정부가 발표한 최저생계비 이하의 생활수준을 의미하며 이 개념은 지금까지 우리나라에서 실시되고 있는 빈곤정책의 중심적 개념이다(박천익, 1997).

반면 일반 사회의 생활수준 등과 비교한 빈곤을 상대적 빈곤이라고 하는데 우리나라는 중위소득의 50%에 미달하는 경우를 상대적 빈곤으로 본다. 즉 상대적 빈곤선을 도시근로자 4인 가구 평균소득의 1/2선 미만으로 보는 것이다.

---

2) 정원오(2000)는 신자유주의 시장경제를 도입한 사회마다 공통적으로 빈민의 특정범주(특히 실업자와 편부모)의 숫자가 두드러지게 증가하고 있음을 지적한다.

우리나라도 경제성장 이후 전반적인 소득수준이 향상되었고 빈곤층 현실을 고려해 빈곤의 중요한 원인이 경제적인 결핍이지만 그 이외에 사회적 배제, 문화적인 소외 등 복합적인 상황에서 빈곤이 발생한다는 점을 고려할 때 빈곤 개념을 절대적 빈곤에서 상대적 빈곤으로 바꿔야 빈곤층의 현실을 제대로 파악할 수 있다.

2018년 우리나라의 상대적 빈곤율을 인구유형별로 살펴보면, 시장소득 적용 노인의 상대적 빈곤율은 59.9%로 가장 많고 그다음이 장애인 54.6%, 여성가장 가구 43.3%, 취업자 14.3%, 아동 13.1%, 청년 10.6% 순으로 나타났다(한국보건사회연구원, 2019).

우리나라 여성가장 가구의 3가구 중 1가구는 상대적 빈곤가구임을 알 수 있다.

2) 여성가장

여성가장(female breadwinner)이라는 단어와 유사하게 혼용되는 용어로는 여성가구주, 모자가정의 모와 편모가 있다. 여성가구주(female family head)란 사별 혹은 이혼으로 남성배우자가 없는 가구, 배우자가 부양자로서 기능을 하지 못하는 유배우자 가구, 미혼모 가구 등 배우자가 부재한 경우뿐 아니라 배우자가 있는 경우와 미혼여성까지 포함하는 포괄적인 개념이며, 주민등록상 세대주로 등록되어 있는 여성을 가리킨다(맹혜정, 2004). 모자가정(single mother family)이란 세대주가 아니어도 세대원을 사실상 부양하는 모와, 모에 의해 양육되는 18세 미만(단 취학 시에는 20세 미만)의 자녀로 이루어진 가정이다. 한편 편모는 배우자의 사별, 이혼, 유기, 별거, 혹은 미혼모 및 기타 사유로 인해 어머니와 자녀로 구성된 가구로서 행정규정에서 사용되는 모자가정의 모와 동일한 개념이다.

옥선화·성미애(2004)는 여성가장이라는 용어를 쓰는 이유에 대해 여성가장이라는 용어가 사회의 이중모순 속에 힘들어하는 여성들의 삶을 잘 보여주는 용어이고 모자가정의 모나 편모의 개념은 남편이 근로 능력이 있음에도 불구하고 가족을 경제적으로 부양하는 여성은 이 범주에서 제외되는 한계 때문에 여성들의 어려움을 잘 표현하지 못한다고 본다. 따라서 여성가장이란 사별 혹은 이혼으로 남성배우자가 없는 가구주, 별거·가출·실종 혹은 미혼모로 배우자가 부재한 가구주, 배우자가 노동 능력이 없거나 혹은 노동 능력이 있어도 부양자로서 기능을 하지 못해 공공부조(public assistance)[3]를 받는 유배우자 가구주, 세대주가 아니어도 세대원을 사실상 부양하는 미혼여성까지도 포함한다.

그런데 2018년 여성가장 가구의 3가구 중 1가구가 상대적 빈곤에 처해 있는 이유는 무엇인가? 두 가지로 가정해 볼 수 있다.

하나는 생계를 담당하는 여성의 수적 증가이고, 나머지 하나는 여성가장 가구의 저소득층 추락이다.

실제로 전체 가구 중 가구의 생계를 담당하는 여성가장의 비율은 1975년 12.8%에서 꾸준히 증가하여 2010년 22.2%, 2019년 31.9%로 증가하였다(통계청, 2020). 남편의 실직과 질병으로 인한 유배우자 여성가장의 증가, 이혼율의 증가, 중·장년층 남성사망률의 증가 등을 통해 여성가장이 증가한다고 볼 수 있다. 특히 한부모가족(single-parent family)[4] 중 약 74.9%가 여성가장 가족이다(통계청, 2019).

문제는 여성가장 가구의 저소득층 집중 현상인데, 우리나라 기초수급자의 90%가 여성이며, 기초수급자의 60%가 여성가장이라는 연구조사 결과[5]는 빈곤층에

3) 공공부조란 생계를 유지할 만한 소득이 없거나 소득이 적을 경우 최저생활을 유지할 수 있도록 소득을 보장하는 사회보장제도를 말한다. 따라서 빈곤한 사람에게 부족한 만큼의 생계비를 현금 또는 현물로 지급하는 제도이다. 우리나라에서 시행하고 있는 공공부조제도는 국민기초생활보장제도(이하 기초보장제도)이다.

4) '편부모 가족'이라는 용어를 1999년부터 여성민우회에서 '한부모가족'으로 바꾸었는데, 이는 기존의 '편부모 가족'이라는 용어가 '결손 가족'또는 '불완전한 가족'이라는 사회적인 편견을 조장한다고 하여 명칭을 바꾼 것이다.

5) 안종순(2001: 1)은 1900년 이후 생활보호대상자 절반 이상이 여성가장이라는 점을 밝히고 있다. 2000년 '국민기초생활보장법'의 시행이 이루어진 현재는 생활보호대상자를 생활보장기초수급자(이하 기초수급자)로 그 명칭을 바꾸었다.

여성이 집중되어 있다는 것을 의미한다. 따라서 기초수급자의 과반수 이상이 여성가장이라는 사실은 여성가장이 된다는 것은 빈곤해질 가능성이 남성가장보다 높다는 것을 의미하며, 이는 빈곤층뿐만 아니라 비(非)빈곤층의 여성가장들도 비(非)빈곤층 남성가장보다 기초수급자가 될 확률이 더 높다는 가정에 상당한 설득력을 실어주고 있는 것이다.

그렇다면 여성가장 가구들은 왜 빈곤한가? 김영자(1998: 6–7)는 여성가장들은 평균 10시간을 노동시장에서 보내며 대다수가 소득활동을 하고 있다고 보고한다. 이렇게 장시간 노동하는 데도 빈곤하다면 그 원인은 무엇인가? 김미숙 외(2000)는 2000년 여성가장의 경제활동 참가율이 78.8%로 높지만 그들의 과반수 이상이 일용직, 자영행상에 종사한다고 밝히고 있다. 여성가장의 대다수가 노동시장에서 주변화된 저급직, 불안정한 비정규직에 고용되어 있다는 것이다. 그래서 저임금과 고정적인 소득의 결여로 여성가장들은 빈곤하다고 본다.

왜 여성들은 주변화된 일자리에 종사하는가? 그 이유에 대해 송호근(2002: 26–29)은 노동시장이 빈민시장과 일반시장으로 나뉘어져 있고, 남성이든 여성이든 빈민시장에 들어가면 모두 빈곤할 수밖에 없지만 여성들은 전통적으로 빈민시장에서 일을 하며, 성차별이 더해져 빈민시장에서 벗어날 수 없다고 본다. 이와 달리 Pearce(1978)은 노동시장이 성으로 분절되어 있기 때문이라고 지적한다. 성별분업 이데올로기로 노동시장에서 여성들은 언젠가는 노동시장을 떠날 불안정한 노동자로 취급되어 고임금의 안정적인 일자리에는 남성이 배치되고 누구나 쉽게 그만두거나 누구나 할 수 있는 저임금의 불안정한 임시직·일용직·시간제 등 비정규직에는 여성이 배치된다는 것이다. 또 유현경 외(1993)는 가사와 육아의 전담, 남편의 취업반대, 여성 본인의 직업의식의 결여 등을 그 이유로 들고 있다. 즉 가족 내 여성이 성역할을 원활히 수행하기 위해서는 집근처의 직장이 필요하다는 것이다. 저소득층 여성들은 경제활동이 주거지 중심적이어서 지역 내 영세상업, 저직급의 단순직을 구할 수밖에 없고, 가사와 육아활동으로 여성들은 더 먼 곳의 더 좋은 일자리로 나아가지 못한다는 것이다.

결국 여성가장들이 빈곤한 원인은 노동시장의 분절이라는 사회구조적 요인, 성별분업이라는 이데올로기·문화적 요인, 가족 내 성역할 분업이라는 개별·가족적 요인이 결합된 결과라고 할 수 있다.

2. 저소득 여성가장 가족의 생활실태

저소득층과 관련된 연구들은 우리나라가 빈곤층에 관심을 돌리게 된 1980년부터 시작되었다. 1989년 「모자복지법」[6)]이 제정되었으며 2007년에는 「한부모가족지원법」이 제정되었다. 「한부모가족지원법」은 현재까지 저소득 여성가장을 지원하는 유일한 법제임에도 불구하고 어머니가 자녀를 키우는 데 필요한 양육비만 제공하고 있으며, 여성가장에게 필요한 생계비, 주거비, 의료비, 교육비에 대한 지원은 없다.

이렇게 여성가장을 어머니 역할로만 제한한 것은 전통적으로 여성이 맡아온 역할 때문이다. 유교의 '삼종지도'와 '부부유별'사상으로 여성은 사회의 개별 구성원으로 규정되지 못하고 가족 구성원들과의 관계 속에서만 규정된다. 그 결과 가사노동과 자녀양육은 여성의 책임이 되었고, 여성의 고유한 영역은 가정이 되었다. 산업사회 이후에도 성별분업 이데올로기에 의해 여성이 노동시장에 들어가는 것은 바람직하지 못한 사회적 규범으로 지속된다. 이러한 시각은 한부모 여성가장 연구에도 그대로 반영되어, 한부모 여성가장 가족을 남성가장이 부재한 가족 또는 어머니가 가장인 가족, 어머니가 취업한 가족이라는 전제 하에 주로 아버지의 결손으로 인한 가족제도의 기능에 대한 어려움과 취약점을 부각한 연구들, 또는 한부모가족의 쟁점(issues)을 문제로만 보는 연구들이 다수를 이루었다.

---

6) 「모자복지법」은 2002년에는 「모부자복지법」으로 개정되었고, 2007년에는 「한부모가족지원법」으로 개정되었다.

한부모 여성가장 가족이 겪는 어려움을 크게 네 가지로 분류해 볼 수 있는데, 첫째는 경제적인 어려움이고, 둘째는 자녀양육과 교육에 관한 어려움이며, 셋째는 여성가장이 겪는 신체적·정서적인 어려움, 넷째는 주거의 문제, 다섯째는 사회적인 통념의 문제, 여섯째는 사회적 관계망의 축소이다.

1) 경제적인 문제

먼저, 경제적인 어려움을 살펴보면, 그 1차적 발생 원인을 개인에게 두느냐 또는 사회구조에 두느냐에 따라 개인·행위 차원과 구조적·사회적 차원으로 나눠진다. 개인·행위 차원에 주목한 연구는 모자가족의 경제적인 어려움을 생계 주요 담당자였던 아버지의 결원으로 인한 소득부재로 본다(윤복자·박남희, 1990: 99–101). 계층에 따라 다르지만 빈곤층의 경우는 편모가 되기 이전에도 경제활동을 해왔는데, 어머니의 낮은 소득은 아버지의 부재로 인해 발생하는 경제적인 어려움을 개선하지 못한다는 것이다. 중산층의 경우도 전업주부로 있다가 취업을 해도 임금이 낮고 근로조건이 불안정한 비정규직이라 경제적으로 힘들다. 이렇게 빈곤의 원인을 개인의 결함 즉 아버지의 소득부재, 어머니의 낮은 소득, 전업주부의 고용 불안정에서 찾는다.

그러나 구조적·사회적 차원에 주목한 연구는 한부모 여성가장 가족의 경제적인 어려움을 개인에게서 찾기보다 사회구조에서 찾는다. 앞서 송호근(2002)은 자본주의 시장경제가 이중노동시장으로 분절되어 있음을 설명했다. 자본가는 이중노동시장을 통해 노동자들의 임금을 착취하는데, 여성이 가난한 이유는 여성이 주로 빈민노동시장에 종사하기 때문이라고 본다. 그래서 여성이 아무리 인적자본을 배양해도 관행상 일반노동시장에 취업하기 힘들며 여기에 성차별까지 가세해 빈곤노동시장을 구조적으로 탈피하지 못해 빈곤하다고 본다. 그는 노동시장의 분절구조가 개선되지 않는 한 여성은 가난에서 벗어나기 힘들다고 전망한다. 그러나 이혜경·최은영(1997: 143–144)은 가부장제도 여성의 빈곤에 중요한 역할을 한다고 지적한다. 이들은 노동시장이 성에 의해 분절되어 있다고 주장하며, 여성의 직업은 고용상 지위가 낮고 고용이 불안정하기 때문에 상대적으로 소득향상이 안 되어 결과적으로 빈곤하다고 본다. 더불어 여성은 가정 내 어머니 역할에 대한 책임감 때문에 노동시장에 적극적으로 진입하지도 못하고 이는 고용주들로 하여금 여성을 안정적인 노동자가 필요한 1차 노동시장보다 쉽게 들어오고 쉽게 나갈 수 있는 2차 노동시장에 여성을 배치하게 만드는 근거를 제공한다고 본다. 조혜련(2003: 3)도 '여성은 일차적으로 자녀를 가장 중요하게 생각하기 때문에 일과 양육 병행이 어려울 때 가장임에도 불구하고 경제활동보다는 자녀양육에 더 강한 의미를 두어 노동시장의 진입을 포기한다고 보고한 바 있다. 유현경 외(1993)도 여성은 자녀양육을 위해 집 근처의 쉽게 그만둘 수 있는 일자리를 찾는다고 보고했다. 따라서 여성가장은 자본주의 시장경제와 가부장제 사회 때문에 경제적 빈곤을 경험한다고 볼 수 있다.

2) 자녀양육 및 교육의 어려움

한부모 여성가장 가족이 겪는 두 번째 어려움은 자녀양육과 교육의 문제이다. 특히, 자녀양육의 문제는 그 1차적인 원인을 어머니의 역할과중으로 본다. 어머니의 역할과중이 부정적인 부모노릇을 초래해 그로 인해 청소년 비행으로까지 연결된다고 설명한다. 이혼한 어머니 밑에서 자란 아동들이 적응에 더욱 심각하다고 보고되고 있지만 엄격히 말해 청소년들의 비행은 빈곤이 더 큰 요인이다(정진영, 1995).

반대로 최근에는 한부모 여성가장 가족의 긍정적인 가족관계에 대한 연구들이 등장해 일반가구에 비해 한부모 여성가장 가족은 부모와 자식의 상하관계보다 어머니와 자녀의 협력관계가 더 많으며(신은주, 2001; 조혜련, 2003: 13-14) 가족에 대한 친밀도와 만족감이 더 높고(고성혜·한유진, 1995), 자녀들과 가사를 공유하기도 하는 등 긍정적인 면을 밝히고 있다(옥선화·성미애, 2004). 옥선화·성미애(2004)는 이러한 긍정적인 측면이 발생하는 이유에 대해 자녀는 어머니에게는 어머니 역할을 수행해야 할 부담스러운 존재이지만 동시에 여성가장에게는 자녀가 삶의 위기를 해쳐나갈 버팀목과 지지자가 되기 때문이라고 주장한다. 즉 여성가장에게 어머니 역할 수행은 부정성과 긍정성이 함께 공존해 있는 역할임을 알 수 있다. 웨이스(Weiss, 1975)도 자신이 책임지고 부양해야 할 자녀를 데리고 있다는 점이 가족의 일상생활의 패턴을 유지하려고 노력하는 동기를 제공하고 있다고 주장한다.

그러나 자녀의 수는 한부모 여성가장의 어머니 역할 수행에 심리적인 부담과 물질적인 어려움에 영향을 미치는데, Goode(1956)는 자녀 수가 2명 이상일 때, Pearlin & Johnson(1977)은 3명 이상일 때 어머니 역할 수행은 더욱 부정적으로 나타난다고 주장한다. 따라서 한부모 여성가장의 어머니 역할은 자녀를 데리고 있다는 점이 일상생활을 유지하게 만드는 긍정적인 동기를 부여하지만 자녀의 수에 따라 심리적·물질적 부담이 공존하는 역할임을 알 수 있다.

여성가장이 처한 또 다른 어려움은 돌봄의 문제인데, 대다수의 여성이 취업을 해야 함에도 불구하고 자녀를 맡길 곳을 찾지 못해서 발생하는 '원치 않는 아동 방치'의 문제이다. 고미경(2002: 7)은 모자가정들의 12세 이하 자녀 중 28.8%가 혼자 방치되어 있어 자녀보호 문제가 저소득 여성가장에게는 심각한 문제임을 보여준다. 또 그는 저소득 여성가장 가구의 소비품목을 조사했는데, 교육비가 1위를 차지하며 자녀교육비도 30만 원 이상 지출 40.3%, 사교육비도 30만 원 이상 지출하는 가구가 48.3%로 나타나 이들이 자녀교육을 중시하고 있음을 알 수 있다. 여성가장이 정부 정책 중 자녀교육비 즉 학비감면, 급식비에 대한 인지도가 높았고 이것을 중요한 정부의 지원이라고 답한 사람이 18.9%로 2위로 나타났다. 자녀가 있는 20~30대 여성가장은 대부분 방과 후 아동보호 문제를 중요하게 제기한다. 이러한 연구 결과는 저소득층 가정에서도 그대로 나타나는데 유현경 외(1993)는 저소득층 부모들이 역경 속에서도 자녀에게 학교교육을 조금이라도 더 시키려고 온갖 노력을 다한다고 주장한다. 딸보다는 특히 아들의 진학에 힘쓰는데, 이것은 아들의 성공을 통해 빈곤을 탈피해 보려는 노력으로 해석될 수도 있다고 진단한다.

이렇듯 여성가장이 가족 내에서 경험하는 어려움은 어머니라는 역할의 이중고와 자녀의 비행문제, 어린자녀의 돌봄문제, 자녀교육비 문제라는 것을 알 수 있다. 그리고 자녀의 수는 여성가장의 생활적응에 부정적인 영향을 미침을 알 수 있다. 그러나 동시에 자녀는 어머니에게 지지자이며 버팀목이 되는 심리적인 역할을 제공한다.

3) 여성가장의 신체적·정서적인 어려움

한부모 여성가장이 겪는 세 번째 어려움은 여성가장의 신체적, 정서적 어려움인데, 이러한 어려움의 1차적 원인은 경제적인 어려움 때문이다. 가장임에도 불구하고 노동시장에서 낮은 임금을 받으며 불안정고용으로 여성가장은 낮은 소득마저 예측할 수 없어 더 많은 시간을 일하게 되고, 그 결과 여성가장으로 보낸 기간이 길어지면 길어질수록 여성의 신체는 더욱 고갈되고 피폐해진다. 이는 어머니로 하여금 생계담당자로서의 역할을 제대로 수행할 수 없다는 의식을 형성시켜(신은주, 2001) 낮은 자존감으로 이어지게 한다. 또 가장의 역할과 어머니 역할이라는 역할과중은 여성의 정체성에도 영향을 미치는데, 신체적인 소모와 만성적 스트레스, 우울증은 여성가장에게 부정적인 자아관을 갖게 한다. 이는 특히 사별여성에게 더 많이 나타나며[7], 생활비를 친척 또는 정부보조금에 의존하는 여성일수록 더욱 심각한 디스트레스[8], 우울증, 무기력증에 노출된다는 것이다(신은주, 2001). 이혼한 여성의 경우는 이혼 후 법적으로 자녀양육비 문제와 법적으로 자녀의 호

---

7) 자녀의 생존과 자녀교육을 단독으로 책임져야 하는 두려움과 압박감이 사별 여성에게 더 많이 나타나고 있다고 주장한다.

8) 디스트레스(distress)란 일반적으로 문제나 근심에 직면했을 때 경험하는 정신적 압박과 긴장상태를 말하는 것으로, 스트레스 과정의 부정적인 산물이며 심할 경우 개인의 사회적인 기능의 수행저하와 사회적 상호작용에 부정적인 영향을 끼친다. 특히, 생활보호 대상가구 여성들은 무력감, 우울증과 좌절감, 신경성 정신 장애 같은 부정적인 정신건강에 노출되어 있다. 외국의 연구에서도 마찬가지이다. 그러나 생활조건이 점차 개선될수록, 사회적인 지지를 많이 얻을수록 정서적인 문제는 완화된다(김인숙, 1992).

주가 되지 못하는 호주제 관련 문제를 겪으면서 정신적·정서적인 어려움을 경험한다고 보고된 바 있다.

결국, 불안정한 소득활동과 저임금 그리고 역할과중은 여성가장의 신체를 고갈시키며, 또 여성가장이 국가나 친척, 타인에게 의존하게 만들어 여성가장의 자존감과 정서에 부정적인 영향을 준다. 현재 기초수급자의 과반수가 여성가장임을 볼 때 여성가장은 신체적, 정신적, 정서적인 위기에 봉착했다고 볼 수 있다.

그렇다면 유배우자 여성가장은 어떠한가? Larson(1984: 33)은 실직한 남편은 가장으로서의 자기의 역할을 제대로 수행하지 못한다는 자괴감에 빠지기 쉽고 이것이 심해지면 부부 사이의 갈등이 높아지게 되면서 아내에게 폭력을 행사하거나 아내를 학대하여 가족관계를 심각하게 위협할 수 있다고 한다. 유배우자 여성가장은 자녀와 관련된 문제 외에 남편과 관련된 신체적, 정신적, 정서적 문제가 있음을 알 수 있다.

4) 주거장소의 문제

혈연과 지역공동체의 연대의식이 희박한 도시에서 저소득 여성가장은 어떤 공간에 몰려 있나?

이선영(2000)은 「도시저소득층의 보육서비스 만족도 분석을 통한 보육정책 방향: 부산광역시 보육서비스 이용자를 중심으로」에서 저소득층 지역 아동들의 사고 발생률이 다른 지역에 비해 4배나 더 높다고 밝히고 있다. 자녀를 키우며 직장에 나가는 여성가장의 경우는 자녀의 나이가 어릴수록 그리고 자녀가 여아일수록 돌봄환경, 자녀교육환경, 범죄의 위험도 등 지역의 분위기와 물리적인 환경을 고려할 것이다. 왜냐하면 지역이란 그냥 그릇으로 존재하는 것이 아니라 사회적인 관계에 영향을 미치며 사회구성원들의 사회화의 장소(place)인 것이다. 우리는 지역에서 사회적 관계를 맺고 경제활동, 정치활동, 문화활동, 교육활동 그리고 일상생활을 살아간다. 지역은 사회관계망의 중요한 근거가 되는 곳이다. 그런데, 왜 저소득층 밀집지역에 여성가장 가구가 많은가? 빈곤층 밀집지역 내 가족의 해체현상이 높게 발생하기 때문인가? 이 지역에서 여성가장이 된 이후 이들은 왜 이주하지 않는가? 다른 지역의 여성가장은 저소득층 밀집지역으로 왜 이주해 왔는가? 중산층 지역과 제조업 지역에 살아가고 있는 저소득 여성가장은 여성가장이 된 이후 이주하는가 아니면 자신의 주거지에서 버텨내고 있는가?

자녀를 키우는 여성에게 다른 지역으로의 이주문제는 쉬운 문제가 아니다. 이주한다는 것은 주거환경의 변화뿐만 아니라 그 지역의 문화, 사회화, 교육환경, 경제현실, 정치적인 성향, 이웃관계, 자녀양육방식, 범죄의 위험도 등 경제적인 변화 외에도 사회문화적 공간적 변화를 함께 경험하는 총체적인 변화인 것이다. 그리고 타 지역에 이주한 여성가장들은 토박이들에 비해 그 지역에서 자원과 권력으로의 접근이 더 어렵다. 아는 사람도 없고 낯설기 때문이다. 이주한 여성가장들은 그 지역 문화에 적응해야 하며 새롭게 사회적 관계를 만들어야 하는 부담감과 비상시 발생할 문제로 이웃의 도움을 받는 데 불리하다.

결국, 저소득 여성가장에게 주거장소의 문제는 빈곤층 밀집지역에서 경험하는 물리적 환경의 노후화뿐만 아니라 자녀양육, 이웃관계, 범죄의 노출이라는 경제·사회·문화 공간상의 총체적인 일상생활의 문제인 것이다.

5) 사회적인 통념의 문제

2019년 전체 가구의 7.3%가 한부모가구이며 한부모가구 중 여성 한부모가구가 74.9%이다(통계청, 2020). 한국보건사회연구원의 『2019년 빈곤통계연보』(2019)에 의하면 한부모가구의 상대적 빈곤율은 시장소득 기준 49.1%이며 여성가장 가구의 상대적 빈곤율은 43.4%로 많은 여성가장 가구가 국가에 의존하고 있다. 이러한 통계 자료는 여성을 복지 의존적이거나 자립의지가 취약한 존재로 보이게 만든다. 계층에 상관없이 여성이 한부모가 되면 경제적인 수준이 하락하는데 그러한 삶의 조건은 여성을 스스로 무능력한 가장, 죄스러운 어머니, 복지의존자(welfare-dependent person)로서의 낙인을 갖고 살아가게 한다. 뿐만 아니라 전통적인 결혼제도에 의해 남편이 없는 여성에 대한 부정적인 이미지와 핵가족 이데올로기에서 파생된 정상가족의 개념은 부부와 자녀로 구성되지 않은 가족을 일탈가족으로 간주한다. 아버지와 어머니의 역할이 바뀌어도 비정상가족으로 취급된다. 그래서 그 구성원들에게 '사회적 낙인(social-labeling)'을 찍는 경향이 있다. 사별가족에게는 '남편 잡아먹은 년', '애비 없는 자식'이라는 언어를 통해 여성과 아이들을 문제시한다(신은주, 2001). 이혼한 여성도 '이혼녀'라는 사회적인 낙인 때문에 취업 기회, 사회적인 활동의 참여 기회, 재혼의 기회에서 남성보다 더 많은 어려움을 경험한다(변화순, 1996b).

6) 사회적 관계망의 축소[9)]

혈연과 공동체의 연대의식이 희박한 도시 내 여성가장에게 사회적 관계는 중요한 삶의 자원이 된다. 박경숙 외(2001)는 경기도의 한부모 여성가장 가정을 분석했는데, 투표참가율이나 고민을 털어놓을 사람이 있는 비율은 60%로 높았으나 그 외 사회활동과 가족, 친지, 이웃과의 관계는 소원하며, 친지와 이웃으로부터 경제적 도움을 받는 경우는 29.9%, 그들에게 도움을 주는 경우는 5.3%, 그럼에도 불구하고 직장을 얻게 된 경로를 보면 가족, 친척, 친구의 소개가 50% 정도를 차지하고 있음을 밝히고 있다. 이 연구에서는 이들의 사회적 관계의 중요성을 지적하고 사회적 관계망(social-network)을 만들어주는 것이 필요함을 강조한다. 그러나 여성가장이 되면 사회적 관계는 좁아진다. 신은주(2001)는 사별 혹은 이혼여성의 사회적 관계가 협소해지는 경향은 결혼기간 동안의 사회적 관계가 주로 남편을 중심으로 형성되었기 때문이며, 남편과 사별한 경우는 주거지역의 관계만 남아있게 되고 친인척의 지지망이 협소해짐을 밝히고 있다. 이혼일 경우는, 더욱 열악한데 이혼 이후 거주지를 옮기는 경향이 많아 주거지역 주민과의 관계와 친인척의 지지망 모두 약해진다. 변화순(1990a)은 영세민 지역과 일반지역의 기혼여성의 사

9) 사회적 관계망의 구성요소를 이웃관계, 직장동료관계, 연인관계, 친구관계, (전)남편관계, 친정·시댁관계, 공동체관계로 정의한다.

회적 관계망을 비교하고 있는데, 대체로 영세민 지역 여성의 사회적 관계망이 이웃=친구=직장동료로 중첩되어 있고 유대관계는 좋지만, 일반지역에 비해 관계망이 협소하다고 주장한다.

위 선행연구를 통해 저소득 여성가장 가구의 생활실태를 생계문제, 자녀양육과 돌봄·교육의 문제, 여성가장의 신체와 정서적 문제, 주거장소 문제, 사회적 통념과 사회적 관계망의 협소로 나누어 살펴보았다.

그러나 기존의 선행연구들은 첫째, 여성가장의 삶을 단지 수동적 피해자/희생자로만 보여주는 문제점이 있다. 이는 선행연구들이 저소득 여성가장의 생활실태 분석에 치중되어 있어 여성가장의 삶이 빈곤 상황에 쉽사리 노출되어 위기에 직면함을 드러낼 뿐 여성 개개인이 능동적으로 행위자가 되어 이러한 위기에 적극적으로 대처하며 극복하고 적응하는지에 대해서는 간과하고 있기 때문이다.

둘째, 기존 연구는 저소득 여성가장의 빈곤한 생활을 단지 경제적 어려움과 자녀양육의 어려움으로만 축소시키는 한계가 있다. 이는 저소득 여성가장의 역할을 가장과 어머니 역할로만 제한하기 때문이다. 여성가장은 가장과 어머니 역할 이외에도 지역사회의 일원이며, 누군가의 딸이며, 여자이다. 빈곤한 삶이 어떻게 이러한 역할들에 문제를 일으키는지 또 빈곤 상황 하에서도 나름의 역할을 수행하는지에 대해서 기존 연구는 관심을 기울이지 않았다.

셋째, 기존 연구는 여성가장 가구의 일부분만을 연구대상으로 설정해 왔다. 즉 기초수급자 한부모 여성가장을 대상으로 한 연구들이 대다수였다. 그 결과 IMF 이후 남편의 실직과 질병으로 생계를 담당하는 유배우자 여성가장의 경험은 간과되어 있다. 즉 여성가장의 서로 다른 사회·경제적인 배경에 따라 서로 다른 빈곤 상황을 경험하는데 기존 연구에서는 한부모 여성가장의 경험을 전체 여성가장의 경험으로 획일화시켰다.

넷째, 기존 연구는 빈곤조사 또한 한 시점에서 분석한 정태적인 연구들로 총량적 빈곤수준만을 제시하고 있을 뿐 빈곤화 과정 속에서 어떻게 여성가장들이 빈곤에 대응하며 빈곤을 탈출하기 위해 어떤 노력들을 기울이는지에 관한 구체적인 연구들이 미비하다.

그래서 저소득 여성가장의 사회문화적 차이를 반영하고 빈곤이라는 삶의 위기를 능동적으로 어떻게 대처하고 극복 또는 적응하는지 생활전략을 살펴볼 필요가 있다.

3. 저소득 여성가장 가족의 생활전략

1) 종교·NGO활동·공공기관의 도움 활용하기

친정이 거주지역과 다른 여성가장들은 어떻게 사회적 관계망을 형성하는가? 친정과 다른 지역에서 살고 있는 〈사례 1〉 여성가장은 남편이 천주교재단에서 운영하는 병원에서 일한 것이 계기가 되어 주거지역에 있는 성당을 다닌다. 그곳에서 만난 대모를 통해 이혼 결심, 주거지 마련, 공공부조에 관한 정보를 얻고 도움을 받게 된다.

> 저는 여기 부산에 아는 연고도 하나도 없어요. …… 애 아빠 하나보고 부산으로 온 거기 때문에 …… □□로 가야 되는데 ……. 제가 성당 다니니까 저희 대모님이 계시는데 …… 동네분이시거든요. …… 대모님이랑 같이 거제리 법원에 가서 만나기로 해서 가봤는데도 …… 안 나오고 …… 애 아빠가 ○○에 △△△병원에 다니거든요 …… 우리 대모님이랑 이제 여길 어떻게 알게 되어 가지고 …… 아무것도 안 들고 그냥 …… 나와가지고 방 하나 그냥 월세방 하나 얻고 지금 여기 집으로 와갖고 TV며 냉장고며 2층 주인 아줌마 아들이 자취할 때 쓰던 거 …… 컴퓨터도 2층 아줌마가 …… 1동의 통장님이 여자분이시거든요. 그분이 인제 여기 2층 아줌마랑 친구분이세요. '모자가정 혜택 받으면 되는데' 이래서 저도 이런 혜택 있는 것도 몰랐고 영세민이 뭔지 …… 통장님이 다 알려주시고 그래서 ……. 〈사례 1〉

〈사례 1〉에서 처럼 여성가장은 대모를 통해 대모 친구의 도움을 받아 살림에 필요한 가재도구와 저렴한 월세방까지 제공받고 그 지역 통장에게서 토박이가 아니면 얻을 수 없는 정보와 신뢰까지 확보하게 된다. 이렇게 친정이 다른 지역인 여성가장들은 그 지역의 종교기관을 통해 새로운 사회적 관계망을 구축하는 것이다.

그러나 시간이 자유롭지 못해 일요일도 쉬지 못하는 여성가장일 경우 종교생활을 하는 것은 쉽지 않다. 이러한 여성가장의 경우는 어떻게 사회적 관계망을 형성할까? 자영업에 종사하는 여성가장은 자녀의 성장 이후 노후의 외로움을 느끼면서 신문에서 발견한 NGO단체에 전화를 걸어 시민단체 모임을 새롭게 만들어 사회적 관계망을 구축하였다.

> 결혼하면서 부산으로 왔고 …… 여성가장이 되기 전에 공공근로 때 여성회에 참여했고 …… 30만 원 들고 애 3명 데리고 나왔다 …… 집을 2001년 1월에 나와 여성쉼터에서 2001년 6월까지, 모자원에서 3년 임대로 2004년까지 옮겨 살았고 …… 처음에는 ○○회 한부모모임 …… 막 굳이 설명 안 해도 되고 힘들어하면 이렇게 하면 된다고 말해주고 서로 불편한 것 이야기하고 이런 것 힘들다고 하면 그것은 어딜 가서 알아보면 된다고 하고 …… 아이들은 사교육 …… 못하고 …… 그래서 방과 후 하고 있어요. …… 프로젝트로 ○○여성회가 따가지고 …… 집집마다 가고 …… 남자는 목욕문제 ○○ 민협에서 △△△대생들이 대신해주거든요 …… 2월 5일 여행가요. ○○ 민협 …… 아저씨들이 손잡고 가고. 〈사례 2〉

〈사례 2〉에서 처럼 토박이가 아닌 여성가장들에게 시민단체 모임은 중요한데, 여성가장이 되기 전 공공근로를 하며 여성단체에 대한 정보를 얻어 이혼 후 자녀와 살 주거지를 마련한 여성가장도 있다. 여성단체를 통해 공공부조에 대한 정보를 얻게 된 이후 이혼 후 모자원에 들어가 자립금을 모아 임대아파트로 주거지를 옮긴다. NGO 모임에 참여하는 여성가장들은 공공부조의 정보와 다양한 NGO단체의 프로그램에 참여할 혜택을 누렸다.

결국 도시로 이주한 여성가장들은 종교활동과 NGO활동을 통해 먼저 사회적 관계망을 결성하고 공공부조에 관한 정보를 얻어 공공기관을 활용하는 사회적 관계망을 구축한다. 여성가장들은 적극적으로 공공기관을 활용해 생계비, 자녀양육비, 의료비, 주거지원, 취업준비에 대한 도움을 얻었다. 결국 저소득 여성가장들이 종교활동, NGO 모임, 공공기관 프로그램 참여를 통해 맺는 사회적 관계는 경제적으로, 정서적으로 삶의 질을 높이는 데 도움이 되었다.

2) 더 열심히 더 많이 일하기

저소득 여성가장들은 '소득 극대화'를 위해 독립적인 경제활동을 추구하며 수입을 늘리기 위해 퇴근 후 투잡스(two jobs)를 하든지 또는 야근을 하든지 다른 사람들보다 더 열심히 더 많이 더 오래 일한다. 주말에도 쉬지 않고 일을 한다. '지출 극소화'를 위해서는 식생활비, 본인의 의복비, 친인척 경조사 외면하기, 외식하지 않기, 그러나 반드시 필요한 직장동료들의 경조사는 챙기는 생활전략을 취했다.

그리고 최근에는 한부모 여성가장 가족의 긍정적인 가족관계에 대한 연구들이 등장해 일반가구에 비해 한부모 여성가장 가족은 부모와 자식의 상하관계보다 어머니와 자녀의 협력관계가 더 많으며 가족에 대한 친밀도와 만족감이 더 높고, 자녀들과 가사를 공유하기도 하는 등 긍정적인 면을 밝히고 있다. 그러나 여성가장의 부모역할은 힘들고 갈등적인데 그럼에도 불구하고, 선행연구는 여성가장이 가장과 어머니 역할 중 어떤 역할을 우선시 할 때 더욱 자녀와의 관계가 협력적이며 긍정적인지에 대해서는 간과하고 있다.

그러나 가장 역할(breadwinner role)에 충실한 여성가장들은 자녀를 의논상대자 또는 협력자로 그 위치를 할당해 준다. 왜냐하면 자녀의 협조 없이는 더 많은 시간을 오래 노동시장에서 일할 수 없으며 사회활동도 참여할 수 없기 때문이다. 여성가장들은 자녀들에게 생활비의 부족문제에서부터 가사분담의 문제, 어머니의 취업과 재혼과 사회활동 문제까지도 함께 의논하며 가족이 함께 살기 위해서는 가사노동을 분담해야 함을 강조한다. 이처럼 가장역할에 충실한 여성가장들은 기초수급자이면서도 더 많은 소득을 위해 독립적인 경제활동에 적극적으로 참여한다. 따라서 여성가장들이 부모역할 중 가장역할을 더 중요시할 때 더 많은 소득활동을 할 뿐만 아니라 독립적인 경제활동을 할 수 있으며 자녀의 협조를 적극적으로 구해 더 수평적인 가족관계를 구축한다고 볼 수 있다.

> 애들에게 얘기해요. 엄마니까 해줘야 되는 것이 아니라 우린 같이 살아야 하니까 …… 자기들끼리도 아침을 같이 먹으면 순서를 정하는 거예요 …… 반찬 갖다놓고 상 펴는 것을 아침에 큰애가 하면 저녁에는 둘째, 내가 큰방 치우면 자기들이 작은방 치우고 안 그러면 안 되니까 같이 살아야 하니까 …… 참 좋은 아빠가 있었으면 좋겠다 큰애 같은 경우는 돈 많은 아빠를 구하라고 그런 얘기를 자연스럽게 하는 편이예요. 다 같이 …… 남자친구를 만나야 할 건데 …… 그런 얘기를 하는 편이거든요 …… 남자친구 있으면 있다 하고 그런거 자연스럽게 하는 편이에요. 〈사례 3〉

3) 자신의 인생에 투자하기

또한 여성가장들은 자신의 삶에 투자하는 것이 궁극적으로는 자녀에게 유익하다고 생각한다. 왜냐하면 자신의 인생과 자녀의 인생이 따로 있으며 자신의 성장이 바로 가족의 경제력을 향상시키는 것이라고 생각하기 때문이다. 그래서 적극적으로 재혼 또는 남자친구를 원하기도 하며 자신의 인적자본을 높이기 위해 노력한다.

> 진짜 긍정적이거든요. …… 애들한테 이런 말을 했었어요. 참 좋은 아빠가 있었으면 좋겠다. …… 큰 애 같은 경우는 돈 많은 아빠를 구하라고 하고 …… 그런 얘기를 자연스럽게 하는 편이에요 …… 아들도 그렇고. 남자친구를 만나야 할 건데 …… 그런 얘기를 하는 편이거

든요. …… 젤 문제가 경제적인 거 …… 경제적으로 안정이 되면 다른 거는 조금 무시할 수도 있고 …… 자꾸 억눌려지는 거예요. 그게 가장 생리적 욕구잖아요. 기본적인, 먹고 마시는 기본적인 성욕이거든요. …… 저 자신을 성장시킬 거 같아요. 저 자신에 대한 투자를 많이 하고, 교육도 연수도 많이 받을 거 같아요. 〈사례 4〉

4. 결론 및 제언

1990년대 후반 IMF 이후 최근까지 한국사회의 빈곤 현상은 1960년대 이후의 빈곤 현상과 다르다. 특히, 급증한 빈곤층 구성에 특정 성(sex)인 여성가장의 증가는 빈곤의 원인과 생활실태에 있어 중대한 사회적 변화가 있다는 증거를 의미한다. 왜 저소득층에 여성가장은 집중되어 있나? 그것은 노동시장의 분절이라는 사회구조적 요인, 성별분업이라는 이데올로기·문화적 요인, 가족 내 성역할 분업이라는 개별·가족적 요인이 결합된 결과라고 할 수 있다. 그 결과 쉽게 여성가장은 자본주의와 가부장제의 피해자가 된다. 그러나 그러한 상황에서도 여성가장들은 빈곤위기에 능동적으로 대처하고 있으며 여성가장들의 사회·경제적 배경에 따라 생활전략을 구축하고 있다. 이러한 사실은 복지수급을 받는 빈곤여성가장들에 대한 일반적인 인식의 전환을 요구한다. 빈곤여성가장들은 단순한 복지수혜자가 아니라 빈곤을 탈출하기 위해 나름의 전략을 세우며 빈곤을 탈출하려고 노력하고 있다는 사실이다. 따라서 이들의 전략을 돕는 복지정책을 개발해 소위 선진국형 빈곤 현상인 '빈곤의 여성화' 문제를 해결하는 것이 필요하다.

또한 저소득 여성가장들에게 생활전략(life strategy)이 있음을 통해 몇 가지 이론적 시사점을 던져준다. 첫째는 '빈곤의 여성화(feminization of poverty)' 문제를 해결하기 위해 Pearce(1978)는 국가가 더욱 여성문제에 개입해야 한다고 주장한다. 그러한 과정 속에서 저소득 여성가장들은 국가의 복지제도에 의존하는 경향이 더욱 강했다. 그 결과 복지제도의 혜택을 성별로 비교할 때 여성의 수가 동서양을 막론하고 증가하고 있는 것은 이를 증명해 준다. 이렇게 여성들이 국가에 의존하는 경제활동을 Sasson(1989)은 산업사회 이전에는 여성들이 남편에게 의존하는 경제활동을 했다면 복지사회에서는 국가에 의존하는 경제활동을 하게 됨으로써 여성들은 경제적인 주체로 부상한 것이 아니라 여전히 남편의 통치에서 국가의 통치를 받는 수혜자로 바뀌었음을 비판했다. 하지만 빈곤여성가장의 생활전략을 통해 국가의 제도적인 혜택을 받고 있는 빈곤한 여성가장들은 수동적 수혜자가 아니라 나름의 전략을 통해 적극적으로 자신의 사회경제적인 배경을 자원화해 생활의 위기를 극복해가고 있는 행위자라는 사실을 드러냄으로써 여성가장들이 성불평등 현실 속에서도 자신들의 삶의 창조자라는 사실을 보여준다.

둘째, 경제학 중심의 빈곤이론은 사회문화적인 성차별(sexual discrimination)이 빈곤에 미치는 영향을 간과해 왔었다. 그러나 저소득 여성가장의 생활전략을 통해 사회적 관계망은 물질적·정서적 자원이 됨과 동시에 사회적 관계망의 결여는 빈곤의 원인이 됨을 알 수 있었다. 저소득 여성가장들은 사회적 관계망을 통해 직업을 소개받고, 자녀양육의 도움을 얻으며, 주거장소를 구하고, 복지 관련 정보를 얻고, 정서적인 위로를 확보한다. 따라서 여성가장에게 사회적 관계망은 중요한데, 성차별적 사회일수록 여성가장의 사회적 관계망은 축소된다. 또한 가부장제 문화는 저소득 여성가장들을 무성적 존재, 희생하는 어머니로만 그 역할을 규정한다. 빈민들에게 성적욕망은 사치이며 특히, 가난한 어머니의 자아실현은 염치없는 행위이다. 따라서 빈곤한 여성가장이 우리 문화에서 인정받을 수 있는 유일한 길은 어머니 역할에 집중하는 것이다. 여성가장의 어머니 역할의 수행은 여성가장을 더욱 빈곤하게 만든다. 가장역할을 중시하는 여성가장의 생활전략과 어머니 역할을 중시하는 여성가장의 생활전략은 다르기 때문이다. 결국, 저소득 여성가장의 빈곤문제를 해결하기 위해서는 경제적·사회적·문화적 성평등을 추구할 때 가능함을 알 수 있다.

토의점

1. 글로벌 경제 위기, 저상장 시대, 코로나 시대에 빈곤이 여성들에게 집중되는 이유가 무엇인지 이야기해 봅시다.

2. 여성가장들이 저소득층에 집중되는 이유는 개인적 원인 때문인지 사회구조적 원인 때문인지 토론해 봅시다.

3. 저소득 여성가장들이 경험하는 일상생활의 어려움에는 어떤 것들이 있을지 생각해 봅시다.

4. 저소득 여성가장들이 빈곤에서 탈출하기 위해서는 어떻게 해야 할지 토론해 봅시다.

8장 여성 노인들

문화인류학자 Margaret Mead는 한국을 방문해 효문화를 지켜본 다음 '세상에서 노인복지가 가장 잘되어 있는 나라'라고 칭송했다. 미국의 장수학자인 Leonard Poon 교수도 한국은 장수 연구에서 유전, 음식물, 주요 영양원뿐만 아니라 노인을 공경하는 문화가 중요하다는 것을 일깨워주는 국가라고 평했다.

그러나 지구상 그 어떤 국가보다도 빠르게 고령화되고 있는 21세기의 대한민국에서 세계가 부러워하던 경로효친(敬老孝親), 장유유서(長幼有序)의 전통은 과거와 같이 엄격하게 지켜지지 않고 있다. 개인의 노후를 스스로 책임져야 하는 것인지, 전통대로 가족이 맡아야 하는 것인지, 국가가 보장해주어야 하는지에 대한 논쟁은 현재 진행형이다. 그래서 한국의 고령화는 노인문제이자, 가족문제이며, 젠더문제로 귀착된다.

이 장에서는 가족의 영역 안팎에서 할머니라는 가족적인 명칭으로 호명되는 한국의 여성 노인을 탐구하기 위해 노인의 개념, 고령화 전망, 여성 노인의 신체적·가족적·경제적 특성과 삶의 만족도를 살펴보고 여성 노인과 관련하여 쟁점이 되고 있는 여성 노인 학대문제를 생각해보도록 고찰해보도록 하겠다.

1. 노인의 개념

노인을 어떻게 규정할 수 있을까? 1951년에 국제노년학회는 노인이란 '환경변화에 적절히 적응할 수 있는 신체 조직에 결손이 있는 사람, 자신을 통합하는 능력이 감퇴되어가는 시기에 있는 사람, 인체의 기관 조직 기능에 감퇴 현상이 일어나는 시기에 있는 사람, 생활에 있어서 적응성이 적극적으로 결손되어가고 있는 사람, 조직 및 기능의 소모로 적응 감퇴 현상이 나타나는 사람'이라고 정의했다(최순남, 2002). Erikson은 노년기를 성인 후기로 지칭하고 신체적 정신적 기능의 쇠퇴와 더불어 다양한 심리적 변화가 일어나며 사회적 직업적 기능 발휘가 어려워져 급격한 역할 감소를 가져오는 시기로 규정했다. 직장에서의 은퇴, 배우자의 사망, 자녀의 결혼 등으로 인해 심리적으로 소외감, 사회적 고립감을 느끼고 자기중심적으로 변한다고 했다. 한편, 시니어 마케팅 전문가인 George Moschis 교수는 인간의 수명을 100세로 가정하고 노인은 '사회에 공헌하고 삶을 즐길 수 있는 충분한 기회를 가진 인생의 3/4기를 살아가는 존재'라는 긍정적인 의미를 부여했다. 자녀 양육의 의무에서 벗어나 직장, 가정, 사회의 변화에 입각해 관계를 재조정하면서 자원봉사에 몰두하거나 경력을 바꾸거나 자신의 경쟁력을 향상시키기 위해 평생교육을 받는 때라는 것이다(Moschis, 1992).

이처럼 노인을 규정하기 위해서는 노화, 역할 변화, 가족관계, 연령, 교육 등 다양한 요인이 고려되지만, 법·제도적인 면에서는 연대기적 연령이 기준이 된다. 유교문화권에서는 전통적으로 태어난 간지(干支)의 해가 다시 돌아오는 환갑을 노인과 장수의 상징으로 여겼다. 서구사회에서는 19세기 후반 독일의 Bismarck가 세계 최초로 양로보험 수급연령을 65세로 규정한 이래로 65세가 노인을 상징하는 연령이 되었다. 가장 권위 있는 국제기구인 UN도 65세 인구를 기준으로 국가의 고령화를 규정한다. 통계청은 국제관례를 따라 65세 이상을 노년인구로 분류한다. 노인을 사회적 약자로 규정하고 국가차원에서 보호하는 준거인 「노인복지법」 제28조, 제33조 2항은 60세 또는 65세 이상인 자를 노인복지 대상자로 분류한다.

「국민연금법」 제61조는 노령연금 수급권자를 60~65세로 산정했다. 연대기적 연령은 한편으로는 노인을 보호의 대상으로 여기게 하지만, 다른 한편으로는 단지 나이가 들었다는 이유로 편견과 차별을 받는 연령차별을 유발한다.

2. 한국의 고령화 전망

19~20세기에 서유럽 국가들의 고민거리였던 고령화는 이제 전 세계적으로 확산되고 있다. 세계적인 고령인구의 급증 현상은 제2차 세계대전 이후 일어난 베이비붐 인구가 시니어 붐으로 전환된 것으로 분석된다. 여기에 의학의 발달로 유아사망률이 낮아지고 수명이 연장되면서 인류의 오랜 장수의 꿈이 이뤄진 것이다. 그러나 노동가능 인구 대비 고령인구 비중이 커지면서 의료비, 노령연금 등에 대한 공공지출 부담 등 각종 사회적 문제가 발생하면서 고령화를 축복이라기보다는 위기로 보는 시각에 힘이 실리고 있다.

최근에는 아시아 국가의 고령화가 주목받고 있다. 2017년 현재 이웃나라 일본은 65세 이상 인구가 27%로 고령화 부문에서는 세계 1위다. 초고령사회를 넘어 75세 이상 '후기 고령자' 수가 65~74세 '전기 고령자'를 앞서는 이른바 '중고령(重高齡) 사회'가 인류 역사상 처음으로 일본에서 실현될 것으로 전망된다(조기원, 2018). 중국은 '1자녀 정책' 등 강력한 산아제한 정책의 영향으로 1970년대 초반 전체 인구의 4.3% 수준이던 고령인구가 2001년 7%를 넘어 고령화사회로 진입했다. 2005년에는 중국 노인인구 1억 명이라는 새로운 기록을 만들었다.

우리나라도 예외가 아니다. 한국의 65세 이상 노인인구 비중은 1960년에는 2.9%에 불과했다. 하지만 2000년에는 노년인구 7.2%를 기록해 고령화사회에, 2018년에는 노년인구 14.3%를 구성해 고령사회에 도달했다. 전체 인구에서 65세 이상의 비율이 20%를 넘는 초고령사회 진입을 목전에 두고 있다.

〈표 8-1〉 한국의 65세 이상 노인인구 추이 (단위: 천 명, %)

	총인구	65세 이상	구성비	연령대별 인구 및 구성비					
				65~69세	구성비	70~74세	구성비	75세 이상	구성비
2000	46,136	3,375	7.3	1,377	40.8	919	27.2	1,078	32.0
2005	47,279	4,372	9.2	1,683	38.5	1,255	28.7	1,434	32.8
2010	48,580	5,434	11.2	1,817	33.4	1,569	28.9	2,049	37.7
2017	51,423	7,171	13.9	2,315	32.3	1,756	24.5	3,100	43.2
2018	51,635	7,381	14.3	2,360	32.0	1,798	24.4	3,223	43.7
2020	51,974	8,134	15.6	2,661	32.7	1,991	24.5	3,482	42.8
2030	52,941	12,955	24.5	4,081	31.5	3,553	27.4	5,320	41.1
2040	52,198	17,120	32.8	4,242	24.8	4,038	23.6	8,840	51.6
2050	49,433	18,813	38.1	3,770	20.0	3,680	19.6	11,363	60.4
2060	45,246	18,536	41.0	3,612	19.5	3,184	17.2	11,740	63.3

출처: 통계청(2018). 『고령자통계』.

〈그림 8-1〉의 65세 이상 남성과 여성의 성비에 따르면 65세 이상인 사람 중 여성 노인의 비중은 남성 노인보다 14.6%나 더 높다. 65세 이상 고령자 성비(여자 백 명당 남자의 수)는 74.6명이다. 과거에 비해 남성 노인의 비중이 증가할 것으로 예상되지만 2060년에도 여성 노인은 남성 노인보다 많을 것으로 추정된다.

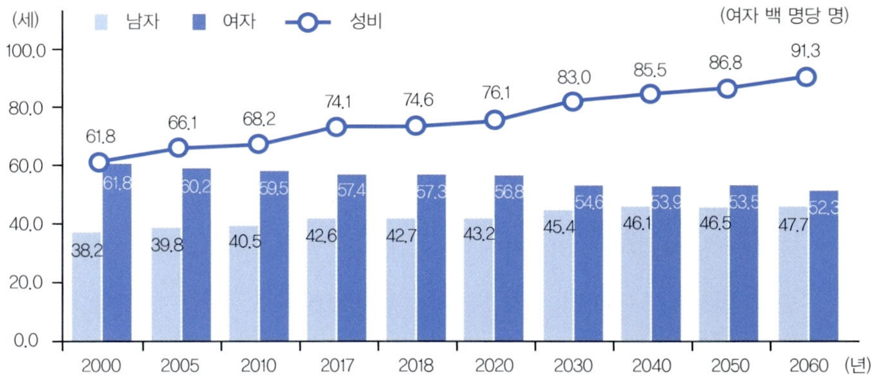

출처: 통계청(2018). 『고령자통계』.

〈그림 8-1〉 65세 이상 남성과 여성의 성비

3. 여성 노인의 신체적·가족적·경제적 특성과 삶의 만족도

1) 신체적 특성

노화로 인해 겪게 되는 신체적 변화란 일차적으로 신체를 구성하고 있는 세포가 노화에 의해 제 기능을 발휘하지 못하면서 발생한다. 외부로부터 자극에 대한 반응이 늦어지고 그 자극을 받은 신체의 상태가 이전 상태로 돌아가려면 시간이 걸리며 상처가 아무는 것도 지연된다.

정도의 차이는 있지만 노년기에 접어들면 여성들은 다음과 같은 신체적 변화를 겪게 되며 그러한 변화가 심리적 사회적 영역에도 영향을 미친다.

첫째, 외모의 변화가 일어난다. 피부는 피하 지방과 섬유질이 감소하여 탄력이 줄어들고 얇아져서 많이 사용하는 부분에 주름이 생긴다. 멜라닌 세포의 감소로 피부색이 변하며 가려움증, 기미, 검버섯 등이 생기기도 한다. 모발의 양이 줄어 윤기가 없어지며 회백색으로 변한다. 노화가 진전되면 입 주변에 주름이 잡히고 눈꺼풀이 처지며 자세가 구부정해진다. 이러한 외모의 변화는 심리적인 면에 적지 않은 영향을 미친다(김애순, 2002). 특히 최근에는 젊음을 지향하는 사회 분위기로 인해 여성 노인들의 노성지각이 남성에 비해 빨리 나타난다.

둘째, 여성 노인의 유병률은 남성 노인보다 높다. 한국인 여성은 남성에 비해 장수하지만, 남성보다 건강하게 생애를 보내는 것은 아니다. 한국인 암 사망을 성별에 따라 구분해보면 남성은 폐암, 간암, 대장암, 위암, 췌장암, 전립선암 순으로 많이 발생하지만, 여성은 폐암, 대장암, 췌장암, 간암, 위암, 유방암, 자궁암 등으로 순위가 달라진다(통계청, 2018). 무엇보다 여성들은 남성들에 비해 스스로 건강하지 않다고 생각하는 경향이 강하다.

셋째, 일반적인 노화로 인한 신체적 쇠퇴와 함께 출산, 육아, 가사노동 등이 여성 특유의 건강문제를 유발한다. 30세 이후부터 근육과 골량이 감소하며 폐경기 이후에는 골밀도가 급격히 떨어져 골다공증으로 이어진다. 호르몬의 변화로 방광 괄약근이 약화되고 폐경과 더불어 난소가 위축되면서 빈뇨, 실금, 가려움증, 감염 등에 쉽게 노출된다. 호르몬의 감소와 같은 생리적 변화는 유전적인 원인, 식사, 수면, 약물, 질병 등의 다양한 원인의 영향을 만들며 스트레스에도 취약해진다.

넷째, 신체적 변화는 심리적 사회문화적 요인과 결합하면서 정신적 노화를 가져온다. 자기중심성, 시기심, 잔소리, 완고성, 건강 염려, 정서 불안, 과거 지향성이 나타나고 단기 기억 장애, 건망증, 기억 역행, 알츠하이머, 신경증, 불면증 등으로 고통을 받는 경우가 적지 않다. 더불어 한국의 여성 노인들은 가정을 위해 자신을 희생하는 것을 당연시하는 과거의 사회문화 속에서 성장해 이로 인한 스트레스와 우울감에서 벗어나지 못하기도 한다.

다섯째, 감각기관의 쇠퇴로 외부와의 커뮤니케이션에 어려움을 겪게 된다. 노화는 시력, 청력, 메시지 전달, 촉각, 반응시간, 인지 능력, 기억력 등에 변화와 쇠퇴를 가져온다. 시각의 경우 나이가 들면서 각막, 동공 수정체의 구조적 변화로 망막에 빛을 전달하고 조정하는 능력이 감소하며, 망막과 시신경체계의 노화로 시야가 좁아지고 빛이나 색에 대한 민감도가 떨어지게 된다. 이로 인해 물체가 흐리게 보이고 작은 글씨를 읽기 어려우며 어두움이나 섬광 속에서 사물을 잘 구분하지 못하게 된다. 청각은 시력과는 달리 자신의 청력 손상을 스스로 깨닫지 못할 정도로 서서히 감퇴되어 여성 노인과 소통하고 싶어 하는 사람에게 적지 않은 불편을 초래하고 극단적인 경우에는 소통의 단절을 가져오기도 한다(홍명신, 2007).

2) 가족적 특성

(1) 결혼관계

노년기에는 일반적으로 사회적 유대관계가 축소되기 때문에 부부관계가 대인관계의 중심이 된다. 노년기 부부 사이에서는 성적인 친밀감보다는 동반자적 사랑,

정서적 편안함, 상호 존경심의 비중이 커진다(Aiken, 1995). 국내외 연구에서 배우자가 있는 노인이 독거노인에 비해 장수한다는 내용도 심심찮게 발표된다. 그럼에도 불구하고 이른바 황혼이혼이 증가하는 추세에 있다. 노후에는 배우자의 부정이나, 폭력, 가출, 경제적 어려움 등의 문제뿐만 아니라, 퇴직 후 역할 상실, 만성적 질병 등의 요인으로 인해 이혼을 선택하게 된다.

사별의 경우에도 일정한 법칙이 발견된다. 우리나라에서는 과거 여성이 자신보다 3~4세 많은 남성과 결혼하는 풍습이 있어서 여성의 기대여명[1]이 남성보다 긴 상황에서 연상의 배우자와 결혼했던 대다수의 여성 노인들은 수년간 홀로 노년기를 보내게 된다. 이렇게 되면 혼인관계로 인해 얻었던 경제적 지원, 사회적 유대관계와 지위를 상실해 생활수준이 저하된다. 배우자에게 의존적이었거나 불행한 결혼생활을 했던 여성 노인은 죄책감, 자포자기, 분노 등으로 힘든 시기를 보내는 경우도 많다.

재혼을 할 경우에는 노인 스스로 가지고 있는 엄격한 성도덕, 자기 억제, 자식들의 반대, 독립된 생계를 유지할 수 있는 경제적 수입과 주택의 부족 등이 장벽이 되었다. 그러나 전체 연령대의 남녀의 재혼건수가 감소하고 있는 상황에서도 65세 이상 남녀의 재혼건수는 증가하는 현상도 관찰된다(통계청, 2018). 흥미로운 점은 사별, 이혼, 별거, 등 홀로 사는 여성 노인들이 남성 노인에 비해 독신생활에 잘 적응한다는 점이다. 이웃 친구들과 교류하면서 자신의 흥미와 재능을 개발하여 취미활동, 자원봉사, 사회활동을 하면서 배우자가 있을 때보다 더 유능하고 독립적인 생활을 하는 경우도 적지 않다.

---

1) 기대여명(life expectancy)은 기대수명이라고도 하며, 특정 연도에 태어난 특정 연령의 사람이 앞으로 더 생존할 수 있을 것으로 예상되는 기간을 뜻한다.

법원 "황혼이혼 대신 졸혼(卒婚)[2]은 어떠세요?"

박상기 기자

내후년이 결혼 50주년인 박모(72)씨는 올해 초 서울가정법원에 남편 최모(76)씨를 상대로 이혼조정을 신청했다. 박씨는 "남들은 내가 행복하게 살았다고 생각하겠지만 남편의 이기적인 행동과 간섭 때문에 늘 불행했다. 이혼하게 해 달라."고 했다.

대학교수를 지낸 남편은 "내 생에 이혼은 없다."고 펄쩍 뛰었다. 자식 삼남매도 부모와 따로 살았지만 "손주들 보기 부끄럽다."며 부모의 이혼을 결사반대했다. 수차례 조정 끝에 지난 7월 부부가 찾은 해법은 '졸혼(卒婚)'이었다. 한 치도 물러서지 않던 부부는 법원 측 중재위원이 졸혼에 대해 설명하고 권하자 받아들였다.

박씨와 최씨는 졸혼 조건으로 '이혼하지 않고 앞으로 각자의 주거지를 정해 따로 생활한다' '서로 사생활에 간섭하지 않는다' '명절이나 경조사(慶弔事)가 있을 때는 미리 연락하고 협의한 뒤 가족 모임을 갖는다' 등에 합의했다. 남편의 간섭에서 벗어나게 된 박씨, 체면을 유지할 수 있게 된 최씨, 부모의 이혼을 막은 자녀들 모두 졸혼으로 합의된 조정에 만족했다고 한다.

최근 이혼조정에서 졸혼을 선택하는 사례가 늘고 있다. … (중략)… 졸혼은 법률에 명시된 용어가 아니어서 재판에서 판결할 수 있는 사안은 아니다. 그러나 이혼할지 말지를 협의하는 이혼조정에선 졸혼을 선택하고 조정 조항을 그에 맞게 구성할 수 있다. 법원 관계자는 "배우자 한쪽은 '도저히 같이 못 산다'고 하고 다른 쪽은 '이혼은 절대 안 된다'고 하면 대부분 조정이 결렬되고 재판으로 가게 되는데, 졸혼이 이런 상황에서 '비상구' 역할을 하고 있다."고 말했다.

이혼을 주장하다가도 졸혼을 받아들이는 주된 이유는 졸혼으로 '별거'와 '사생활'을 보장받을 수 있기 때문이다. 이를 위해 '별거하고 서로의 주거지를 찾지 않는다' '상대방이 받지 않으면 3회 이상 전화하지 않는다'는 식의 구체적인 조항이 빠지지 않고 포함된다.

또 부부의 재결합을 전제로 하지 않기 때문에 부부 관계 회복에 대한 부담도 거의 없다. 재결합을 전제로 할 경우에는 '서로 존중하고 관계 회복을 위해 노력한다'는 식

---

2) '결혼을 졸업한다'는 의미로 부부가 이혼하지 않은 채 각자의 삶을 자유롭게 사는 것을 말한다. 배우자로서의 의무는 벗어나지만 법적 부부관계는 유지한다는 점에서 이혼, 별거와는 차이가 있다. 2004년 일본 작가 스기야마 유미코(杉山由美子)가 쓴 '졸혼을 권함(卒婚のススメ)'이란 책에서 처음 등장했다.

의 조항이 꼭 들어가는 게 일반적이다.

각자 따로 주거지를 마련하기엔 형편이 어려웠던 60대 여성은 졸혼에 합의하면서 '같은 집에서 생활하되 서로 다른 방을 쓰고, 밥은 각자 알아서 먹는다'는 조항을 넣었다. 이 여성은 "30년 넘게 아침·저녁밥을 차려줬는데 이젠 그만하고 싶다."고 말했다.

법원에선 이혼조정이 졸혼으로 마무리됐을 때 부부가 얻는 장점으로 '정서적 위안'을 꼽는다. 서울가정법원의 한 조정위원은 "수십 년 동안 부부였다가 헤어지면 허무함이나 박탈감을 느낄 수밖에 없다."며 "졸혼은 여전히 법적 부부로 연결되어 있다는 안정감을 준다."고 했다. 여기에는 졸혼에 대한 비교적 긍정적인 인식도 한몫을 하고 있다. 졸혼이 등장하기 전에도 이혼조정에서 별거에 합의하는 경우는 있었지만, 마치 이혼 과정의 한 단계 같은 부정적 이미지 때문에 꺼리는 사람이 많았다. 반면 졸혼의 경우는 무조건 이혼을 주장하던 사람이 졸혼에 대한 설명을 들은 뒤 다음 조정 기일에 나타나 '졸혼이 요즘 유행이고 많이들 한다더라'며 합의한 사례도 있다.

경제적 이유가 졸혼 선택의 계기가 되기도 한다. 남편과 나이 차가 열 살 이상 났던 한 60대 여성은 이혼조정을 신청했다가 졸혼에 합의했는데 연금 수령 여부가 영향을 미쳤다. 공무원으로 정년퇴직한 남편과 이혼할 경우 남편이 사망하면 유족연금을 받을 수 없지만, 졸혼을 하면 법적으로 부부 상태를 유지하기 때문에 남편이 사망해도 연금을 받을 수 있기 때문이다.

그러나 졸혼이 당장 이혼을 피하는 미봉책에 불과하다는 지적도 나온다. 실제로 사생활 보장 등의 약속이 제대로 지켜지지 않거나, 부부 중 한쪽이 '이럴 바엔 이혼하지, 졸혼은 말장난'이라고 나서 결국 이혼하게 되는 사례도 적지 않다.

출처: 조선일보(2017. 10. 09).

(2) 자녀관계

노년기에는 자녀가 있다는 사실 자체가 정서적인 안정을 준다. 자녀나 손자녀 세대와 대화를 나누고 접촉하는 것은 삶의 활력이 된다(Lang & Carstensen, 1994). 서구의 경우 할머니 할아버지 역할을 즐기며 손자녀를 위한 교육, 패션, 놀이기구, 여행상품을 구매하는 이른바 손자산업의 규모가 날로 커지고 있다.

전통적으로 여성 노인들은 자신보다는 가족과 자녀를 중심으로 생을 살아왔기 때문에 노후에 갖게 되는 기혼 자녀와의 상호관계를 중요시한다. 노인이 자신의 자녀에게 물질적 정신적 원조의 제공자 역할을 하다가 물질적 정신적으로 자녀에게 의존해야 하는 상황에 적응하기는 쉽지 않다. 노부모와 자녀와의 갈등은 노부모의 건강이 나쁠수록 성인자녀가 노부모에게 제공하는 경제적 도움이 많을수록 커진다(김정자, 1993).

한국의 부모는 아들에게는 '도구적 지원'을 기대하고 딸에게는 '정서적 지원'을 얻어왔다. 즉, 아들은 부모와 동거하거나 가깝게 살면서 경제적 도움을 주고 집안 대소사를 챙긴다. 딸은 떨어져 살더라도 마음을 나누고 이해하는 정서적 유대에 도움을 주었다(윤진, 1985). 그러나 기혼여성들의 취업이 증가하면서 여성 노인으로부터 손자 돌보기, 가사 돕기 등의 일반적인 도구적인 지원을 받고 싶어 하는 딸들이 증가하면서 친정에 가깝게 거주하거나 친정부모와 동거하면서 도구적 지원을 주고받는 딸들이 증가하고 있다. 따라서 고부갈등 못지않게 처가의 풍습에 적응해야 하는 사위와 장모 사이의 갈등이 부각되고 있다.

사람과 범고래는 왜 중년에 폐경을 할까?

조홍섭 기자

미국과 캐나다 쪽 태평양에 서식하는 범고래 무리. 연어를 잡아먹는 이 범고래는 일찍 폐경한 나이 든 암컷이 무리를 이끈다.

자연계 최고의 미스터리 가운데 하나가 폐경이다. 자신의 유전자를 최대한 많이 남기는 쪽으로 적응하는 것은 생물 진화의 철칙이다. 자손을 남길 능력이 충분한데도 번식을 포기한다는 건 '유전적 죽음'을 뜻하고, 애초 그런 유전자가 살아남을 리 없다. 그렇다면 왜 사람을 비롯한 몇몇 동물은 중년에 폐경을 한 뒤 장기간 생존할까? 지난 60년 동안 진화생물학 최대의 논란거리다.

어떤 동물이 폐경을 할까?

인도의 람지트 라그하브(102)는 94살과 96살에 자식을 얻어 '가장 나이 많은 아빠'로 꼽힌다. 남성은 늙어서도 정자를 생산하지만, 여성은 50~51살이면 난소 기능이 쇠퇴해 월경이 중지되는 폐경이 나타난다. 산업화와 현대 의료 혜택을 입지 않은 아프리카 칼라하리 사막의 쿵족 여성도 현대인과 비슷한 폐경을 거치고 수십 년을 더 산다.

영장류는 사람과 유전적으로 가장 비슷한 동물이지만 폐경은 하지 않는다. 야생에서 침팬지, 보노보, 고릴라, 오랑우탄은 30대 말에 마지막 출산을 하고 곧 죽는다. 사람이 45살 이전에 출산을 마치고 약 20년 더 사는 것과 딴판이다. 야생 영장류학자인 김산하 박사(생명다양성재단 사무국장)는 27일 "침팬지가 인간보다 수명은 짧지만, 마지막 자식을 낳는 시기는 비슷하다. 수명 차이를 고려하면 침팬지는 아주 늙어서까지 새끼를 낳는 셈이고, 인간은 자식을 낳을 수 있는 데도 갑자기 중단하는 특별한 행태를 보인다."라고 말했다.

영장류와 달리 고래 가운데 범고래, 들쇠고래, 흑범고래 등 3종이 폐경 이후 오래 사는 것으로 밝혀졌다. 범고래는 12~40살 동안 번식하지만 수명은 90살이 넘는다. 폐경 이후의 삶이 수명의 3분의 2를 차지한다. 60살 넘게 사는 들쇠고래도 35살이면 번식을 멈춘다. 북극고래가 100살 이상 살지만 죽기 직전까지 새끼를 낳는 것과 대조적이다. 아프리카코끼리와 아시아코끼리도 각각 수명인 60대와 70대까지 출산을 이어간다. 김현우 국립수산과학원 고래연구센터 박사는 "범고래, 들쇠고래, 흑범고래는 모두 대양에 사는 대형 돌고래로 고도의 사회적 행동을 하는 공통점이 있다."라고 설명했다. 이들은 새끼를 적게 낳고 오래 기르며 안정된 모계 집단 속에서 어미와 자식의 유대가 굳건하다.

흑범고래의 폐경은 지난해 남아프리카공화국 연구자들에 의해 밝혀졌다. 이들은 남아공에 좌초하거나 일본이 포경한 흑범고래를 통계적·형태학적으로 분석해 이런 결론을 얻었다. 과학저널 '동물학 최전선'에 실린 논문에서 연구자들은 "흑범고래의 폐경 후 수명이 범고래나 들쇠고래보다는 아시아코끼리와 비슷했다."라며 향고래, 큰머리돌고래, 들고양이고래 등 다른 대형 사회적 돌고래에도 폐경이 있을 가능성을 제기했다. … (중략).

왜 생식 능력을 포기하나?

폐경이 출현한 이유는 대개 이렇게 설명한다. 자신의 번식 능력을 포기하는 대신 자식이나 손주를 도와 결과적으로 자신의 유전자를 퍼뜨리는 이득을 얻는다. 1957년 나온 '어머니 가설'과 1998년 나온 '할머니 가설'이 대표적인 예이다. '어머니 가설'은 자신의 생식을 중단하더라도 자식에 투자하면 노산의 위험을 피하는 등 결과적으로 적응에 도움이 된다는 주장이다. 그러나 의료 혜택이 없는 수렵채취인도 출산 때 산모 사망률이 3% 미만으로 나타나 노산의 위험이 과장됐다는 사실이 드러났다.

미국 유타대의 인류학자 크리스틴 호크스는 아프리카 하드자인을 연구해, 나이 든 여성은 출산을 포기하고 젖을 뗀 손주를 돕는 편이 진화적으로 득이라는 '할머니 가설'을 내놨다. 인간의 아이는 젖을 뗀 뒤에도 오랫동안 돌봐야 한다. 잇따라 출산을 하는 젊은 여성보다 나이 든 여성의 경험과 힘이 뿌리 식량을 채집하는 등 중요한 구실을 한다.

자신의 생식 기회를 버리고 자식과 손주 지원에 나서는 진화적 이점은 동물 연구에서도 밝혀졌다. 영국 엑시터대 진화생물학자 대런 크로프트 등은 2012년 과학전문지 '사이언스'에 실은 논문에서 36년 동안 북서태평양 범고래를 조사한 데이터를 분석했다. 놀랍게도 범고래의 어머니가 죽으면 30살 아들이 이듬해 죽을 확률은 14배로 뛰었다. 범고래 수컷은 커서도 '마마보이'였다. 할머니 범고래는 무리를 이끌며 먹이 찾기, 포식자 감지, 문제 해결, 이동, 집단 내 갈등 해소 등에 기여한다.

가장 최근의 학설은 '생식 갈등 가설'이다. 2008년 영국 엑시터대 진화생물학자 마이클 칸트 등은 생식을 둘러싼 젊은 세대와 늙은 세대의 갈등이 나이 든 세대의 생식 포기로 이어진다고 주장했다. 할머니 가설은 자신의 유전자의 절반을 남기는 직접 출산에 견줘 4분의 1을 남기는 손주 지원의 이득이 충분치 않다는 이론적 약점이 있었다. 43년 동안 범고래를 장기 조사한 연구에서 어미와 딸이 동시에 번식에 나서면 어미의 자식이 사망할 위험성이 딸의 자식보다 1.7배 높다는 결과가 나왔다. 인간도 딸이 출산을 시작할 즈음 어머니의 출산이 멎는다. 생식 갈등 가설은 할머니 가설을 보완하는 이론으로 주목받는다.

출처: 한겨레신문(2018. 07. 30).

3) 경제적 특성

모든 노인문제는 빈곤 또는 경제문제에서 출발한다는 말이 있다. 자본주의 사회에서 노인문제뿐만 아니라 모든 문제가 경제와 직간접적으로 연결되어 있지만, 성별분업에 익숙한 여성 노인들에게 경제문제는 절실한 문제다. 여성 노인의 경우 배우자의 은퇴나 사별 이후에 빈곤상태에 악화되는 경향이 있다(Waehrer & Crystal 1995; Knight & Ricciardelli, 2003). 한국 여성 노인의 빈곤은 단지 고령으로 인한 소득의 중단이라기보다는 생애사적으로 누적되어온 소득과 자산소득의 젠더 간 불평등이 중요한 이유로 작용했다는 특수성이 있다. 이들이 경제활동이 가능하던 시기의 한국사회는 산업화가 되어가는 과도적 시기였기 때문에 여성을 위한 일자리는 제한되어 있었다. 대다수 여성 노인들이 고등교육의 수혜가 확대되기 이전에 태어나고 성장하였기 때문에 교육수준이 낮아서 이들이 일할 수 있는 직종은 제한적이었다. 많은 여성 노인들이 일을 할 수 있었던 자신의 생애기간 동안 무급가족 종사자로서 혹은 비공식적이거나 간헐적으로 일할 수밖에 없다. 이러한 노동시장 경력의 단절로 인해 여성 노인들은 공적연금의 수혜자격에서 배제되고 노후를 대비해서 사적으로 축적해온 연금이나 저축액도 남성 노인에 비해 적다. 특히 이들은 남성중심적인 가족관계에서 주택을 비롯한 가족의 재산에 대한 처분권과 통제력의 행사에 있어서도 불리한 위치에 있었다. 여성 노인의 빈곤은 교육기회와 소득수준의 세대 간 불평등, 성별 불평등, 생애기간 내의 소득불평등이 누적되어온 총체적 결과로 해석되었다(장미혜 외, 2013).

그러나 교육수준이 높고 자식에게 의존하지 않고 스스로의 노후를 대비하는 베이비부머 세대가 노년인구에 진입하기 시작하면서 여성 노인의 빈곤 현상에도 새로운 양상이 나타나고 있다.

4) 삶의 만족도

여성 노인과 남성 노인은 사회적으로 서로 다른 생애를 살아왔고 노년기의 삶의 만족에 대한 기대도 다르다. 일반적으로 여성보다는 남성이 배우자가 없는 경우보다는 배우자가 있는 경우에 삶의 만족도가 높다(Mannell & Dupuis, 1996). 교육수준이 높고 신앙심이 깊으면 삶의 만족도도 커지지만, 연령이 많아질수록 삶의 만족도는 떨어진다.

우리나라 노인의 삶의 만족도에 영향을 미치는 요인을 조사해본 결과, 자녀와의 적절한 전화 연락, 대면 접촉, 건강상태, 의료시설 접근도, 주관적 계층 귀속감 등이 주요한 영향을 미치는 것으로 나타났다. 그러면서도 지역, 성별에 따른 차이가 발견되었다. 자녀와의 접촉의 경우를 살펴보면, 서울 노인들의 경우 남녀 모두 1회 정도의 전화 연락과 직접 만나는 것을 가장 이상적인 부모 자식의 관계로 생각했다. 노인들이 산업화와 핵가족화 등 현실적인 변화를 수용하여 실생활에 있어서는 자식과의 적당한 거리 유지를 합리적인 것으로 받아들인다는 것을 보여준다. 반대로 춘천 남성 노인들은 자녀를 자주 만나고 연락할수록 만족도가 높았으나 춘천 여성 노인들은 하루 1회 이상 자녀를 만날 경우 만족도가 오히려 낮아졌다. 자녀들의 방문은 남성 노인에게는 아무런 부담이 없지만, 여성 노인에게는 손자녀양육이나 가사부담으로 이어진다는 것과 관련이 있다. 여성 노인들은 건강과 경제적인 여건을 허락된다면 남편이나 자식의 가족관계나 사회관계에서 벗어나 독립된 삶을 만족의 요소로 지목했다. 경제와 건강이라는 두 가지 전제 조건은 우리나라 여성 노인의 신체적 건강과 경제적 안정이 남성 노인에 비해 낮다는 현실과 관련이 있다. 상대적으로 건강과 경제적 능력이 나은 남성 노인이 삶의 만족을 떠올리며 건강상태, 의료시설 접근도, 배우자 유무, 자식과의 연락빈도, 친구 이웃과의 사회적 관계 요인까지 손꼽는 동안 여성들은 또 다른 나를 향한 새로운 만족을 꿈꾸고 있었는지도 모른다(박기남, 2005).

4. 여성 노인과 관련된 사회적 쟁점 학습하기 : 여성 노인 학대

노인 학대 행위자 아들>배우자>기관 순

박현정 기자

지난해 벌어진 노인 학대 사건 10건 가운데 9건은 가정 안에서 발생한 것으로 나타났다. 가해자는 주로 아들이나 배우자였다. 14일 보건복지부는 제2회 노인 학대 예방의 날을 하루 앞두고 이러한 내용이 담긴 '2017년 노인 학대 현황보고서'를 공개했다. 2017년 노인 학대 신고 건수는 1만3309건이었으며, 이 가운데 노인 학대 사례로 판정된 경우는 4622건이다. 2016년 4280건에 견줘 8% 늘어난 수치다. 주로 비난·모욕·위협 등을 통한 정서적 학대(42%)나 물리적 힘을 동원한 신체적(36.4%) 학대가 나타났다.

여성 피해자가 3460명(74.9%)으로 남성(25.1%)에 견줘 훨씬 많았다. 연령별로 보면, 70대 피해자가 44.2%로 가장 많은 비중을 차지했으며 80대(30.9%)가 뒤를 이었다. 가해자는 아들(37.5%), 배우자(24.8%), 노인복지시설종사자나 의료인 등 기관(13.8%), 딸(8.3%), 타인(3.5%), 며느리(2.6%) 순으로 나타났다. 가해자가 60살 이상 노인인 노·노 학대 사례는 2188건(42.9%)이었다.

과거 학대 피해가 또다시 반복된 '재학대' 피해는 359건(7.8%)으로 2016년 249건에 견줘 크게 늘었다. 주로 함께 사는 아들(48.6%)이나 배우자(34.3%)가 학대를 거듭되고 있는 것으로 나타났다. 중앙노인보호전문기관 이현민 부장은 "아동 학대 사건에선 피해자와 가족을 강제로 분리할 수 있지만 어르신들은 생명에 지장이 가는 정도까지 피해가 발생하지 않는 한 가족과 관계 개선을 하고 집에서 살아가길 원하다."며 "가해자에 대한 치료 등 지원이 필요하다."고 설명했다.

복지부는 "노인복지법에 따라 노인 학대 신고의무를 부여받은 이들의 신고율이 13.7%에 불과해 노인 학대 예방 및 신고의무 교육을 강화할 것이다."라며 "노인 학대 위험군에 대한 복지서비스를 할 때 학대 징후를 확인하는 등 신고에 의존하지 않는 대응체계를 마련할 계획이다."라고 밝혔다.

출처: 한겨레신문(2018. 06. 14).

1) 노인 학대의 개념과 유형

2006년 6월 15일 미국 뉴욕에 있는 유엔 본부에서는 '노인 학대에 결코 무관심해서는 안 된다'는 구호를 내걸고 제1회 세계 노인 학대 인식의 날(WEAAD) 행사가 열렸다. 초기 영국과 노르웨이에서 시작된 이 기념일은 2006년 이후 남아프리카 공화국에서 이스라엘에 이르기까지 범세계적인 기념일로 선포되었다.

노인 학대는 언어 정서적 혹은 심리적 상해, 인간의 신체적 정서적 복지를 무시하는 행위, 노인의 재산이나 자본을 잘못 오용하는 것을 뜻한다(Steinmetz, 1981). 「노인복지법」 제1조 2 제4호에서 '노인 학대라 함은 신체적 정신적 성적 폭력 경제적 착취 또는 가혹행위를 하거나 유기 또는 방임을 하는 것을 말한다.'고 정의했다. 즉, '자녀에게 의존하고 있는 노인과 자녀 사이에서 일어나는 언어, 정서적 혹은 심리적 상해와 인간의 신체적 정서적 복지를 무시하는 행위, 그리고 자산에 대한 오용 등으로 노인의 권리가 침해되는 행위'를 총칭한다(한동희, 1994).

노인 학대의 유형은 어떤 장소에서 학대가 발생하는지, 어떤 행태로 학대로 이루어지는지에 따라 세분된다. 첫째, 발생공간에 따라 가정, 시설, 기타 학대로 구분된다. 가정 학대는 동일 가구에서 생활하는 노인이 가족 구성원인 배우자 성인 자녀는 물론, 노인과 동일한 가구로 생활하지 않는 부양의무자 또는 기타 사람들에 의해 행해지는 학대를 말한다. 시설 학대는 노인에게 비용을 받거나 무료로 서비스를 제공하는 요양원 등의 시설에서 발생하는 학대다. 기타 학대는 가정 및 시설 이외의 장소에서 발생하는 학대를 총칭한다.

둘째, 행태적 분류는 신체적 학대, 정서적 학대, 성적 학대, 경제적 학대, (자기)방임, 유기 등으로 다음과 같이 나눠진다.

● 신체적 학대

- 노인을 폭행한다.
- 노인을 제한된 공간에 강제로 가두거나 노인의 거주지 출입을 통제한다.
- 노인의 신체를 강제로 억압한다.
- 신체적 해를 가져올 위험성이 큰 행위로 노인을 협박하거나 위협한다.
- 노인의 신체적 생존을 위협할 수 있는 행위를 한다.
- 약물을 사용하여 노인의 신체를 통제하거나 생명을 저해한다.
- 노인이 원하지 않거나 수행하기 어려운 노동을 하게 한다.

● 정서적 학대
- 노인과의 접촉을 기피한다.
- 노인의 사회관계 유지를 방해한다.
- 노인을 위협·협박하는 언어적 표현을 하거나 감정을 상하게 하는 행동을 한다.
- 노인과 관련된 사항을 결정하면서 당사자를 의사결정 과정에서 소외시킨다.

● 성적 학대
- 노인에게 성폭력을 행한다.
- 노인에게 성적 수치심을 주는 표현이나 행동을 한다.

● 경제적 학대
- 노인의 소득, 재산, 임금을 가로채거나 임의로 사용한다.
- 노인의 재산에 관한 법률적 권리를 침해하는 행위를 한다.
- 노인의 재산 사용 또는 관리에 대한 결정을 통제한다.

● 방임 및 자기방임
- 거동이 불편한 노인의 의식주 등 일상생활 관련 보호를 제공하지 않는다.
- 경제적 능력이 없는 노인에게 생존을 위한 경제적 보호를 제공하지 않는다.
- 의료 관련 욕구가 있는 노인에게 의료적 보호를 제공하지 않는다.
- 노인이 자신을 돌보지 않거나 돌봄을 거부함으로써 노인의 생명을 위협받게 한다.

● 유기
- 의존적인 노인을 유기한다.

일반적으로 학대가 발생하면 여러 유형의 학대가 함께 일어난다. 또한 어떠한 형태로든지 노인의 학대는 거듭될수록 더욱 심각한 형태로 발전되는 특성이 있으며 신체적 학대는 더욱 잔인해진다(Wolf, 1986). 〈표 8-2〉에 제시된 바와 같이 중앙노인보호전문기관이 발표한 2017년 노인 학대 현황 보고서에 따르면, 여성 노인은 남성 노인에 비해 정서적 학대, 신체적 학대, 경제적 학대, 성적 학대로 더 큰 고통을 받고 있는 것으로 나타났다.

〈표 8-2〉 성별 노인 학대 유형 (단위: 건, %)

피해자 성별	신체적 학대	정서적 학대	성적 학대	경제적 학대	방 임	자기 방임	유기	계
남성	557	672	19	113	222	128	39	1,750
	31.8	38.4	1.1	6.5	12.7	7.3	2.2	100
여성	2,094	2,392	131	298	427	163	32	5,537
	37.8	43.2	2.4	5.4	7.7	2.9	0.6	100
계	2,651	3,064	150	411	649	291	71	7,287
	36.4	42.0	2.1	5.6	8.9	4.0	1.0	100

출처: 중앙노인보호전문기관(2018). 『2017 노인 학대 현황 보고서』.

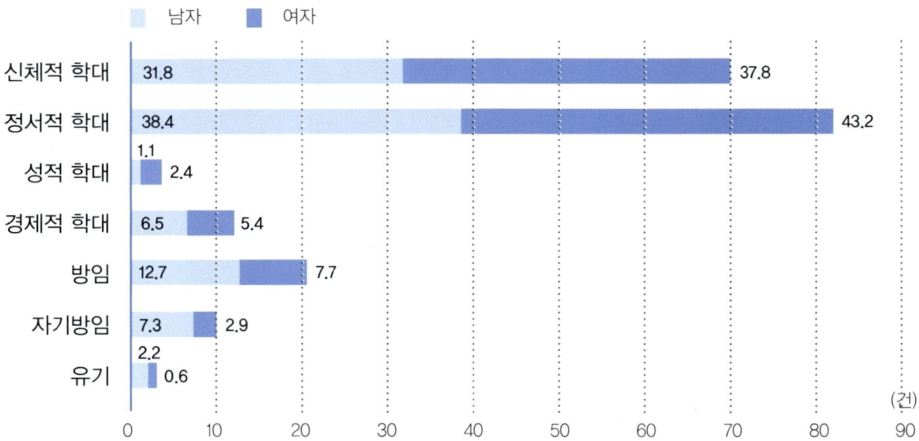

출처: 중앙노인보호전문기관(2018). 『2017 노인 학대 현황 보고서』.

〈그림 8-2〉 남성과 여성의 노인 학대 유형 차이 (단위: 건, %)

2) 여성 노인 학대 피해자의 특성

각종 기관에서 집계하는 노인 학대 사례는 날로 증가하고 있으며, 노인 학대 피해자의 70~80%가 여성인 것으로 집계된다. 여성이 남성보다 장수할 뿐만 아니라 평생 받아오던 성차별의 결과로 노후를 자식들에게 의존할 수밖에 없는 상황에서 남성에 비해 경제력이 결여된 여성 노인이 피해자로 전락하기 쉽다. 이는 성차별주의와 연령차별주의의 결과물이다. 여성 노인은 주로 가정 내에서 자녀와 배우자로부터 학대를 받는다. 고령이나 질병을 앓고 일상생활 동작 및 기능마저 저하하거나 치매를 앓는 여성 노인은 학대의 주요 표적이 된다. 대부분의 학대받는 여성 노인은 다음과 같은 공통점이 발견된다.

- 자기의 판단이나 능력이 자신이 없고 자기 평가가 낮다.
- 학대를 당해도 당연하다고 생각하여 자기가 변하면 상대의 행동도 변화하겠지라고 생각하고 그 상황을 변화시키려는 노력을 학대 가해자가 아닌 자신에게 돌린다.
- 학대 가해자가 학대의 원인이 여성 노인에게 있다고 말하는 내용을 스스로도 믿는다.
- 전통적 성역할의 고정관념에 따라 희생적이고 인내하는 것이 가장 최고의 방법으로 안다.
- 죄의식으로 고민하여 공포나 노여움의 감정을 억누르고 있다
- 사회적으로 고립되어 있어 누구에게도 자기의 어려움을 해결하도록 도움을 구하지 않는다. 즉 자신이 하는 수밖에 없다고 생각하고 자포자기한다.
- 좀처럼 저항하는 일을 하지 않고 복종을 살아남을 수 있는 수단으로 생각하고 있으니 상대는 그것을 자신에 동의하는 것이라고 받아들이고 있다
- 수발을 받는 것처럼 보이며 비록 폭력이 더욱 심해지거나 하여도 이를 상담하려 하지 않는다.
- 폭행 가해자에게 오히려 잘하려고 한다(Sharman, 1996).

3) 여성 노인 학대에 대한 제언

「노인복지법」, 「가정폭력 범죄의 처벌 등에 관한 특례법」, 「형법」, 「정신건강복지법」, 「경찰관 직무무집행법」 등에 의해 학대받는 노인을 구제할 수 있는 법적 장치를 마련해 놓았다. 전국 공통 노인 학대 신고 전화 1577-1389가 제정되었고 노인전문보호기관이 생겨났다. 폭력행위의 제지, 행위자·피해자의 분리 및 범죄수사, 피해자의 가정폭력관련상담소 또는 보호시설 인도(피해자의 동의가 있는 경우), 긴급치료가 필요한 피해자의 의료기관 인도할 수 있도록 했다. 고령화가 진전되면서 더 이상 개인이나 가족의 일로 방치할 수 없는 상황에 이르면서 각 지자체들도 노인 학대 예방 조례안을 잇달아 제정했다.

향후 고령화가 진행될수록 노인 학대도 증가할 것이다. 여성 노인 학대를 감소시키기 위해서는 1차적으로 여성 노인과 그 가족이 무엇이 노인 학대이며 왜 노인 학대를 해서는 안 되는지에 대한 명확한 인식을 가지고 학대가 발생하지 않도록 해야 한다. 나아가 사회적으로도 주변에 학대받는 노인들에 대해 적극적으로 배려하고 이들이 안전하게 노후를 보낼 수 있도록 협조해야 한다. 국가적으로도 출산양육 중심의 가족정책을 노인들의 삶의 질을 담보할 수 있는 방향으로 보강해야 할 것이다. 무엇보다도 전 사회구성원에게 노년은 모든 인간에게 언젠가는 다가올 미래라는 사실을 인지시키고 인간의 생애와 권리를 교육하는 노력을 기울여야 할 것이다.

5. 결론 및 제언

1960년대 후반 인류학자 Edmund Ronald Leach는 "기계의 수명이 날로 짧아지는 급변하는 세상에서 인간이 너무 오랫동안 쓰여서는 안 된다. 55세를 넘는 모든 인간은 폐물처리를 해야 한다."고 말했다(Beauvoir, 1970). 그러나 유엔인구기금은 2050년에는 60세 이상 인구가 20억 명을 넘어 전 세계 인구의 22%에 달할 것으로 전망했다.

페미니즘은 학문적, 정치적, 사회문화적으로 양성평등을 위해 수많은 활동을 했지만, 여성 노인을 위한 배려는 상대적으로 부족했다. 마치 20여 년 전에 여성의 무급 가사노동과 돌봄노동이 눈에 보이지 않았던 것처럼 여성 노인은 여성과 노인이라는 이중의 굴레 속에서 주변화되었다(박기남, 2005). 그 사이에 한국 여성 노인은 가부장적 이데올로기, 경제적 불평등, 노인 학대의 피해자로 전환기적인 삶을 살 수밖에 없었다.

노년에 대한 관점도 노년기를 퇴직 질병, 의존, 분리, 배제의 시기로 보는 의존적인 패러다임 하에서는 고령화와 노인복지는 개인의 삶의 질을 저하시키고 사회적 비용을 증가시켜 결국은 고령화=위기라는 등식을 성립시키고 노화를 부정하는 결과를 가져온다(도미향·채경선, 2008). 그러나 노년기를 참여, 통합, 건강, 독립의 시기로 보는 통합 접근 패러다임에 입각하면 노인이 복지 의존자가 되지 않도록 예방할 수 있다.

지금까지 살펴본 여성 노인의 특성, 삶의 만족도, 여성 노인 학대의 문제는 현재의 여성 노인보다 높은 교육수준, 사회 진출, 경제력을 지닌 현재의 청장년, 중년세대의 여성이 노인인구에 진입하고, 성차별이 연령차별로 이어지지 않도록 하는 사회적 의지가 실현되면 일정 정도 완화될 것이다. 이를 위해서는 교육, 노동 가족생활의 각 측면에서 성차별을 제거하여 남녀가 동등한 기회를 가지고 자신의 역량을 개발하고 충분한 생활을 영위할 수 있도록 남녀평등의 이념을 지속적으로 실행하는 것이 중요하다.

끝으로 우리 모두 여성 노인을 객관적인 타자가 아닌 '나와 우리의 미래'라는 관점에서 생각할 때, 고령화의 파고 속에서 여성 노인은 '문제'가 아니라 가장 강력한 인구집단으로 부상하게 될 것이다.

토 의 점

1. 노인은 누구인가? 여성 노인을 정의해 보자.

2. 여성 노인의 신체적, 가족적, 경제적 특성은 무엇인가? 무엇이 노인의 삶의 만족도를 좌우하는가?

3. 여성 노인 학대 사례에 대해 토론하고 그 개선점을 생각해 보자.

4. 평소에 여성 노인에 대해 어떻게 생각해 왔는지를 생각해 보고 늙음, 노화에 대한 나의 관점을 정립해 보자.

9장 다문화사회와 가족

최근 한국사회에서 '다문화가족'은 더 이상 낯선 용어가 아니다. 국가의 경계를 넘는 결혼(cross-border marriage)과 이주가 확산되면서 다문화가족은 한국사회의 주요한 가족형태의 하나가 되었다. 국제결혼을 계기로 형성된 다문화가족이 증가하면서 결혼이주여성을 비롯한 다문화가족 구성원의 사회통합은 사회적인 과제가 되었다. 다문화가족은 다양한 인종·민족·출신국가의 구성원들이 결합하여 형성된다는 점에서 한국사회의 가족 구성 방식과 형태가 다양화되고 있음을 보여주는 징표가 된다. 그러나 무엇보다도 다문화가족의 형성과 이들이 살아가는 현실에는 국제결혼과 이주, 초국가적 가족관계, 상이한 가족제도와 성역할 규범 등 젠더와 관련된 요인들이 개입되어 있다.

이 장에서는 우선, 전 세계적인 여성이주의 특성과 한국사회의 다문화가족의 현황 및 젠더 갈등을 살펴보고, 다음으로 다문화가족의 증가가 지역사회에 끼칠 수 있는 영향과 함의들을 살펴볼 것이다.

1. 글로벌리제이션과 여성이주

글로벌리제이션(globalization)이 심화되면서 국가의 경계를 넘는 이주인구가 점차 증가해왔다. 글로벌리제이션은 전 세계적으로 자본, 노동, 상품, 기술, 정보 등이 국경을 넘어 이동·교환되거나 새롭게 창출될 수 있는 환경을 구축하였다. 그 과정에서 새로운 일자리를 위해 다른 나라로 임시 혹은 영구적으로 이주하는 이주민들이 증가하게 되었다.

한편, 글로벌리제이션은 전 세계적으로 지역 불균형과 불평등을 심화시키는 결과를 낳기도 하였다. 특히 신자유주의적인 세계화가 가속화되면서 선진국과 후진국 혹은 개발도상국 간의 경제적 불평등이 더욱 증폭된 측면이 있다. 개발도상국 혹은 후진국은 여전히 빈곤, 일자리 부족, 저개발 등의 문제에서 벗어나지 못하고 다른 나라로 일자리나 새로운 생활을 찾기 위하여 떠나는 이주민들이 증가하게 된 것이다.

여성이주의 증가는 최근의 현상이 아니라 이미 1960년대부터 나타나기 시작하여, 1960년대에 이미 여성이주 비율은 전 세계 평균 47%에 가까웠으며 이후 그 비율은 점차 증가해왔다(IMO, 2005). 이처럼 이주인구에서 여성의 수가 증가하는 현상을 '이주의 여성화(feminization of migration)'라고 한다. 특히 아시아 지역에서의 여성이주는 매년 크게 증가하는 추세를 보이고 있다. 국제노동기구(ILO)에 따르면 매년 아시아에서는 80만 명 이상의 여성들이 취업을 위해 이주를 하고 있는 것으로 추정되고 있다(ILO, 2003; Engle, 2004: 24에서 재인용). 이 중에서도 스리랑카, 인도네시아, 필리핀은 서비스업이나 가사노동 영역에서의 취업을 위해 이주하는 여성이주자 비율이 매우 높은 지역이다. 스리랑카 출신의 노동이주자의 65%가 여성이며, 이 여성들의 90%는 사우디아라비아, 아랍에미리트, 쿠웨이트 등과 같은 중동지역에서의 가사노동자로 취업한다. 또한 필리핀과 인도네시아의 이주노동자의 70%가 여성이며, 이들은 대만, 홍콩, 싱가포르, 말레이시아 등에서 가사노동자로 일하고 있다(Engle, 2004: 24-26; 김영주, 2006: 8에서 재인용). 결국 불평등한 세계 경제 구조가 빈곤의 여성화를 심화시켰고, 이는 다시 여성이주 인구를 증가시킨 결과를 낳게 되었다고 볼 수 있다.

한편, 여성이주 인구의 증가에는 노동이주만이 아니라 결혼이주도 포함된다. 아시아 지역에서 결혼이주 인구의 유입은 한국만이 아니라 일본, 대만에서도 경험하고 있는데, 일본은 이미 1980년대 중반 이후부터 중국, 필리핀, 한국, 베트남 등에서 유입된 결혼이주여성이 증가하고 있으며, 대만에서도 1990년대 이후 중국, 베트남 결혼이주여성들이 급증하였다.

결혼이주여성은 성(gender)과 글로벌리제이션 및 이주 현상으로부터의 영향을 복합적으로 받고 있는데, 이들은 친가와 시가의 생계를 책임지는 노동자이면서, 아내, 어머니라는 가족 내의 지위를 가지고 있으면서 동시에 두 나라의 시민(citizens) 자격이 교차하는 복합적인 지대에 자리잡고 있다(설동훈 외, 2005: 22). 자신의 근거지를 떠나 새로운 삶을 기획하는 결혼이주의 방식은 노동이주보다도 젠더관계에 미치는 영향이 더 크다고 할 수 있다. 일시적인 노동이주가 아니라 장기적인 체류와 내국민화를 동반하는 결혼이주는 이주여성이 이주지역의 가부장적 구조를 체현·재생산하는 수단이자 존재가 될 수 있지만, 한편으로는 이주지역의 가부장적 구조와 문화에 균열을 일으키는 존재가 될 수도 있다(김영주, 2006: 9).

2. 국제결혼과 다문화가족

1) 다문화가족이란?

다문화가족은 다양한 사회·문화적 배경을 지닌 가족 구성원들로 형성된 가족을 말한다. 일반적으로 다문화가족은 서로 다른 민족·국가 출신의 부부와 그들의 자녀로 이루어진 가족을 의미하며, 보통 국제이주를 계기로 형성된다.

그러나 현재 다문화가족의 지원에 관한 각종 규정과 근거를 담고 있는 「다문화가족지원법」(2008. 03. 21 제정)에서는 다문화가족을 '내국인과 외국인과의 결혼으로 이루어진 가족'으로서 매우 제한적으로 정의를 내리고 있다. 하지만, 이러한 정의에서는 현실적으로 존재하고 있는 다른 형태의 다문화가족을 배제할 가능성이 높다. 통상적으로 국제결혼가족이 다문화가족의 대다수를 이루고 있는 것은 사실이지만, 예를 들어 한국에 거주하고 있는 외국인노동자들이 동거나 결혼을 통하여 형성한 가족은 현재의 법적인 정의에서는 다문화가족의 범주에 포함되지 않게 된다. 그러나 이들은 엄연히 한국문화와는 다른 문화적 요소를 지닌 사람들로 이루어진 가족이라는 점에서 다문화가족이라고 보아야 한다.

따라서 다문화가족은 '국제결혼'만이 아니라 다양한 문화의 공존이라는 관점에서 바라보아야 하며, 그런 점에서 우리는 국적 혹은 출신국가와 관계없이 다양한 사회·문화적 배경을 지닌 이주민들과 그 가족들이 현재 한국사회에서 어떻게 살아가고 있는지에 대하여 관심을 가질 필요가 있다.

「다문화가족지원법」에서 사용하는 용어

1. "다문화가족"이란 다음 각 목의 어느 하나에 해당하는 가족을 말한다.
   가. 「재한외국인 처우 기본법」 제2조 제3호의 결혼이민자와 「국적법」 제2조부터 제4조까지의 규정에 따라 대한민국 국적을 취득한 자로 이루어진 가족
   나. 「국적법」 제3조 및 제4조에 따라 대한민국 국적을 취득한 자와 같은 법 제2조부터 제4조까지의 규정에 따라 대한민국 국적을 취득한 자로 이루어진 가족

2. "결혼이민자등"이란 다문화가족의 구성원으로서 다음 각 목의 어느 하나에 해당하는 자를 말한다.
   가. 「재한외국인 처우 기본법」 제2조 제3호의 결혼이민자
   나. 「국적법」 제4조에 따라 귀화허가를 받은 자

3. "아동·청소년"이란 24세 이하인 사람을 말한다.

출처: 「다문화가족지원법」(2008. 09. 22 시행).

2) 다문화가족의 증가 배경

한국사회에서 다문화가족이 증가하게 된 직접적인 배경으로는 국제결혼의 증가를 들 수 있다. 그러나 '왜 국제결혼이 증가하게 되었는가?'에 대한 이유를 살펴보면, 여기에는 젠더와 관련한 요소들이 작용하고 있다.

첫 번째로 미혼여성의 증가를 들 수 있다. 한국사회가 산업사회로 발전하는 과정에서 여성의 고학력화와 경제활동 참여가 점차 확대되어왔다. 현재 여성의 대학 진학률이 80%가 넘고 경제활동 참가율은 50%를 웃돌고 있다. 물론 OECD 주요 국가의 여성 경제활동 참가율과 비교하면 낮은 수치이기는 하나 여성의 고학력화와 경제활동 참가의 확대가 여성의 경제력을 증대시켜왔다는 것을 부정하기는 어려울 것이다.

참고로 통계청의『인구총조사』통계 자료에 따르면, 30~34살 여성의 미혼율이 2000년 10.7%, 2005년 19.1%, 2010년 29.1%, 2015년 37.5%로 증가하였고, 35~39살 여성의 미혼율은 2000년 4.3%, 2005년 7.6%, 2010년 12.6%, 2015년 19.2%로 높아지는 등 30대 여성의 미혼율 급증이 뚜렷하게 나타났다(통계청, KOSIS 통계포털). 이러한 상황에서 '가부장적인 가족질서로의 편입'의 성격을 강하게 띠고 있는 결혼에 대하여 여성들은 '의무적인' 생애사적 통과의례가 아니라 자율적인 '선택'의 대상으로 생각하는 경향이 높아지게 된 것이다.

한편, 여성 미혼율의 증가는 저학력·저소득층과 같이 결혼시장에서 불리한 조건에 있는 남성들의 결혼난을 심화시키게 되는데, 특히 생활환경이 상대적으로 열악하고 전통적인 가족문화가 비교적 강하게 남아있는 농촌지역 남성들이 결혼에 많은 어려움을 겪게 되었다. 사실상 국제결혼의 급증을 가져온 두 번째의 요인은 농촌지역 남성의 결혼난이다. 농촌지역 남성의 결혼난은 1980년대부터 가시화되기 시작하였는데, 1992년 한국과 중국의 수교를 계기로 중국 연변지역의 중국계 한국인(조선족)들의 왕래와 교류가 활발하게 되면서 국내에서 배우자를 찾기 어려웠던 농촌 남성들이 중국계 한국인 여성과 결혼하는 사례들이 점차 증가하기 시작하였다.

세 번째로는 글로벌리제이션의 진전과 함께 국제이주 인구의 증가를 들 수 있다. 앞 절에서도 언급했듯이 불평등한 방식으로 진행되어온 글로벌리제이션의 결과 후진국과 개발도상국은 만성적인 빈곤, 빈부격차의 심화 등과 같은 문제를 개선하지 못하고 노동이주나 결혼이주와 같은 자국민의 유출을 촉발하게 되었다. 한국의 경우 3D 업종을 중심으로 하는 노동력 부족 문제가 커지게 되자 1991년 산업연수생 제도를 도입하여 단순기능인력으로서 아시아와 아프리카 등 외국인노동자를 받아들이기 시작하였는데, 국내에 거주하는 외국인노동자가 증가하면서 한국인과 외국인노동자의 국제결혼도 조금씩 늘어났다고 볼 수 있다.

이처럼, 국제결혼은 한국사회에서 다문화가족이 형성하게 되는 데 결정적인 요인으로 작용하였다. 여기서 우리가 생각해 보아야 할 점은 여러 가지 국내·외적인 배경들이 다문화가족을 증가시켰다는 것만이 아니라 결혼방식에 있어서도 다양하게 이루어지고 있다는 점이다.

국제결혼의 경우 직장에서의 만남이나 지인들의 소개로 당사자들의 교제를 통하여 이루어지기도 하지만, 이 외에도 종교단체(통일교)의 결연이나 결혼중개업체의 알선에 의하여 이루어지기도 한다. 종교단체를 통한 국제결혼은 2000년대 이후부터는 거의 없는 실정이고, 현재 가장 많이 이루어지는 방식은 결혼중개업체를 통한 중매혼이다. 사실상 국제결혼이 사회적·경제적 자원이 빈약한 농촌 및 도시 저소득층 남성들의 '결혼을 위한 새로운 방식'으로 각광받으면서 2000년 이후 국제결혼을 중개하는 사설업체와 개인 알선업자들이 급증하게 되었고 그 과정에서 많은 사회적인 문제를 야기하게 되었다. 즉, 맹목적으로 이윤추구를 위한 허위·과장 정보의 제공과 결혼중개로 남녀 결혼 당사자 모두에게 피해를 주는 사례가 늘어났을 뿐 아니라 결혼을 성사시키는 과정에서 여성의 상품화와 인권침해를 발생시키게 된 것이다.

이러한 상황에서 주요 국제결혼 상대국인 베트남, 캄보디아 등의 정부에서는 자국 여성을 보호하기 위하여 상업적인 결혼중개 금지, 국제결혼 요건 강화, 국제결혼 잠정 중단 등의 조치들을 강화한 사례도 있다. 또한 국내 및 국제사회의 비판에 직면하게 된 한국 정부는 2007년 「결혼중개업의 관리에 관한 법률」(2007. 12. 14 제정)을 제정하고 이듬해에 시행하지 않을 수 없게 되었다.

중개결혼이 여성의 상품화를 조장하는 매매혼에 가까울수록 결혼 과정에서뿐만 아니라 가족생활에서도 불평등한 부부관계와 여성에 대한 억압을 조장할 가능성이 높다고 할 수 있다. 따라서 이주여성의 인권침해를 방지하고 다문화가족의 가족관계가 평등하게 자리매김되기 위해서는 앞으로 정부 차원의 제도 개선과 결혼중개에 대한 관리가 보다 강화되어야 할 뿐 아니라 지역사회 차원의 노력도 필요하다고 하겠다.

한편, 최근에는 국제결혼 당사자가 모국의 가족·친척에게 국제결혼을 권장하고 결혼 배우자를 소개하여 한국에서 함께 거주하고 있는 사례들도 늘어나고 있다. 이처럼 국제결혼을 계기로 또 다른 국제결혼이 연쇄적으로 이루어지는 현상이 늘어나고 있는 것은 가족, 친족의 범위와 연결망이 초국가적인 수준으로 점차 확대되고 있음을 의미한다.

3) 국제결혼의 추이와 현황

한국사회의 국제결혼은 2000년대 초반에 크게 증가하였다가 2000년대 중반에 감소추세를 보이다가 최근 약간 증가하는 추세를 보이고 있다. 2010년 국제결혼 비율이 10.5%에서 2015년 7.0%로 지속적으로 감소하다가, 2016년부터는 다시 증가하여 2019년에는 약 10%에 이르고 있다(〈표 9-1〉 참조).

그런데 한국사회의 국제결혼에서 특징적인 것은 국제결혼의 70% 이상이 한국인 남성과 외국인 여성과의 결혼이라는 점이다. 한국남성들이 주로 결혼하는 외국인 배우자의 출신국가를 살펴보면, 중국, 베트남, 필리핀, 일본이 주요 4개국으로 가장 많고 그 외에 태국, 몽골, 캄보디아 등의 나라들이 있다. 한국남성과 결혼한 외국여성들의 출신국가별 추이는 2010년대 초반에는 중국, 베트남, 필리핀, 일본, 캄보디아의 비중이 높게 나타났으며, 2017년 이후에는 필리핀, 일본, 캄보디아의 비중이 상대적으로 줄어들고 대신 태국의 비중이 높아지는 모습을 보이고 있다(〈표 9-2〉 참조).

전반적으로 지난 20여 년간 한국남성의 국제결혼은 동남아시아 및 동북아시아에서 중앙아시아에 이르기까지 점차 배우자의 출신국가가 다양해져온 양상을 보이고 있다.

〈표 9-1〉 외국인과의 혼인 (단위: 건, %)

		2010	2011	2012	2013	2014	2015	2016	2017	2018	2019
총 혼인건수		326,104	329,087	327,073	322,807	305,507	302,828	281,635	264,455	257,622	239,159
외국인과의 혼인		34,235	29,762	28,325	25,963	23,316	21,274	20,591	20,835	22,698	23,643
	총 혼인건수 대비 구성비	10.5	9.0	8.7	8.0	7.6	7.0	7.3	7.9	8.8	9.9
	증감률	–	–13.1	–4.8	–8.3	–10.2	–8.8	–3.2	1.2	8.9	4.2
한국남성+외국여성		26,274	22,265	20,637	18,307	16,152	14,677	14,822	14,869	16,608	17,687
	구성비	76.8	74.8	72.9	70.5	69.3	67.0	72.0	71.4	73.2	74.8
한국여성+외국남성		7,961	7,497	7,688	7,656	7,164	6,597	5,769	5,966	6,090	5,956
	구성비	23.2	25.2	27.1	29.5	30.7	33.0	28.6	2.3	26.8	25.2

출처: 통계청(2020). 『2019년 혼인·이혼통계』.

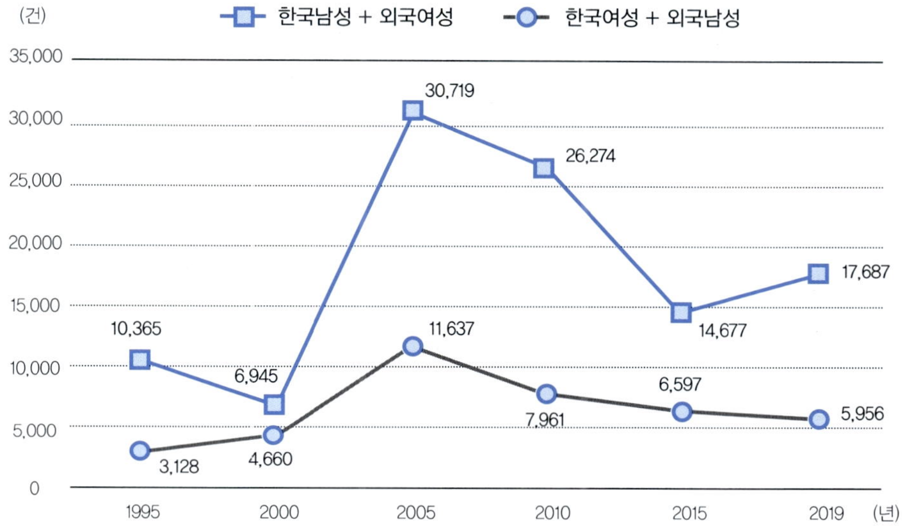

출처: 통계청. 인구동향조사(www.kosis.kr)에서 재구성.

〈그림 9-1〉 한국의 국제결혼 추이

〈표 9-2〉 국적별 외국인과의 혼인 현황 (단위: 건, %)

	2010	2011	2012	2013	2014	2015	2016	2017	2018	2018	구성비
한국남성 +외국여성	26,274	22,265	20,637	18,307	16,152	14,677	14,822	14,869	16,608	17,687	100.0
중국	9,664	7,575	7,075	6,105	5,555	4,577	4,202	3,882	3,671	3,649	20.6
베트남	9,629	7,668	6,594	5,782	4,758	4,667	5,378	5,364	6,338	6,712	37.9
필리핀	1,911	2,081	2,223	1,697	1,136	1,013	867	844	852	816	4.6
일본	1,494	1,433	1,666	1,580	1,719	1,247	856	876	987	903	5.1
캄보디아	1,206	961	525	737	565	524	467	480	455	432	2.4
태국	442	356	323	292	446	543	720	1,017	1,560	2,050	11.6
미국	472	564	584	688	699	619	577	545	567	597	3.4
기타	1,858	2,062	2,116	1,906	1,810	1,801	1,789	1,902	2,178	2,528	14.3

	2010	2011	2012	2013	2014	2015	2016	2017	2018	2018	구성비
한국여성+외국남성	7,961	7,497	7,688	7,656	7,164	6,597	5,769	5,966	6,090	5,956	100.0
미국	1,312	1,632	1,593	1,755	1,748	1,612	1,377	1,392	1,439	1,468	24.6
중국	2,617	1,869	1,997	1,727	1,579	1,434	1,463	1,523	1,489	1,407	23.6
베트남	49	93	180	279	283	432	565	586	587	639	10.7
캐나다	332	448	505	475	481	465	398	436	402	363	6.1
일본	2,422	1,709	1,582	1,366	1,176	808	381	311	313	265	4.4
영국	166	195	196	197	207	196	186	185	184	190	3.2
기타	1,260	1,551	1,635	1,857	1,690	1,650	1,399	1,533	1,676	1,624	27.3

출처: 통계청. 인구동향조사(www.kosis.kr)에서 재구성.

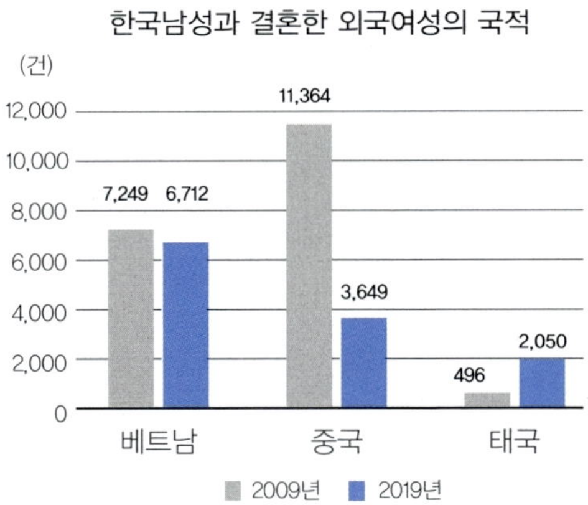

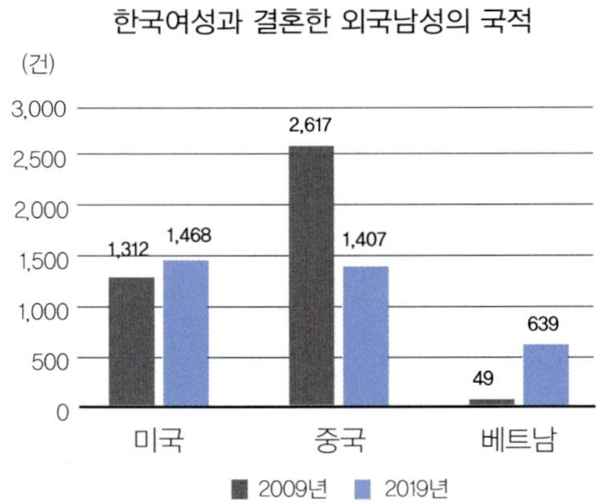

출처: 통계청. 인구동향조사(www.kosis.kr)에서 재구성.

〈그림 9-2〉 한국인과 혼인한 외국인의 국적 (2009년/2019년)

4) 한국사회의 다문화가족

현재 한국사회의 다문화가족은 얼마나 되는가? 앞에서도 언급했듯이 엄밀히 말한다면 다문화가족은 부부 중 한쪽 혹은 양쪽이 서로 다른 국가·민족·문화적 배경을 지니고 있는 가족을 모두 포괄하지만, 부부 양쪽 모두 다문화적 배경을 지니고 있는 가족의 경우 통계적으로 정확한 규모를 확인하기 어렵기 때문에 이 장에서는 한국인과 외국적 출신자, 혹은 귀화자의 결혼으로 형성된 가족을 중심으로 살펴보고자 한다.

2018년도 통계에 따르면(행정안전부, 2019), 한국인과 결혼한 결혼이주자는 모두 166,882명으로 이 중에서 여성은 134,024명으로 전체의 80.3%를 차지하고 있고, 남성은 32,858명으로 전체의 19.7%에 해당하는 규모를 보이고 있다. 사실상 결혼이주자의 절대 다수는 결혼이주여성인 것이다.

그리고, 이 수치는 결혼이주자였다가 한국국적을 취득한 사람들은 제외되어 있기 때문에, 사실상 외국출신의 결혼이주자들은 현재 20만 명이 넘을 것으로 추산된다.

〈표 9-3〉 결혼이주민 현황 (단위: 명, %)

구분	전체	결혼이주여성		결혼이주남성	
		명	비율	명	비율
전체	166,882	134,024	100.0	32,858	100.0
서울	32,677	22,740	17.0	9,937	30.2
부산	6,949	5,841	25.7	1,108	3.4
대구	5,154	4,355	3.3	799	2.4
인천	10,875	8,377	6.3	2,498	7.6
광주	3,413	2,957	2.2	456	1.4
대전	3,355	2,859	2.1	496	1.5
울산	3,373	2,861	2.1	512	1.6
세종	758	627	0.5	131	0.4

구분	전체	결혼이주여성		결혼이주남성	
		명	비율	명	비율
경기	50,059	38,655	28.8	11,404	34.7
강원	3,645	3,310	2.5	335	1.0
충북	5,279	4,579	3.4	700	2.1
충남	8,564	7,537	5.6	1,027	3.1
전북	5,938	5,466	4.1	472	1.4
전남	6,489	6,146	4.6	343	1.0
경북	7,810	6,974	5.2	836	2.5
경남	9,927	8,516	6.4	1,411	4.3
제주	2,617	2,224	1.7	393	1.2

주: 한국국적 취득자는 제외한 수치임
출처: 행정안전부(2019). 『2018년 외국인주민현황조사 결과』.

지역별로는 먼저, 결혼이주여성의 경우 경기도가 28.8%, 서울이 17%, 경남 6.4%, 인천 6.3%의 순으로 나타나고 있는데, 수도권 지역에 거주하는 결혼이주여성이 전체 결혼이주여성 중의 절반을 넘는 52.2%를 차지하고 있다. 결혼이주남성의 경우도 비슷한 패턴을 보이고 있는데, 경기 34.7%, 서울 30.2%, 인천 7.6%의 순으로 수도권 지역에 거주하는 비율이 매우 높게 나타난다. 특히 결혼이주여성과 다른 것은 수도권 지역에 거주하는 비율이 72.5%로 훨씬 더 높게 나타나고 있다는 점이다.

결혼이주민의 출신국가별 분포를 살펴보면, 결혼이주여성의 경우 중국이 39%, 베트남 28%, 필리핀과 일본이 8%를 보이고 있고, 결혼이주남성은 중국 50%, 미국 14%, 베트남 6%, 캐나다 5%의 순으로 나타나고 있다. 남부아시아 남성과의 결혼은 주로 방글라데시, 파키스탄, 인도네시아 출신의 외국인노동자 남성과의 결혼이다.

한편, 다문화가족은 부부만이 아니라 자녀와 시부모 등 동거인 모두를 포함한다. 다문화가족의 경우 부부와 자녀 외에 시부모, 남편의 형제·자매 등이 함께 동거하는 확대가족 비율이 상대적으로 높은 것으로 나타난다. 2018년 전국 다문화가족실태조사 결과에 따르면, 부부+자녀+본인 및 배우자 부모로 이루어진 3세대 가구비율은 전체 10.6%로 나타났다(한국여성정책연구원, 2019: 37). 2015년 전국 가구 중 3세대 이상 가구 비율이 5.4%인 것에 비한다면(통계청, 『인구총조사』. 2015), 다문화가족의 확대가족 비율은 상당히 높다고 할 수 있다.

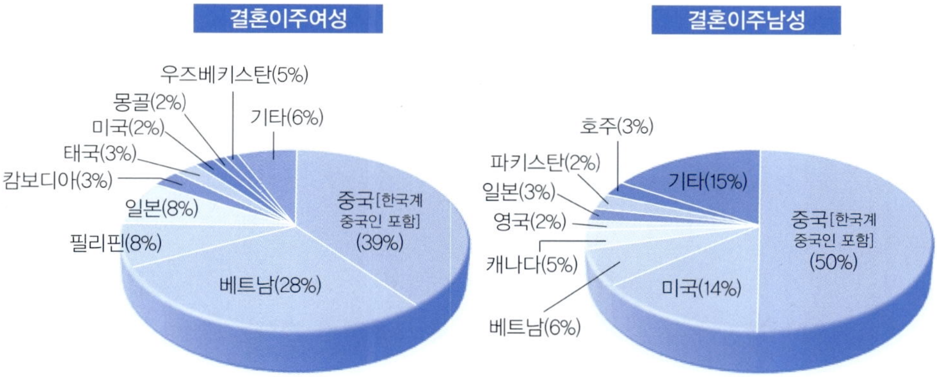

출처: 행정안전부(2019). 『2018년 외국인주민현황조사 결과』.

〈그림 9-3〉 결혼이주민의 출신국가별 분포

국제결혼과 그에 따른 다문화가족이 증가하면서 다문화가족의 자녀도 증가하고 있다. 관련 통계에 따르면 2010년에 다문화가족 자녀 수는 121,935명이었으나 2016년에는 201,333명, 2018년에는 226,145명에 달하는 것으로 집계되고 있다.

〈표 9-4〉 다문화가족 자녀의 증가 추이 (단위: 명)

	2010	2012	2014	2016	2018
계	121,935	158,132	190,692	201,333	226,145
남성	61,734	80,920	97,514	102,961	115,837
여성	60,201	77,212	92,728	98,372	110,308

출처: 행정안전부(2019). 『외국인주민현황조사 결과』.

다문화가족 자녀들이 크게 늘어나면서 향후 이들이 건강하게 성장할 수 있는 사회적 환경을 구축하는 것은 한국사회의 미래를 결정짓는 중요한 과제 중의 하나가 되었다. 앞으로 정부와 지자체만이 아니라 지역사회 전체가 이 부분에 대한 관심을 가지고 다문화적 배경에서 자라나는 자녀들이 자신에 대하여 긍정적인 정체성을 가지고 잠재적인 역량을 발휘할 수 있는 사회적 여건을 만들어가도록 노력해야 할 것이다.

3. 다문화가족의 갈등과 젠더

1) 다문화가족의 갈등

이주여성에게 있어 가족 내에서 경험하는 다양한 차이와 낯선 환경들은 생활습관이나 주거환경과 같은 문화적 차이에서 비롯하게 된다. 그러나 이러한 문화적 차이들은 가족구조와 가족관계, 성역할 등 가족을 둘러싼 젠더관계의 차이를 내포하고 있기도 하다.

그런 점에서 이주여성들은 처음 한국에서 가족생활을 시작하면서 낯선 생활환경에서 오는 생소함과 함께 '문화적 차이' 혹은 한국의 관습으로 나타나는 젠더관계의 차이에 대하여 이해하기 어렵고 또 적응하기도 어렵다. 대부분의 이주여성들은 처음에 김치와 같이 매운 음식을 먹기 힘들어하고, 더운 날씨에서 생활하던 필리핀, 베트남, 태국의 여성들은 한국 겨울의 추운 날씨를 견디기 힘들어한다. 익숙하지 않은 것에 대한 신체적 반응은 자연스러운 현상이다. 그러나 이주여성들이 더욱 힘들어하는 것은 이러한 반응에 대한 남편과 시부모 등 다른 가족들의 대응 방식이라고 할 수 있다. 동남아시아 여성들의 경우 대체로 아침에는 빵과 커피, 국수 등으로 간단하게 식사를 하고 식사도 가족이 다 함께 같이하기보다는 각자 차려 먹고 학교를 가거나 출근을 하는 모습이 일반적이다. 그러나 한국의 농촌에서의 아침 식사는 밥과 반찬을 든든히 먹고, 또 가족들이 모두 함께 모여 식사를 하는 것이 일상적인 모습이다. 또한 이러한 아침 식사 준비는 전부 여성들이 하는 것이 일반적이다. 그러나 이주여성들이 겪게 되는 생활습관의 차이에서 오는 적응의 어려움에 대하여 한국의 가족들은 이러한 어려움에 대하여 이해를 하지 못하거나 '빨리 적응할 것'을 강요하는 경우가 있다.

다음으로 이주여성들은 가족구조와 가족관계의 차이에서 힘들어한다. 일반적으로 동남아시아권 지역의 가족은 한국의 부계중심적인 성격과는 달리 양계적(bilateral)이고 부부중심적인 특성을 지니고 있다고 한다. 따라서 동남아시아 출신 이주여성들은 자신의 자녀와 남편을 위한 가사노동은 어느 정도 당연하게 여기지만, 시부모와 기타 남편 가족들을 위한 가사노동을 전부 자신이 수행하는 것에 대하여 이해할 수 없게 된다(김이선 외, 2006: 73). 동남아시아 지역뿐만 아니라 중국사회도 남성이 식사준비와 손님접대 등 가사노동을 당연하게 수행하는 등 한국과는 다른 성역할 분담 체계를 보이고 있다. 그러나 보통 한국의 가족 구성원들은 이주여성들에게 한국의 가부장적 가족질서와 규범에 순응하기를 암묵적으로 기대하고 강요하는 경향이 있으며, 따라서 이러한 상황에서 이주여성들은 매우 큰 스트레스를 경험하게 된다. 경우에 따라서는 이러한 상황들이 가족갈등과 가정폭력으로 이어지기도 한다.

실제로 관련 연구에서 수행한 조사를 보면, 한국인 배우자가 외국인 배우자보다 가사분담과 여성의 경제활동에 대하여 부정적으로 생각하고, 가부장적 가치지향을 지니고 있는 것으로 나타나고 있다(장명선·이옥경, 2008: 211–214). 이 조사에서는 외국인 배우자의 40.6%가 전통적인 부부역할 고정관념에 대하여 긍정적으로 생각하는 데 비해 한국인 배우자는 50.8%가 찬성하였고, 남편을 중심으로 가정의 질서가 맞추어져야 한다는 것에 대하여서는 외국인 배우자는 35.3%, 한국인 배우자는 48.5%가 긍정적으로 응답을 하여, 한국인 배우자가 가부장적 가치관을 상대적으로 강하게 지니고 있는 것으로 나타났다.

여성결혼이민자 부부의 가사노동 분담 현황

2018년 전국다문화가족실태조사 결과에 따르면, 식사준비, 세탁, 집안청소와 같은 가사일에 대하여 모두 여성들이 대체로 맡아서 하는 경향이 뚜렷하게 나타난다. 식사준비의 경우, 여성결혼이민자(기타 귀화자 포함)는 70.7%가 항상 또는 대체로 '내가 한다'고 응답했고, 세탁의 경우도 여성결혼이민자(기타 귀화자 포함)의 68.6%가 항상 또는 대체로 '내가 한다'고 응답했으며, 집안청소는 여성 응답자의 64.1%가 항상 또는 대체로 '내가 한다'고 응답하여 성별에 따라 크게 다른 경향을 보였다.

(단위: %)

		항상 내가	대체로 내가	부부가 똑같이	대체로 배우자가	항상 배우자가	가구원 중 다른 사람	합계
식사준비	전체	29.6	31.2	22.3	9.4	3.2	4.2	100.0
	여성	34.7	36.0	20.2	3.6	0.8	4.7	100.0
	남성	2.9	6.8	33.3	39.6	15.7	1.8	100.0
세탁	전체	28.9	30.2	23.9	9.8	3.8	3.5	100.0
	여성	34.0	34.6	22.2	4.4	1.1	3.7	100.0
	남성	2.3	7.5	32.3	38.2	17.6	2.1	100.0
집안청소	전체	26.8	29.5	28.2	9.3	2.9	3.3	100.0
	여성	30.9	33.2	26.4	5.0	1.0	3.5	100.0
	남성	1.9	7.6	38.0	35.9	14.6	2.1	100.0

출처: 여성가족부(2019). 『2018년 전국다문화가족실태조사 연구』. pp. 121-127.

가족관계와 규범에 대한 가치의 차이와 폭이 클 경우 외국인 배우자와 한국인 배우자 및 가족 구성원들 사이의 갈등이 커질 가능성이 그만큼 높다. 한국인 배우자와 가족들은 외국인 배우자인 이주여성들이 한국식의 가족규범과 가치에 충실히 따르고 전통적인 아내와 며느리의 역할을 잘 수행하기를 기대한다. 반면에,

이주여성들은 자신들이 독립적인 가족 구성원으로서 인정받지 못하고 자신의 존재 가치가 가사노동자나 자녀양육자를 통하여서만 드러나는 상황에 대하여 스트레스를 받는다.

이러한 현실에서 이주여성들이 갈등 상황에 유연하게 대처하거나 적극적으로 극복하기는 쉽지 않다. 물론 모든 다문화가정이 이러한 현실에 처해있다고 일반화할 수는 없다. 그러나 다문화가족의 경우 그동안 우리가 당연시하게 여겨왔던 가부장적 가족문화와 역할 규범에 대하여 가족 구성원들 간의 가치 충돌과 갈등을 경험할 가능성은 보다 높을 것으로 보인다. 따라서 다문화가족 구성원들 간의 갈등을 예방하기 위해서는 이주여성의 한국식 가족문화에 대한 이해와 적응만을 일방적으로 강조해서는 안 될 것이다. 외국인 배우자의 다문화적 배경에 대하여 가족 구성원들이 이해하고 한국의 가족생활과 관련한 관습과 문화들을 성찰할 수 있도록 해야 한다.

2) 다문화가족의 이혼

다문화가족의 갈등 상황이 표면화되어 나타나는 것은 바로 다문화가족의 이혼이다. 다문화가족의 이혼은 국제결혼의 증가에 따라 예상할 수 있는 현상이라고 볼 수 있지만, 이혼의 양상이 한국인 부부의 이혼과는 조금 다른 양상을 보이고 있다는 점에서 주의를 기울일 필요가 있다.

다문화가족의 이혼은 2010년 이후 총 이혼 대비 구성비가 조금씩 감소하는 추세를 보이고 있는데, 2011년에는 10%의 비중을 차지하기도 하였으나 점차 감소하여, 2019년에는 총 이혼대비 6.2%의 비중을 차지하였다(〈표 9-5〉 참조). 특히 한국남성과 외국여성 부부의 이혼은 건수나 증감률에 있어서 매해 크게 증가하는 모습을 나타내고 있다.

〈표 9-5〉 한국인과 외국인 부부의 이혼 (단위: 천 건, %)

		2010	2011	2012	2013	2014	2015	2016	2017	2018	2019
총 이혼건수		116.9	114.3	114.3	115.3	115.5	109.2	107.3	106.0	108.7	110.8
	외국인과의 총 이혼	11.1	11.5	10.9	10.5	9.8	8.2	7.7	7.1	7.1	6.9
	총이혼 대비 구성비	9.5	10.1	9.5	9.1	8.4	7.5	7.1	6.7	6.5	6.2
	한국(남) +외국(여)	7,852	8,349	7,878	7,588	6,998	5,743	5,610	5,206	5,174	4,917
	구성비	70.8	72.6	72.4	72.4	71.7	69.7	73.2	73.0	72.5	71.3
	한국(여) +외국(남)	3,236	3,146	3,009	2,892	2,756	2,494	2,055	1,924	1,966	1,982
	구성비	29.2	27.4	27.6	27.6	28.3	30.3	26.8	27.0	27.5	28.7

출처: 통계청(2020). 『2019년 혼인·이혼통계』.

또한 다문화가족의 이혼에서 특징적인 것은 이혼 시 평균 결혼생활기간이 짧다는 것이 특징이다. 한국인 부부의 경우 2000년 이후 전체 이혼에서 결혼생활기간 5년 미만이 차지하는 비율이 점차 낮아지고 있는 반면, 반대로 결혼생활기간 20년 이상이 차지하는 비율은 점차 높아지는 추세를 보이고 있는데 반하여, 다문화가족 이혼의 경우 2018년 결혼생활기간 5년 미만의 비율이 33.1%로(한국인 간의 이혼의 경우 20.1%), 여전히 한국인 부부 간의 이혼보다는 높은 수준을 보이고 있다(통계청. 『2018년 다문화 인구동태통계』. 2019).

특히 '한국남성과 외국여성' 부부의 이혼 시 평균 동거기간은 2002년부터 2009년까지 2.1~3.1년으로 3년여에 불과하다.

〈표 9-6〉 다문화부부의 결혼생활 지속기간별 비중 (단위: 건, %)

	전체			다문화 이혼 *			출생기준 한국인 간의 이혼 **		
	2016	2017	2018	2016	2017	2018	2016	2017	2018
건수	107,328	106,032	108,684	10,631	10,307	10,254	96,697	95,725	98,430
계	100.0	100.0	100.0	100.0	100.0	100.0	100.0	100.0	100.0
5년 미만	22.9	22.4	21.4	36.7	34.1	33.1	21.4	21.1	20.1
5년~10년 미만	19.2	19.3	18.5	38.2	36.6	32.7	17.1	17.4	17.0
10년~15년 미만	13.7	14.0	14.3	17.7	21.8	24.9	13.2	13.2	13.2
15년~20년 미만	13.9	13.1	12.5	4.0	4.4	5.7	14.9	14.0	13.2
20년 이상	30.4	31.2	33.4	3.3	3.1	3.6	33.3	34.3	36.5
평균 결혼생활 기간	14.7	15.0	15.6	7.4	7.8	8.3	15.5	15.8	16.4

* 다문화 이혼: 남녀 어느 한쪽이 외국인 또는 귀화자인 경우, 또는 남녀 모두 귀화자인 경우
** 출생기준 한국인 간의 이혼: 남녀 모두 출생기준 한국인인 경우
출처: 통계청(2019). 『2018년 다문화 인구동태통계』.

결혼이주여성의 폭력피해 사례

#1. 2007년 '코리안 드림'을 꿈꾸며 한국으로 시집온 ㅇㅇ댁 A씨는 남편과 시댁 식구들만 생각하면 지금도 몸서리를 친다. 결혼 초기 9년간 가정폭력에 시달렸기 때문이다. 한국 입국 초기부터 시댁 식구들은 가족처럼 대해주지 않았고 남편은 술만 마시면 폭력을 행사했다. 임신 중에도 구타를 당했다. 심하게 맞아 이와 잇몸이 망가졌고 집에서 쫓겨나기도 했다. 아이를 생각해 참고 살려고 했으나 계속된 가정폭력을 견디지 못해 경찰에 신고했다. 지금은 이혼 후 아이와 단둘이 살고 있다.

#2. B씨는 베트남에서 한국에 온 지 6년이 됐다. 남편과의 사이에 사랑스러운 딸을 낳고 행복하게 살았다. 행복도 잠시뿐 결혼 3년 차에 남편이 갑자기 세상을 떠났다. 아이와 단둘이 세상에 남겨졌다. 앞길이 막막했다. 혼자 낯선 땅에서 아이를 키워야 하기 때문이다. 그래도 시아버지랑 같이 살게 된 것을 조금이나마 위안으로 삼았다. 그것도

잠시뿐이었다. 어느 날 시아버지가 "한국에 살고 싶지 않으냐."라며 성추행을 했다. 너무 놀라 주위 사람들에게 도움을 요청하고 집을 나왔다

'불평등한 부부관계'… 추방될까 봐 피해 신고 포기

가정폭력에 노출된 결혼이주여성은 상당하다. 지난 2017년 국가인권위원회가 내놓은 '결혼이주민의 안정적 체류 보장을 위한 실태조사'에 따르면 조사 대상자 결혼이주여성 920명 가운데 가정폭력 경험이 있다고 답한 비율은 42.1%에 달했다. 10명 중 4명이 폭력피해를 경험했다.

가정폭력 유형은 심한 욕설이 81.1%로 가장 큰 비중을 차지했고 한국 생활 방식 강요(41.3%), 폭력 위협(38%), 생활비 미지급(33.3%), 성행위 강요(27.9%), 부모·모국 모욕(26.4%) 순이었다.

B씨처럼 성추행을 당한 경우에도 불안정한 체류자격이 피해를 키우고 피해 신고와 구제를 막는 원인이 된다는 지적이다.

출처: 연합뉴스(2019. 07. 13). 기사에서 발췌.

다문화가족의 이혼 증가는 가족해체 시 빈곤 이주여성 가정을 증가시키는 등 여러 가지 문제를 낳을 수 있다. 현재, 「국민기초생활수급지원법」과 「긴급복지지원법」에 의거하여 이혼 등 가족해체에 놓인 이주여성의 경우 자녀를 임신 혹은 양육하고 있거나 부모를 부양하는 경우 국민기초생활수급권자로 인정을 받거나 긴급복지지원의 혜택을 받을 수 있도록 규정하고 있다. 그러나 자녀가 없는 이주여성의 경우 법적 혜택을 받을 수 없는 문제는 여전히 남아있다.

자녀의 유무에 따라 법적 보호와 서비스 혜택을 받을 수 있는 조건을 차별적으로 적용하는 것 자체가 이주여성을 주체적인 개인으로서 인식하는 것이 아니라 자녀를 출산, 양육하는 존재이자 담당자로 규정하는 것으로 볼 수 있다. 그런 점에서 현행 관련 법령과 관련 시책들은 개선되어야 할 것으로 보인다. 정부와 지자체에서는 가족해체 과정에 놓여있는 이주여성들에 대하여 자녀의 유무, 부모의 부양과 같은 조건에 관계없이 기본적인 생활보장과 자립을 할 수 있는 지원을 충분히 제공해야 할 것이다.

4. 다문화가족과 지역사회

다문화가족이 증가하게 되면서 지역사회 차원에서의 변화도 불가피하게 되었다. 지역사회에서는 다양한 문화적 배경을 지닌 이주민과 어떻게 공생할 것인가에 대하여 많은 고민과 과제를 안게 되었다고 볼 수 있다.

무엇보다 지역주민들이 다문화가족과 이주민들에 대한 편견을 가지지 않고, 지역사회에서 함께 살아가는 이웃이자 동반자적 대상으로 인식하는 열린 마음가짐과 태도가 요구된다. 또한 지역사회 차원에서 다문화가족이 생활하는 데 불편하지 않는 환경을 구축하는 것이 필요하다. 이러한 환경은 인적·물적 인프라와 각종 지원 서비스뿐만 아니라 다문화가족이 주체적으로 성장하고 역량을 펼칠 수 있도록 하여 결과적으로 지역사회의 활력과 발전에 기여할 수 있도록 하는 것도 포함한다.

이주여성들 중에는 한국에 오기 전에 자국 혹은 다른 나라에서 직업에 종사하거나 사회적인 활동을 수행한 경험이 있는 여성들이 상당수 있다. 이주여성들이 지닌 다양한 경험과 자원들은 향후 지역사회가 다양한 방식으로 발전을 모색하는 데 충분히 활용될 수 있다. 최근에 이주여성들이 지역사회에서 다양한 영역에 걸쳐 활동하고 있는 모습들이 조금씩 나타나고 있다. 학교에서 방과후 교사로 자신의 모국어를 가르치거나 학생들에게 모국의 문화에 대하여 소개하는 다문화 이해 강사로 활약하는 이주여성들이 조금씩 늘어나고 있다.

또한 다문화가족지원센터나 보건소 등과 같은 공공기관에 통역사로서 한국어가 서투른 다른 이주여성을 돕는 역할을 하는 이주여성들도 있다. 이 밖에도 마을 조직의 리더로서 활동하거나 이주여성 스스로 합창단, 인형극단 등 문화예술 모임을 조직하고 공연을 하는 사례들도 있다. 이러한 사회적 활동 외에도 농업, 제조업, 서비스업 등에 취업하여 경제적 활동을 수행하고 있는 이주여성들도 상당수 있다.

이주여성들은 자조모임 등 자체적인 네트워크를 형성하여 생활에 필요한 정보 공유와 인적교류를 하고 있다. 이러한 네트워크를 통하여 이들은 상호부조 등 친목도모, 소수집단으로서 공통의 관심사를 결집한다. 물론 아직 이주여성들이 자신들의 권리와 요구를 당당히 표현하고 이를 관철하기 위하여 대외적으로 활동하기에는 경제적·사회적 임파워먼트가 크지 않은 것이 현실이다. 특히 가족 내에서 억압적인 관계에 놓여있는 이주여성들의 경우 대외적 활동이나 사회참여가 쉽지 않은 형편이다.

한편, 이주여성만의 네트워크 외에도 부부나 남편들의 자조모임과 같은 다문화가족 자조모임이 결성되어 활동을 하고 있는 곳도 있다. 다문화가족들은 이러한 자조모임을 통하여 자신들의 생활경험을 서로 나누고 배우자가 서로를 이해하는 기회를 마련하기도 한다. 이렇게 다문화가족의 자조모임은 조금씩 이루어지고 있지만, 다문화가족과 지역주민의 일상적인 교류는 활발하게 이루어지고 있지는 않다. 앞으로 다문화가족의 지역사회 참여가 활발하게 이루어질 수 있도록 지역사회 차원의 지원이 더욱 필요할 것으로 보인다.

특히 지역사회 참여에 있어서 이주여성들이 자신의 역량을 발휘할 수 있는 기회를 부여하는 것은 매우 중요하다. 이주여성의 지역사회 참여가 활발하게 이루어질수록 이주여성은 사회생활뿐만 아니라 가정생활에서도 보다 독립적이고 당당한 생활자로서 자리매김할 수 있게 된다. 그리고 이것은 가정 내에서 이주여성이 가부장적 가족관계의 일방적 희생자가 아니라 약자의 위치에서 벗어나 탈 가부장적인 가족관계의 변화를 모색할 수 있는 계기를 형성할 수 있다고 본다. 뿐만 아니라 가정 내에서의 주체적인 지위의 확보는 이주여성의 사회적·경제적 임파워먼트의 증대에도 기여하게 될 것이다.

토 의 점

1. 글로벌리제이션에 따른 국제적인 이주 증가가 어떠한 성별적 특성을 지니고 있는지, 그리고 여성의 이주가 어떠한 양상을 나타내고 있는지 생각해 봅시다.

2. 다문화사회가 출신국가·민족·인종·성별·종교 등 다양한 차이에 대하여 어떠한 가치지향을 가지고 있으며, 그것이 양성평등한 남녀관계 및 가족관계와 어떠한 연관이 있는지 생각해 봅시다.

3. 현재 우리 사회에서 (결혼)이주여성은 어떠한 모습과 이미지로 그려지고 있는지 생각해 보고, 이러한 이미지들이 이주여성의 현실을 어떻게 반영하고 있는지 생각해 봅시다.

4. 다문화가족의 가족관계가 보다 평등하고 민주적이며 다문화적으로 구성되기 위해서 어떠한 정책이 강화되어야 하는지 생각해 봅시다.

제3부

젠더를 넘어 안정된 가족으로

10장 가족 커뮤니케이션

가족은 함께 삶을 영위하면서 고난과 슬픔을 이겨내고 기쁨과 즐거움을 공유하는 과정에서 끊임없이 커뮤니케이션한다. 커뮤니케이션은 서로 사랑하고 이해하며 갈등을 해결해주는 매개 역할을 한다. 오늘날과 같이 가족의 유형이 다양해지고 지리적으로 떨어져 사는 가족이 증가하는 환경에서 커뮤니케이션의 의미는 더욱 각별하다.

1950대부터 일군의 학자들은 커뮤니케이션이 가족관계에 어떤 영향을 미치며, 가족관계가 커뮤니케이션에 어떠한 영향을 미치는지, 그에 따른 가족을 어떻게 유형화할 수 있는지, 미디어는 젠더와 가족을 어떻게 조명해왔는지를 연구해왔다. 이 장에서는 가족 커뮤니케이션의 개념, 기능, 유형, 미디어 속의 젠더와 가족을 중심으로 살펴보도록 하겠다.

1. 가족 커뮤니케이션의 개념

커뮤니케이션(communication)의 어원은 라틴어 communis에서 찾을 수 있다. communis는 공유, 공통의 의미가 있다. 인간이 사회적 존재로서 살아가는 데 필수불가결하다. 커뮤니케이션은 적어도 한 명 이상이 메시지의 전송을 통해 자기 자신 혹은 서로를 이해하고 상호작용하는 일련의 과정이며 시공간적으로 고정된 실체라기보다는 참여자들이 서로 의미나 가치를 전송하고 경험을 공유하기 위해 이용되는 역동적 과정이다(Baren & Davis, 2003). 즉 커뮤니케이션 과정에서 우리는 무엇인가를 나누게 된다. 서로 간의 정보, 생각, 감정을 나누고 표정, 제스처 같은 비언어적인 요소도 공유한다. 가족치료운동의 선구자인 Satir(1988)는 커뮤니케이션을 '사람들 사이에서 일어나는 모든 일을 덮어주고, 영향을 주는 하나의 거대한 우산'이라고 규정했다. 커뮤니케이션은 한 인간이 태어나서 다른 사람들과 맺게 될 인간관계의 형태와 그들에게 무슨 일이 일어날 것인가를 결정해주는 가장 큰 단일 요소라는 것이다.

가족 커뮤니케이션은 커뮤니케이션 참여자 수[1)]에 따라 분류하면 12명 이내의 집단이 능동적으로 참여하는 소집단 커뮤니케이션에 해당된다. 집단 커뮤니케이션의 참여자들은 동일한 집단에 소속된 구성원으로 해당 집단에 대한 공동체 의식을 가지고 있고 격식이나 형식을 따지지 않는 비공식적인 상황에 익숙하다. Verderber & Verderber(2004)는 가족 커뮤니케이션은 두 사람 이상이 대화하는 상황에서 일어나는 대인 커뮤니케이션(interpersonal communication)으로서 높은 수준의 따스함, 애정, 신뢰, 약속, 자기 개방성에 의해 형성된 친밀한 관계에서 발생하는 커뮤니케이션이라고 했다. Bochner(1976)는 가족을 커뮤니케이션적 관점에서 "하나의 조직화되고 자연스럽게 발생하는 관계상의 상호작용 체계로서 상당한 기간 동안 주거공간을 같이하며 시간이 흐름에 따라 주고받는 메시지를 통하여 일치된 대인 간의 이미지를 가지는 집단"으로 규정했다. LePoire(2006)는 가족 커뮤니케이션을 "생물학적, 법적으로 또는 결혼과 유사한 약속을 통해 서로 관계를 맺고 있는 개인들이 상호 간에 양육하고 통제하면서 의도적으로 메시지를 전달하고 의도적으로 메시지를 전달받는 것"으로 정의했다. 가족 커뮤니케이션은 가

---

1) 커뮤니케이션 참여자 수에 일대일 커뮤니케이션, 소집단 커뮤니케이션, 대집단 커뮤니케이션, 조직 커뮤니케이션으로 분류된다.

족의 형식이 다변화되면서 가족의 역할, 규칙, 시스템의 변화를 다루는 핵심적인 매커니즘으로 작용했다. 학자들의 견해를 종합해보면 가족 커뮤니케이션은 '가족이라는 소집단 사이에서 주고받는 모든 커뮤니케이션'으로 요약된다.

2. 커뮤니케이션과 가족의 기능

커뮤니케이션은 가족의 핵심적 기능을 수행하는 가족 시스템을 구성, 유지, 변화시키는 역할을 한다. 커뮤니케이션을 초점으로 한 가족의 기능은 일차적으로는 응집과 적응으로 표현집약되며, 2차적으로 가족 이미지, 경계, 이념, 생물사회적 문제를 포함한다. Olsen과 그의 동료들은 1979년 이래로 부부·가족의 상호작용에 관련된 다양한 개념들을 발전시켜왔다(Olsen, Sprenkle, & Russell, 1979; Olsen, Sprenkle, & Russell, 1983; Olson, 2000). 초기에는 가족 행동의 중심을 가족 응집과 가족 적응에 두었으나 시간이 흐르면서 가족 응집, 가족 적응, 가족 커뮤니케이션의 3가지 차원으로 구체화되었다.[2)]

1) 일차적 기능

(1) 응집

응집(cohesion)이란, 가족 구성원에 대한 정서적 유대를 말한다. 정서적 유대, 영역 경계, 연합, 시간, 공간, 친구들, 의사결정, 흥미, 레크레이션의 개념까지 포함된다(Olson, 2000). 가족 내의 응집은 가족들의 커뮤니케이션에 영향을 주고 커뮤니케이션에 영향을 받는다. 예컨대 모든 가족은 어떤 시점이 되면 한 장소에

---

2) 커뮤니케이션은 부부와 가족의 응집과 적응을 용이하게 하는 역할을 하므로 응집 적응을 표현하는 다이아그램 등에는 표현되지 않는다.

같이 모여 살 수 없게 된다. 라틴계 가족들처럼 장소적인 응집을 추구하는 경우도 있으며, 북유럽계 가족들처럼 가족 응집력을 매우 중시하는 경우도 나타난다. 균형 잡힌 가족생활을 모색하는 가족의 모습은 응집의 정도에 따라 4가지로 구분된다(Carnes, 1989).

- 해체된(disengaged) 가족: 가족 구성원들은 저마다 극단적인 외톨이가 되어 있으며 소속감이나 충성심이 약하다.
- 분리된(separated) 가족: 가족 구성원들은 정서적으로 독립되어 있으며 공동 참여나 소속감이 약한 편이다.
- 결합된(connected) 가족: 가족 구성원들은 정서적인 친밀감과 충성심을 가지려고 노력하며 공동 참여에서 일부의 개인 사정은 받아들여진다.
- 매몰된(enmeshed) 가족: 가족 구성원들은 극도로 친밀하고 충성심이 강하며 개인 사정은 인정되지 않는다.

(2) 적응

적응(adaptability)이란, 가족체계가 상황적이고 발달적인 스트레스에 반응하면서 권력구조, 역할관계의 규칙을 변화시키는 능력이다. 즉, 가족이 지난 5년에서 10년 동안 겪었던 변화를 생각해보면 각 단계에서 가족 경험이 많이 달라졌다는 것을 깨닫게 된다. 가족 시스템은 가족생활주기의 단계를 통과하면서 항구적으로 재조직되고 결혼, 출산, 취학, 질병, 사망, 취업, 전업, 파산 등과 같은 긴장이 발생했을 때 적응하게 해준다. Carnes(1989)는 적응의 유형에 따라 가족을 4가지로 세분하였다.

- 경직된(rigid) 가족: 가족 구성원들은 엄격한 역할과 규칙[3], 권위적인 의사결정 아래서 움직인다.
- 구조화된(structured) 가족: 가족 구성원들은 권위주의를 겪지만, 때때로 평등적인 리더십과 안정적인 역할과 규칙을 경험한다.
- 유동적인(flexible) 가족: 가족 구성원들은 절충적이며 의사결정의 규칙과 역할이 쉽게 바뀐다.
- 혼돈된(chaotic) 가족: 가족 구성원들 사이에서 리더십이 존재하지 않고, 의사결정이 혼란스러우며 역할과 규칙이 변화된다.

커뮤니케이션은 적응 기능의 중심에 있다. 효과적으로 적응하려면 가족들이 메시지 시스템을 통해 얻은 의미를 공유하고 의존해야 하기 때문이다. 커뮤니케이션을 통해 가족들은 가족 구성원이 얼마나 잘 적응했는지를 알 수 있으며 가족 구성원으로서의 행동에 적응하고 규제를 받아들인다.

2) 이차적 지원 기능

Hess & Handel(1959)은 가족 간의 메시지를 체계적으로 주고받으려면 이미지, 이념, 경계, 생물사회학적 문제 등의 과정을 생각하라고 충고했다. 각각의 요소들은 가족의 응집과 적응에 영향을 미치고 가족 커뮤니케이션 패턴에도 영향을 주기 때문이다.

---

3) 규칙은 가족 내의 응집과 적응의 한계를 설정한다. 규칙은 무엇에 대해 어떻게 누구에게 이야기 할 수 있는지에 대한 지침이다. 예를 들어 가정 안에서 모든 것을 지키고 신체적 언어적으로 친밀해야 하지만 친구들과는 거리를 두도록 가르치는 가족이 있는가하면, 평생 동안 가족 내에서 어떤 말이나 행동을 할 수 없는 금기를 가르치는 가족도 있다.

(1) 가족 이미지

생각해보면 가족 구성원들은 저마다 은유적인 이미지를 가지고 있으며 그 이미지를 만들어나간다. 동물, 꽃, 건물, 이동수단, 놀이기구와 같이 이렇게 단순한 이미지도 있으며 물과 기름, 한 화분에 들어있는 완두콩, 꽃과 나비, 여왕벌과 일벌 등과 같이 상대적이고 비유적인 표현도 가능하다. 지금 이 책을 읽고 있는 독자들은 자신의 가족을 어떻게 은유적으로 표현할 수 있을까? 예컨대 어떤 부부가 자신들의 부부관계를 시소에 비유한다면 평등한 관계와 상호작용적인 커뮤니케이션 스타일이 예상된다. 자녀가 아버지를 사자의 이미지로 생각한다면 강하고 근엄하며 일방향적인 커뮤니케이션을 할 가능성이 크다.

이미지는 그 이미지의 주인공과 이미지를 그리는 사람 모두에게 현실적이면서 이상적인 측면을 내포하고 있다. 향후에 전개될 행위나 상황을 예측하는 데 도움을 준다. 두 사람이 서로 생각하는 이미지가 조화롭고 일정기간 동안 일관성이 유지되면 커뮤니케이션도 편안하고 예측 가능한 방향으로 흘러간다. 예를 들어 어머니가 성인이 된 아들을 아기 곰으로 생각해 보호하고, 아들도 어머니를 엄마 곰으로 여겨 서로 이미지가 일치하면 커뮤니케이션이 잘된다. 그러나 어느 순간 아들이 어머니의 이미지를 엄마 곰이 아닌 무서운 흑곰으로 바꾸면 어머니의 보호는 감시와 억압으로 규정되고 커뮤니케이션도 갈등적으로 변한다. 다자녀 가정의 자녀들이 어머니의 이미지를 각자 헌신적인 천사, 군림하는 왕비처럼 서로 다르게 인식하고 있다면 어머니에 대한 동일한 이미지를 공유한 자녀들 간의 결속력이 더 강할 것이다. 이미지의 일치 정도는 가족 커뮤니케이션의 효율성과 밀접한 관련이 있다(Galvin, Bernard, & Brommel, 2003).

(2) 가족 이념

모든 가족은 나름대로 독자적인 입장과 가치, 즉 가족 이념이 있다. 가족들은 건강, 힘, 화목, 단결, 교육, 성공, 자선 등에 대한 생각을 공유한다. 가족 이념은 개인의 발달, 가족들 간의 상호작용, 가족 외부와의 상호작용에 영향을 준다. 예를 들어 '항상 다른 사람을 돕고 살아야 한다'는 이타적인 가족 이념을 가진 가족은 자원봉사에 적극적이고 위탁아동을 맡아 기르는 것을 꺼리지 않는다. 그러나 외부로부터 자신의 가족이 도움을 받아야 하는 상황에 처하면 '도움을 주는 존재'라는 가치에 위배되기 때문에 적응하기가 쉽지 않다. '성공'을 중시하는 가족은 성공을 위해 공부를 열심히 하고 경쟁에서 이겨서 가족의 명예를 지켜야 한다는 가치를 공유한다. 그렇기 때문에 성공적인 국면에서는 칭찬, 지원이 증가하고 커뮤니케이션이 원활해지지만, 패배적인 국면에서는 커뮤니케이션도 부정적인 방향으로 치닫는다. 가족 이념은 가훈 등으로 명확하게 가시화되기도 하지만, 각론으로 들어가면 복잡하고 내재적인 경우가 많다. 그러므로 어떤 가족의 커뮤니케이션 전반을 제대로 이해하기 위해서는 가족의 주된 이념이 무엇인지를 파악할 필요가 있다(Galvin, Bernard, & Brommel, 2003).

(3) 경계

경계는 주변 환경으로부터 가족을 분리하는 시스템을 뜻한다. 경계는 주변 환경과 가족 내부적 요소 사이 투과적인 분리를 만들어낸다. 모든 가족들은 경계를 만들고 가족들의 사람, 장소, 아이디어, 가치에 접근하는 것을 규제하는 물리적 심리적 한계가 있다. 커뮤니케이션 프라이버시 관리이론(communication privacy management theory)은 자신을 얼마나 개방할 것인지에 대한 균형을 잡기 위해서는 공개성과 폐쇄성의 영역을 규제하고 사람들이 개인적인 정보를 관리한다고 했다. 〈그림 10-1〉에 표현된 것처럼 경계가 경직되었는지, 경계가 투과적인지, 경계가 존재하지 않고 눈에 잘 보이지 않는지에 따라 구분된다. 가족 경계가 억제적인 경우에는 자녀의 친교, 행동 등을 엄격히 통제하고 가족 기준으로 '올바르지 않은 것'에 접근하지 못하게 한다. 새로운 사고, 사람, 가치관을 받아들이는 것에 폐쇄적이다. 가족 경계가 투과적인 경우에는 자녀가 친구를 다양하게 사귀고 종교, 사상, 매스 미디어 이용 등이 자유롭다. 새로운 사고, 사람, 가치관이 그 가족 내로 들어오는 것에 개방적이다. 가족의 경계가 존재하지 않는 경우에는 외부환경으로부터 정보와 에너지가 쉽사리 들고나게 된다.

이른바 세대 간의 위계(generational hierarchy)도 경계의 영역에 포함되는데 부모 세대는 자녀를 사랑하고 통제하고 돌보는 역할을 맡는다. 부모가 질병에 걸리거나 고령이 되기 전까지는 이러한 경계가 달라지지 않는다. 가족 구성원 중 누군가가 그 경계를 시험하거나 무너트리거나 강요하면 갈등을 피할 수 없다. 경계로 인한 갈등은 자녀들이 성장하면서 자연스럽게 해결되기도 하지만, 가족 구성원이 유대를 끊고 그 체계를 떠나면서 종결되기도 한다. 각 가족이 세워놓은 물리적 심리적 경계는 가족 내 커뮤니케이션을 좌우하는 요소이다(Galvin, Bernard, & Brommel, 2003).

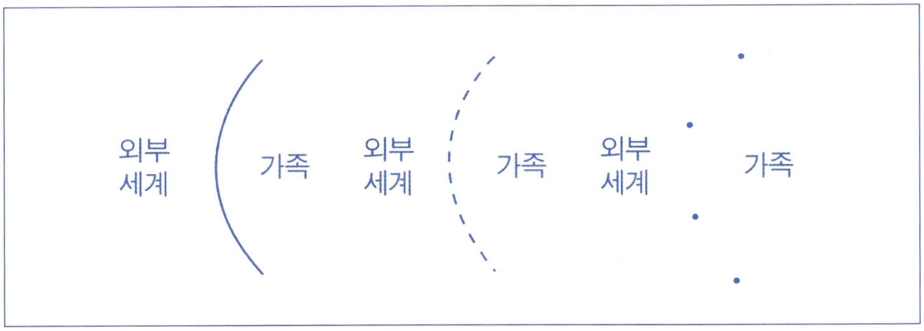

출처: Galvin, K. M., Bylund, C. L. & Brommel, B. J.(2003). p. 44.

〈그림 10-1〉 가족의 경계

(4) 생물사회학적 문제

모든 가족은 남녀의 정체성, 권위와 힘, 자녀에 대한 영향력, 자녀의 권리 같은 생물사회학적 문제를 극복하는 전통적인 방식을 제공하는 큰 마당의 역할을 한다. 그렇지만, 가족들마다 큰 틀에서 생물사회학적인 문제를 해결하는 자신들만의 해답을 스스로 찾는다. 가정을 만들고 자녀를 키우면서 성별 정체성의 문제에 부딪친다. 성별 정체감과 신체발달은 상호작용한다. 가족의 성별에 근거하여 '여자니까', '남자니까' 무슨 일을 하거나 하지 말아야 한다는 기준을 가지고 있는 가족은 가족들의 관심이나 취향에 기초하여 '좋아하니까', '관심이 많으니까' 무슨 일을 하거나 하지 말아야 한다는 기준을 가지고 있는 가족과 다르게 운영된다. 성별에 따른 권리, 특혜, 커뮤니케이션도 다르다.

이상에서 살펴본 것처럼 이미지, 가족 이념, 경계의 발달과 생물사회학적 문제에 대한 반응은 응집, 적응과 영향을 주고받는다. 첫째로, 적응의 관점에서 유동적인 가족은 경직된 가족보다 이미지, 이념, 경계, 생물사회학적 문제에서 다양한 경험을 한다. 이러한 반응은 해당 가족이 수용하는 응집의 수준에도 영향을 준다. 둘째로, 가족 구성원 간의 믿음과 상호의존을 강조하는 가족 이념과 경직된 경계를 가진 가족은 봉사와 독립을 강조하는 가족 이념과 투과적인 경계를 가진 가족에 비해 응집의 수준이 더 높다. 이 모든 과정은 가족 구성원의 커뮤니케이션과 불가분의 관계를 이룬다. 커뮤니케이션은 가족의 응집과 적응을 만들어가는 수단이며 이미지, 이념, 경계, 생물사회학적 문제에 대한 반응을 이끌어내는 상호작용의 중심에 있다.

3. 가족 커뮤니케이션의 유형

가족 커뮤니케이션 구조의 유형화는 수평적인 부부관계를 중심으로 할 것인지, 수직적인 부모와 자녀관계를 강조할 것인지에 따라 달라진다. 먼저 가족 내 수평적인 커뮤니케이션을 대표하는 부부 간 커뮤니케이션을 Fitzpartrick & Ritchie(1994)는 젠더적인 관점에서 3가지로 정리했다. 첫째, 남성과 여성 사이에 발생하는 젠더 간 커뮤니케이션이다. 따라서 남성성과 여성성에 근거한 이질적 커뮤니케이션 충돌이 일어날 수 있다. 둘째, 한 사회의 관습과 신화를 재현하는 사회적 커뮤니케이션이다. 사회적 의미규정의 결과로 형성된 남편과 아내에 대한 다양한 전제(premises), 이미지(images), 신화(myth) 등을 실천하는 장이다(Montgomery, 1992; Weatherall, 1996). 셋째, 경제권, 의사결정권 등에 대한 지배와 피지배의 권력적 관계를 내포하는 '비판적 커뮤니케이션'이다(Kantor & Lehr, 1975). 결혼생활에서 부부는 각각 권력의 분배라는 측면에 관심을 기울이게 된다. 한쪽이 더 많은 권력을 소유하고자 하면, 다른 한쪽은 동등한 권력의 분배에 초점을 맞추게 된다. 이를 위한 대결 과정은 비판적 커뮤니케이션을 수반한다(이두원, 2009).

가족 커뮤니케이션의 수직적인 축인 부모 자녀의 커뮤니케이션은 가족 간의 소통뿐만 아니라 자녀의 사회화에 중요한 역할을 담당한다. 부모와 자녀의 커뮤니케이션을 통해 자녀는 사회화에 필요한 문화지식을 배우고 내면화하면서 사회 인지와 정서 관련 능력을 향상시키고 이를 기반으로 대인 간 커뮤니케이션 능력을 기른다. 자녀와 부모가 어떻게 커뮤니케이션하느냐에 따라 가족의 유형이 구분되기도 한다. McLeod & Chaffee(1972)는 자녀와의 커뮤니케이션에 따라 개념 지향적(concept-orientation) 가족과 사회 지향적(socio-orientation) 가족으로 구분했다. 예컨대 개념 지향적 가족의 부모는 가족 구성원 모두가 가족의 의사결정을 할 때 참여하게 하고 다른 사람들이 좋아하지 않더라도 자기의견을 공개적으로 밝히는 것이 중요하다고 가르친다. 반대로 사회 지향적 가족의 부모는 어른이 되면 더 잘 알게 될 것이라면서 참여를 독려하지 않고, 문제에 말려들지 않는 최선의 방법은 그 문제로부터 관심을 떼는 것이라고 훈육한다.

남편과 아내, 부모와 자녀, 자녀들 간에 일어나는 커뮤니케이션의 분석은 결혼과 가족의 역동성을 보여주고 동시에 대면 커뮤니케이션의 진수를 드러내준다(이은미, 1995).

1) 사티어(Satir)의 가족 커뮤니케이션 유형

가족 간의 커뮤니케이션 유형을 관찰하여 가족 상담에 적용하고 "문제가 있는 가족은 예외 없이 가족 커뮤니케이션에 문제가 있다."고 주장한 사람이 바로 경험주의 가족치료의 창시자로 불리는 Satir다. 그녀는 인간의 언어적, 비언어적 커뮤니케이션 표현, 대화에서 나 자신을 중심에 두는지, 상대방을 중심에 두는지, 맥락을 중심에 두는지를 관찰하여 굴종형, 비난형, 초이성형, 부적절형, 일치형의 5가지 커뮤니케이션 유형으로 구분했다(Satir, 1988).

〈표 10-1〉 사티어(Satir)의 5가지 가족유형별 반응

유형	누군가와 팔을 부딪쳤을 때의 반응	커뮤니케이션의 중점 요인		
		자신	상대	맥락
굴종형	(아래를 보고 양손을 마주잡고 뒤틀며) "제발 저를 용서해 주십시오. 저는 얼빠진 인간입니다."	×	0	×
비난형	"이런 세상에, 당신이 지금 내 팔을 쳤잖아! 다음부터는 부딪히는 일 없게 조심해서 다녀!"	0	×	×
초이성형	"사과드리겠습니다. 제가 지나가다 부주의하게 당신의 팔을 쳤군요. 혹시 손해를 입으셨다면 제 법률 대리인에게 연락해 주시기 바랍니다."	×	×	0
부적절형	(다른 사람을 쳐다보며) "저런 누가 화가 났네. 누구랑 부딪혔나봐."	×	×	×
일치형	(그 사람을 바라보며) "내가 당신을 밀었군요. 미안합니다. 다치지 않았습니까?"	0	0	0

(1) 굴종형

굴종형은 자신, 타인, 맥락이라는 세 구성요인 중 맥락에서 자기 자신을 배제시킨다. 굴종형은 항상 상대방의 비위 맞추기에 급급하다. 항상 상대방의 마음에 맞추려하기 때문에 화를 내거나 이의를 제기하지 않고 참는다. 잘못하지 않아도

변명하고, 상대방의 눈치를 보며 무조건 동조하려고 한다. 굴종형은 자기 가치와 자기 존중감이 부족하다. 신체적 자세도 저자세이며 목소리도 애처롭다. 굴종형은 스스로 '나는 아무 것도 아니다. 당신 없이는 나는 죽은 목숨이고 나는 무가치하다'고 생각한다. 심리적으로 공허감, 우울증, 신경과민, 자기 비하, 자살충동을 쉽게 느낀다.

(2) 비난형

비난형은 커뮤니케이션을 하면서 타인, 맥락을 무시하고 자신만을 내세운다. 다른 사람의 흠을 잘 발견하는 보스이자 독재자다. 비난형은 자기주장이 강하고 우월감을 가지고 있으며 '너만 아니면 만사가 잘 되었을 텐데……', '다시는 이런 짓을 하지 마', '하는 짓이 늘 이렇다니까'라는 말을 잘한다. 커뮤니케이션을 한다기보다 권력을 휘두르고 싶어 하므로 상대의 대답은 중요치 않다. 상대방의 정보제공이 아니라 자기주장이 중요하므로 상대의 말이 아무리 타당해도 잘 듣지 않는다. 그 메시지 속에는 '네가 하는 일 중에 제대로 하는 것이 어디 있어?'가 깔려 있다. 신체적 자세도 마치 판사처럼 행동하고 손가락질을 잘하며 목소리도 크다. 그러면서도 내적으로는 긴장, 소외, 고독에 빠져있다.

(3) 초이성형

초이성형은 자신, 타인, 맥락의 요인 중에서 맥락을 중시한다. 초이성형은 정확하고 이성적이며 감정을 드러내지 않는다. 마치 기계로 정보를 처리하듯이 재미없고 지나치게 합리적이다. 이지적이지만 융통성과 사교성이 부족하다. 커뮤니케이션을 할 때 '바른말만 하라', '감정을 드러내지 마라', '반응을 보이지마라' 같은 원칙을 따른다. 신체적으로도 꼿꼿하고 표정의 변화가 작고 냉정하며 목소리는 단조롭고 언어는 추상적이다. 그러한 행동은 대개 자신을 방어하기 위해 취하며 내면적으로 대인관계의 무미건조함, 고립감, 긴장을 느낀다.

(4) 부적절형

부적절형은 타인, 자신, 맥락에 모두 신경을 쓰지 않는다. 대화에 요점이 없고 타인의 질문에 자기 나름대로의 질문으로 반응하며 주제에서 벗어난다. 커뮤니케이션에 일관성이 없고 정직하지 못하며 무책임한 경우가 많다. 타인의 말이나 현재 진행되고 있는 과정에 초점을 맞추지 못하고 주의를 집중하지 않아 산만하다. 커뮤니케이션할 때도 입, 몸, 다리 등의 신체를 분주하게 움직인다. 내면적으로 '아무도 나를 돌보지 않는다', '내가 설 자리가 없다'고 생각한다. 목적의식이 부족하고 고독감, 자신의 무가치함을 느낀다.

(5) 일치형

자신, 타인, 맥락의 세 가지 요인이 모두 중시되고 서로 관련을 맺고 있다. 가장 성숙한 유형이며 이 유형의 사람들은 커뮤니케이션을 할 때 솔직하고 정직하다. 메시지의 모든 측면이 일치를 이루고 동일한 방향으로 나아간다. 언어적 메시지와 비언어적 메시지도 조화롭다. 몸의 자세, 목소리, 얼굴표정 등 모든 측면이 그러하다. 바깥으로 표현되는 메시지와 내부에 느끼는 감정이 일치한다. 일치형은 상대방에 대한 반응을 할 때 신체, 감각, 사고, 감정이 전체적으로 합일된다.

5가지 커뮤니케이션 유형 중 일치형은 부부문제, 가족문제를 치료할 뿐만 아니라 관계의 성장과 성숙을 촉진한다. 안타깝게도 Satir가 상담한 가족 중 50%가 굴종형, 30%가 비난형, 15%가 초이성형, 5%가 부적절형, 일치형은 4.5%이었다고 한다. 즉 대부분의 가족은 이상적인 커뮤니케이션 유형과는 다소 거리가 있다는 말이다.

2) 손지혜(2012)의 한국 가족 커뮤니케이션 유형

한국의 부모들은 다른 나라의 부모들에 비해 자녀의 삶에 강하게 개입하고 통제하는 경향이 있다(반승원, 2015). 부모가 추구하는 자녀의 삶의 지향점이 '무엇이 되는 삶인지' 또는 '어떻게 사는 삶인지'에 따라, 경쟁심을 부추길 수도 있고 인성 함양을 도모할 수도 있다. 이에 따라 성공 지향적 커뮤니케이션과 성숙 지향적 커뮤니케이션이 나타난다.

첫째, 성공 지향 커뮤니케이션에는 입시 위주의 한국사회에서 자녀가 타인과의 경쟁에서 이겨서 좋은 학교에 입학하고 취업하기를 바라는 부모의 마음이 투영된다. 따라서 이 유형의 부모는 자녀에게 승리, 출세, 성공을 쟁취하도록 강조한다.

둘째, 성숙 지향 커뮤니케이션에는 인격을 함양하고 올바른 사람 됨됨이를 갖춰 성숙한 인간으로 자라주기를 바라는 부모의 가치가 반영된다. 따라서 이 유형의 부모는 타인과 더불어 어떻게 살아가야 하는지, 다른 사람을 어떻게 배려해야 하는지를 중시한다.

어떤 가족의 커뮤니케이션 패턴이 성공 지향인지 성숙 지향인지에 따라 4가지 가족 커뮤니케이션 유형이 도출된다.

(1) 난사람형

난사람은 남보다 두드러지고 잘난 인간이다. 성공 지향은 높고 성숙 지향은 낮은 난사람형 가족의 부모는 경쟁사회에서 승리하는 자녀를 원하기 때문에 자녀 교육에 시간과 재원을 투자하는 것을 아까워하지 않는다. 반면 타인에 대한 예절이나 도덕적 가치는 주요하게 다루지 않는다.

(2) 참사랑형

참사람은 마음과 행동이 진실하고 올바른 인간을 지향한다. 성공 지향은 낮고 성숙 지향은 높은 참사람형 가족의 부모는 자녀에게 사람 됨됨이, 타인과 함께하는 삶의 덕목을 가르치는 것을 중요하게 생각하기 때문에 경쟁사회에서의 승리를 강요하지 않는다.

(3) 큰사람형

큰사람은 됨됨이가 훌륭하고 뛰어나면서 큰일을 해낼 위대한 인간이다. 성공 지향도 높고 성숙 지향도 높은 큰 사람형 부모는 자녀가 군계일학(群鷄一鶴)의 인물로 성장하기 바라지만 인격적으로도 훌륭한 인간으로 완성되기를 바라기 때문에 두 가지 덕목을 모두 강조한다.

(4) 홑사람형

홑사람은 속이 깊지 못하고 소견이 얕은 인간이다. 성공 지향도 낮고 성공 지향도 낮은 홑사람형 부모는 자녀를 방치하는 가족에게서 발견된다. 따라서 성공을 강조하지도 않고 올바른 인격 함양을 도모하지도 않는다.

한국사회의 불안, 어떻게 해소하나?

조일준 기자

"한국의 부모들은 '이런 이유'로 자식들에게 공부를 강요한다. 존중받지 못하는 고통, 무시당하는 고통이 얼마나 견디기 힘든지를 잘 아는지라, 부모들은 자식들이 힘들어한다는 걸 잘 알면서도 '지금 힘든 것은 아무것도 아니야. 나중에 돈 못 벌어서 무시당하는 고통에 비하면. 그러니까 참고 공부해'라고 말하면서 강요를 멈추지 못한다."

사회심리학자 김태형이 〈풍요중독사회〉(한겨레출판)에 쓴 한 대목이다. 한국사회에서 자녀를 키우는 부모들의 속마음을 에두르지 않고 들춰낸다. "슬픈 말이지만, 오늘날 한국인의 삶이란 학대를 피해 위계의 사다리를 올라가는 과정"이라고도 했다. 그러나 '위계의 사다리'는 끝이 없어서, 그 몸부림은 끝없는 투쟁이 된다.

2019년 한국의 국내총생산(GDP) 규모는 세계 10위다. 그러나 지난봄 유엔이 펴낸 〈2020 행복 보고서〉를 보면 한국인의 행복지수는 153개국 중 61위에 그쳤다. 경제협력개발기구(OECD) 34개 회원국 가운데 32위, 맨 밑바닥을 벗어나지 못한다. 반면 한국의 자살률은 세계 최고 수준이다. 경제는 어느 때보다 풍요로운데, 왜 삶은 갈수록 팍팍해지는 걸까? 지은이는 가장 큰 이유로 '불안'을 꼽는다. 한국의 부모가 자녀에게 "공부를 강요"하는 이유이기도 하다.

이때 '불안'은 사회의 위계 구조가 강요하는 총체적 불안이다. …(중략)… 불안은 공포와 결이 같은 감정이다. 공포는 사람의 존재 혹은 존엄을 위협하거나 손상을 주는 대상에 대한 몸과 마음의 강렬한 긴장 반응이다. 다만 공포는 지속 시간이 짧고 원인이 사라지면 금세 해소된다. 반면 불안은 오래 지속되고 원인도 복합적이라서 "만성화된 공포", "예기 공포"라 불린다.

지은이는 현대인의 불안을 설명하기 위해 인류 사회를 네 유형으로 분류한다. 가난–불화 사회, 가난–화목 사회, 풍요–불화 사회, 풍요–화목 사회다. 한국을 비롯해 상당수 경제 선진국이 전형적인 '풍요–불화' 사회다. 불화의 최대 원인은 상대적 불평등 심화와 이를 고착화하는 위계 구조다. 특히 한국은 계층 간 위계뿐 아니라 동질 계층 안에서도 차별이 촘촘하게 나뉘는 '다층적 위계사회'라는 게 지은이의 진단이다. 거기에서 살아남으려는 몸부림이 모두를 "학대자인 동시에 피학대자"로 만든다.

지은이는 "지금까지 한국사회는 절벽 아래에 구급차를 대기시키거나 절벽 중간에 안전망을 설치하는 데에만 주력해왔다."며 "지금 우리가 해야 할 일은 사람들이 절벽으로 몰려가지 않는 사회를 만드는 것이다."라고 말한다. …(중략)

출처: 한겨레신문(2020. 11. 22).

4. 미디어와 가족

1) 미디어(media)와 가족 커뮤니케이션

Marshall McLuhan은 "미디어는 인간의 확장"이라는 관점에서 미디어를 광의의 개념으로 파악했다. 인간의 감각을 확대해주는 것은 무엇이든지 미디어라고 생각하고 인간의 손, 타고 다니는 차량도, 텔레비전, 신문 등과 함께 다른 사람의 메시지를 전해 받는 미디어라고 보았다. 미디어(media)는 정보를 시공간적으로 이동시켜주는 매개물이다. 기술적으로 발달한 미디어든 그렇지 않은 미디어든 발신자가 해당 미디어를 이용하여 메시지를 전달하고 수신자가 미디어를 통해 전해진 정보를 해석하면서 커뮤니케이션 과정에 참여하게 된다(오택섭 외, 2003). 우리는 책, 신문, 잡지, 라디오, 영화, 텔레비전 같은 매스 미디어를 매개로 매스 커뮤니케이션을 해왔다.

라디오, 텔레비전을 시발점으로 미디어는 가족 사이에 자리 잡았다. 거실이나 안방에 둘러앉아 가족들이 함께 텔레비전 시청을 공유하면서 대화도 나누고 응원도 하고 감동을 나누었다. 그러나 기술의 발달로 인해 오늘날의 가족은 미디어를 각자 소비하는 것이 가능해졌다. 인터넷, 스마트폰, SNS 등과 같은 새로운 네트워킹 수단은 친밀한 공동체를 손쉽게 만들게 해준다. 실제로 여성가족부의 '2018년 인터넷·스마트폰 이용습관조사'에 따르면 인터넷과 스마트폰 과의존으로 진단된 청소년들이 19만여 명에 달한다. 이들 중 인터넷 이용 고위험군은 대부분의 대인관계가 사이버 공간에서 이뤄지며, 하루 3~4시간 이상 인터넷에 접속한다. 스마트폰 이용 고위험군은 특정 애플리케이션이나 기능에 집착하고 학업, 대인관계 곤란은 물론 스마트폰 없이 한순간도 견디지 못하는 것으로 나타났다(정종훈, 2018). 정부와 지자체는 가족 커뮤니케이션 복원을 통해 청소년 테크놀로지 과의존 문제를 해결하기 위해 청소년과 부모가 함께 하는 가족치유캠프, 자녀들의 인터넷 스마트폰 사용조절을 위한 부모교육 등을 운영하고 있다.

2) 매스 미디어 속의 젠더와 가족

(1) 젠더

일찍이 George Gerbner는 배양이론(cultivation theory)을 통해 "매스 미디어는 현실세계에 대한 인간들의 상 또는 개념을 구성해주는 중대한 기능 또는 효과를 가지고 있다."고 주장했다. 일종의 문화적 무기라고 할 수 있으며, 가정에서 많은 시간 동안 다양한 이야기를 전달한다. 하루에 텔레비전을 4시간 이상 시청하는 중시청자들은 텔레비전이 묘사하는 폭력을 현실로 받아들이고 범죄와 사기를 실제보다 많다고 느낀다. 매스 미디어를 통해 정보, 지식, 인식, 가치를 습득하기 때문이다. 매스 미디어가 묘사한 현실은 실재하는 현실과는 다르지만 사람들을 매스 미디어가 보여주는 대로 현실을 구성해왔다.

미디어의 영향력은 젠더 영역에도 적용된다. 사회구성원들은 텔레비전을 통해 그 사회에서 여성 혹은 남성이 무엇이며 그 기준에 따라 행동하고 사고하는 방식을 배워왔다(Signorielli & Bacue, 1999). 미디어가 제공하는 성역할에 대한 학문적 비판은 할리우드 영화에서 여성이 남성 주인공의 주체성 확보를 위한 수단으로 등장하고 남성관객을 위한 성적 욕망의 대상으로 기능한다는 관점에서 출발했다(Mukvey, 1975). 또한 남성에 비해 사회적 업무수행 능력이나 대인관계 등에서 열등하고 남성을 위한 성적 욕망의 대상으로 다뤄지는 이미지의 재생산 문제가 미디어 젠더 연구의 주요 과제가 되었다. 미디어를 통해 재현되는 여성의 이미지와 표상이 여성의 어떤 점을 강조하고 있으며 그 정치적 의미에 관심이 모아졌다. 결국 대부분의 미디어는 남성의 시각을 반영한 수동적이고 신화적인 여성의 이미지를 재현한다는 결론을 얻었다. 미디어를 통한 여성, 여성성, 가족의 재현이 어떻게 이루어지는지를 살펴보는 것은 그 사회가 원하는 젠더를 들여다보는 또 하나의 거울이 된다(홍지아, 2009). 그렇다면 미디어는 가족과 젠더를 어떻게 구성하고 변화해온 것일까? 먼저 국내외 미디어가 양산해온 전통적인 성역할과 여성의 이미지를 살펴보도록 하겠다.

첫째, 남성은 강하고 여성은 약하다. 매스 미디어는 오랜 기간 동안 가부장적인 성역할에 대한 고정관념을 확산해왔다. 소년과 남성은 강하고 능동적이며 모험을 좋아하며 성(性)에 적극적이며 인간관계에 얽히지 않는 모습으로 다루었다. 미국의 경우 대다수의 남성은 독립적이며 적극적이고 어떤 일이든 책임을 맡고 있다. 이러한 고정관념은 인종과도 결합되어 백인 남성들은 진지하고 능력이 있으며 강한 사람으로 묘사되었다. 반면 소녀와 여성은 젊고 가냘프며 아름답고 의존적인 존재로 자주 등장한다. 아동도서에서도 마녀와 새엄마는 나쁜 사람으로 등장하고 백설공주와 잠자는 숲속의 공주 같은 아름답고 수동적인 여성은 좋은 사람으로 묘사된다. 남성은 여성을 구해내는 능력 있는 권위의 상징으로 그려진다. 잠자는 숲속의 미녀가 매혹적인 왕자님의 키스로 살아났던 것처럼 말이다.

둘째, 성별분업에 적극적이다. 미디어에서 집안일, 요리, 육아는 여성의 몫이라는 성별분업에 적극적이다. 아동도서에서 직장을 가진 여성이 등장하지만, 남성은 집안일과 거리가 멀다. 미디어 속의 여성들이 변호사나 의사 같은 직업을 가지고 있어도 전문가보다는 가정주부, 엄마, 부인으로서의 모습을 더 많이 보여준다. 뉴스에서 기사화되는 인사들도 여성의 경우에는 결혼, 가족생활의 비중이 커진다. 이른바 한류 드라마의 여주인공들도 사랑, 가족, 일을 욕망하지만, 이런 욕망들 간에 갈등이 일어나면 일의 비중을 줄인다(이수연, 2008).

셋째, 여성은 젊고 예쁘고 날씬해야 한다. 미디어가 양산하는 여성의 이상형은 남성과 어린이를 돌보고 인간관계나 집안일에 빠져 있는 젊고 날씬한 여성이다. 미디어는 여성을 예쁘게 보이고 남성을 기쁘게 하고 어린아이를 돌보고 성적 매력이 있는 종속적인 장식품으로 보는 문화적 관점을 반복한다. 잡지들은 계속해서 여성들에게 어떻게 하면 더 예뻐지는지, 살을 뺄 수 있는지 요리를 잘할 수 있는지, 집안을 깨끗이 하는지를 알려준다. 1980년대 초반 미국 KMBC에서 앵커로 일하던 크리스틴 크래프트는 38세에 '남성을 공손히 대하지도 않고, 너무 늙고 매력이 없어서 사람들이 싫어한다'는 이유로 뉴스 앵커에서 해고되었다.

다행히 이러한 고정관념은 하나둘 무너지고 있다. 헐리우드 애니메이션 〈슈렉〉

의 피오나 공주는 뚱뚱한 초록색 괴물이다. 1934년생 셜리 맥크레인은 영화 〈내가 죽기 전에 가장 싫고 싶은 말〉에서 누구도 가지 않은 길을 걸었던 전설적 여성 비즈니스 우먼의 역을 맡아 성차별적 사회의 그림자를 보여주었다. 1947년생인 여배우 글렌 클로즈는 더 이상 젊지 않지만 스크린에서 강하고 매력적이며 능력이 넘치는 여성 이미지를 만들어내고 있다. 1949년생인 메릴 스트립은 현존하는 최고의 여배우라는 찬사를 받으며 왕성하게 활동하고 있다.

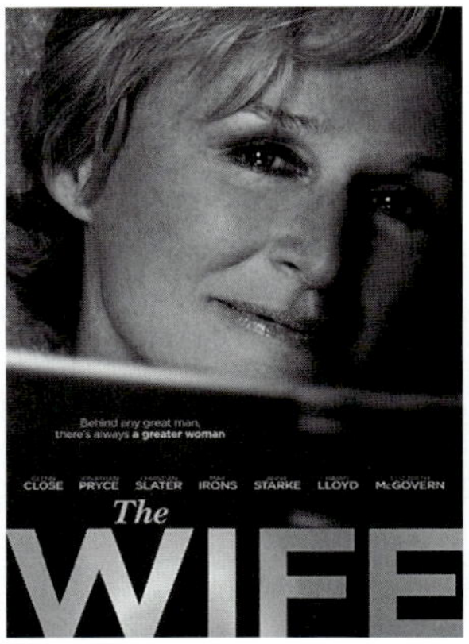

1인 미디어를 대표하는 유튜브에도 그러한 흐름은 고스란히 반영된다. 코리아 그랜마 박막례는 가사 도우미, 식당 운영 등 50년 이상을 일하며 자녀를 키워온 강인한 여인이다. 병원에서 할머니의 치매를 조심하라는 소견을 들은 손녀와 여행을 떠나고, 손녀가 그녀의 투박하고 거침없는 일상을 재미있게 그려내면서 박막례는 70대의 나이에 한국의 대표적인 유튜브 크리에이터로, 작가로 거듭나 새로운 삶을 살고 있다.

(2) 가족

우리는 미디어 속에서 어떤 가족을 만나는가? 한류 드라마를 즐겨보는 아시아 여성들은 한국 드라마 속의 '가족'은 매우 특별하다고 입을 모은다. 〈가을동화〉, 〈겨울 연가〉, 〈이브의 모든 것〉, 〈천국의 계단〉에는 부분적으로 혹은 전체적으로 전형적인 가족의 행복을 아름답게 묘사했다. 이상적인 가족도 행복한 가족도 없는 주인공들은 그런 가족을 열망한다. 행복한 가정, 가족의 재결합은 한류 드라마의 핵심 요소다. 이처럼 가족제도 자체를 이상으로 묘사하는 것은 한국 TV 드라마의 주요한 특징 중 하나다(이수연, 2008).

그렇지만, 2000년 이후 한국 영화와 드라마에서는 부부와 자녀로 구성된 혈연 중심의 가족에 대한 고정관념이 비틀리고 있다. 먼저 영화 〈집으로〉에서는 조손가족, 〈바람난 가족〉에서는 입양가족, 〈싱글즈〉에서는 싱글 맘을 선택하는 모습을 발랄하게 그렸다. 〈과속스캔들〉은 대를 이은 싱글 맘과 싱글 대디를 등장시켜 800만 명의 관객을 모았다. 〈결혼은, 미친 짓이다〉의 여주인공 연희는 결혼 후에도 옛날 남자친구에게 방을 얻어줘 남자 애인을 두고 이중생활을 했다. 〈아내가 결혼했다〉의 인아는 일부일처제를 고집하지 않고 배우자의 또 다른 애정관계를 인정하는 폴리아모리(polyamory)를 보여주었다.

최근 증가 추세인 1인 가구는 미디어 이용을 고독 완화 행위이자 가상적인 가정성을 구현하는 요인으로 격상시켰다. 집에 혼자 있는 것이 싫어서 습관적으로 TV를 틀어 놓는 행위는 TV를 '디지털 벽난로' 혹은 '집다움(homeness)'으로 여기는 것과 연결된다. 이른바 '먹방' 열풍도 혼자서 식사하는 '혼밥족'이 시청을 통해 이들과 함께 '식구'가 된다는 의미로 해석되기도 한다(김형우, 2015).

한편, 반려동물 양육 인구가 1,500만 명에 이르는 시대가 되면서 반려동물에게 가족의 지위를 부여하거나 이들과 함께 살아가는 일상을 보여주는 프로그램이 증가하고 있다. 2020년 인구주택 총조사에서도 반려동물 조사 항목이 들어갔다. 아예 자녀를 출산하지 않고 반려동물을 기르는 양상이 증가하면서 부부의 이혼 과정에서도 반려동물의 양육비와 면접 교섭권이 쟁점이 되기도 한다. 이처럼 혼인과 혈연에 갇혀 있던 사람중심의 가족 영역이 함께 살아가는 생명체로 확대되고 있다.

미디어는 달라진 우리의 가족을 반영한 것인가, 아니면 미디어가 보여주는 가족의 모습을 우리가 따라가고 있는 것인가. 앞으로도 고정관념 속의 가족은 어김없이 미디어에 등장하겠지만, 항상 새로운 것, 미디어 수용자의 욕구를 자극하는 그 어떤 것을 추구해야 하는 미디어는 숙명적으로 현실의 가족과 상상 속의 가족을 유영하면서 가족의 새로운 일탈을 꿈꿀 것이다.

5. 결론 및 제언

Satir는 "가족은 빙산과 비슷하다. 대부분의 사람들은 가족에 대해 열 가지 중 하나만 알고 있다. 무엇인가 더 있을 것이라고 추측하지만 그게 무엇인지 어떻게 찾아야 할지 알지 못한다."며 세상을 이해하기 위해서는 가족을 탐구할 것을 제안했다. 이번 장에서는 가족 커뮤니케이션의 개념, 가족과 커뮤니케이션의 기능, 가족 커뮤니케이션의 유형을 학습함으로써 가족 커뮤니케이션이 가족을 가족이 될 수 있게 하는 핵심적인 요소라는 사실을 다시 한번 확인했다. 날마다 가족들과 공유하는 커뮤니케이션에 대해 보다 분석적인 시각을 가지도록 했다. 또한 우리를 둘러싼 미디어들이 엄청나게 쏟아내는 젠더와 가족 이슈를 곱씹어 보았다. 우리가 당연하다고 생각하는 아름다움, 여성성, 남성성, 고정관념, 가치 이런 것들은 실제로는 미디어의 뉴스 가치에 따라 미디어가 보여주는 창을 통해 인지하고 학습되었던 것은 아닌지에 문제의식을 가져야 할 것이다.

토의점

1. 가족 커뮤니케이션은 무엇인가?

2. 커뮤니케이션에 따른 가족의 일차적 기능과 이차적 기능을 이해하고 이를 통해 우리 가족의 커뮤니케이션을 분석해 보자.

3. 당신은 Satir의 5가지 커뮤니케이션 유형 중 어느 유형에 가까운가? 당신의 가족들은 어떤 유형에 속하는가?

4. 미디어가 그리는 젠더와 가족을 사례를 들어 토론해 보자. 현실의 반영인가, 아니면 창조적 상상인가?

11장 가족과 일터의 균형

최근 출산율의 저하와 인구고령화에 대한 대응방안 중의 하나로 직장생활과 가정생활을 조화롭고 균형있게 유지해 내려는 사람들의 열망이 가족친화 환경조성에 대한 관심을 높이고 있다. 특히 맞벌이가족의 증가 등 다양한 가족형태의 등장으로 노동력의 구성형태가 변화하고 있고, 성별화된 역할에서 벗어나고자 노력하지만 직업환경이 적절하지 못하여 발생되는 여러 가지 스트레스 등에 대한 사회적 해결방안 모색 등이 일과 가정을 양립시키려는 '가족친화적인 사회 만들기'를 촉진하고 있다. 본 장에서는 가족친화 및 가족친화정책의 개념을 먼저 살펴보고, 다양한 가족친화제도에 대해 고찰한 뒤, 마지막으로 젠더 관점에서 가족친화제도를 분석하고자 한다.

1. 가족친화의 개념

일과 가정의 양립이 어렵다는 인식은 결혼을 기피하거나 결혼을 늦추는 등 비혼, 만혼 현상을 증가시키며, 결혼을 한다 하더라도 자녀를 적게 가지거나 아예 가지지 않는 현상을 만들고 있다. 그리고 특히 여성의 경우 자녀출산기 이후 취업을 포기할 수 밖에 없는 환경에 내몰리기가 일쑤이다(박스 내용 참조). 더구나 직장과 가정에서의 두 가지 역할이 서로 상충되거나, 하나에 치중함으로써 다른 한 역할의 요구에 부응하지 못하게 될 때의 갈등은 직장생활에도 영향을 미쳐 직무 만족, 조직몰입, 개인의 사회적 성취의식 등에 부정적인 영향을 나타낸다(전기홍, 2003; Thomas & Ganster, 1995).

"육아문제로 퇴사 권유받았다"

기혼의 직장여성 2명 중 1명이 육아나 가사노동 문제로 남편과 시댁에서 직장을 그만두라는 권유를 받은 적이 있는 것으로 나타났다. 무역전문 취업포탈 트레이드인(www.tradein.co.kr, 대표 김재진)이 조사전문기관 폴에버(www.pollever.com)와 함께 직장여성 1,165명을 대상으로 육아와 가사노동 관련 설문조사를 벌였다.

기혼 직장여성 765명에게 "남편·시댁으로부터 육아·가사문제로 인해 퇴사권유를 받은 적이 있나?"라고 묻자, 응답자의 53.5%가 '그렇다'고 답했으며, 기업형태별로는 대기업 53.8%, 중소기업 55.9%인 반면, 공공기관의 경우는 35.9%로 눈에 띄게 그 비율이 낮았다.

"남편이나 시댁에서 육아나 가사노동의 문제로 직장을 그만두라고 한다면 어떻게 하겠냐?"는 질문에 전체 응답자 1,165명 중 601명(51.6%)이 '계속 직장을 다닌다'고 응답한 반면, 26.2%가 '잘 모르겠다', 22.2%가 '직장을 그만둔다'고 응답했다.

한편, '그만두지 않겠다'고 답한 601명을 대상으로 그 이유에 대해 묻자, 40.8%가 '혼자 벌어서는 가정경제가 너무 빠듯하다'고 응답해 가장 높게 나타났으며, '여성도 자기실현을 위해 직장이 필요한 시대이다(34.4%)'가 뒤를 이었다. 결혼유무로 보면, 기혼여성 직장인의 경우 46.5%가 '혼자 벌어서는 가정경제가 너무 빠듯하다'가 가장 높게 나타난 반면, 미혼여성 직장인의 경우 41.0%가 '여성도 자기실현을 위해 직장이 필요한 시대이다'가 가장 높게 나타나 결혼 유무에 따라 생각에 차이가 있는 것으로 나타났다.

퇴사 권유를 받는다면 직장을 그만두겠다고 답한 259명에게도 그 이유에 대해 설문하자, 34.7%가 '크는 아이들에게 정서적으로 엄마가 필요하다'를 꼽아 1위로 올랐다.

이에 대해 부산진구 여성인력개발센터의 구명숙 관장은 "여성의 경제활동 참여의 필요성과 여성인적자원의 중요성이 부각되고 있으나 육아 및 가사부담으로 경력단절을 경험하는 여성이 많은 것이 현실이다."라며 "여성인력을 양성하고 효율적으로 활용하기 위해서는 기혼여성이 가지고 있는 현실여건을 감안, 가정과 직장을 양립할 수 있는 사회적 인프라 구축이 절실하다."고 말했다.

출처: 문화생활협동조합(http://blog.naver.com/rehouse)에서 2010. 08. 15. 발췌.

선진국에서는 근로자들과 고용주들이 함께, 삶의 질을 높이기 위하여 가정생활을 돕는 기업환경의 조성에 노력해왔었다. 우리나라도 최근 정부기관을 중심으로 가족 내 돌봄노동을 더 이상 가족의 기능만이 아닌 사회적 지원이 필요한 분야로 인식하여 양성평등한 가족관계를 형성하고 모든 가족에 대한 지원 및 사회적 책임을 강화하기 위한 정책들이 추진되고 있다. 이런 정책들은 근로자들에게는 직장 일을 하면서 가정에서의 돌봄 역할을 조화롭게 영위할 수 있게 함이 목적이며(장혜경, 2005), 고용주(기업)의 입장에서는 인적자원의 성과(근로자들의 조직에 대한 몰입, 직무에 대한 만족, 이직 감소, 조직에 대한 애착감 등)에 유의한 영향을 준다(장은미, 2005).

가족친화조성법

보건복지부는 2008년 6월 15일 「가족친화사회환경의 조성 촉진에 관한 법률」을 전면 시행하기로 했다고 밝혔다. 이 법률은 저출산·고령화와 여성의 경제활동 참여 증가 등 사회환경이 변화해 감에 따라 가정과 직장생활을 조화롭게 병행할 수 있도록 하기 위해 마련되었다. 복지부는 이 법률의 시행으로 가족친화적인 사회환경 조성을 촉진하기 위해 종합적이고 체계적인 지원체계가 마련되었다고 보고, 이를 기회로 가족친화제도 활성화를 위한 지원사업이 더욱 탄력을 받을 것으로 전망했다.

이 법은 총25조 및 부칙으로 구성되었으며, 제정 목적(제1조)은 '가족친화 사회환경 조성을 촉진함으로써 국민의 삶의 질 향상과 국가사회 발전에 이바지함'이다. 이 법률이 규정하고 있는 가족친화제도(제 2조 3항)에는 '탄력적 근무제도, 자녀의 출산.양육 및 교육 지원제도, 부양가족 지원제도, 근로지 지원제도 및 기타 제도' 등이 있다. 그 외 이 법률은 '가족친화 사회환경 조성 기본계획의 수립, 실태조사, 가족친화 직장환경 조성, 가족친화 인증기관 지정, 가족친화지원센터 지정' 등의 사업을 명시하고 있다.

출처: 보건복지부 가족정책과 보도자료(2008. 02. 28).

홍승아 외(2008: 32)는 '가족친화'란 '사회가 가족의 책임과 의무를 존중하고 지원하는 것', '일·가족 양립균형'이란 '가족책임이 있는 남녀근로자의 일가족생활 양립균형 지원'으로 구별 설명하고 있지만, 본 장에서는 이 용어를 같은 의미로 사용한다. 가족친화(family friendly)란 용어 속에는 근로자가 가족과 직장을 다 소중하게 여기며, 직장에서의 성취와 가정의 행복감은 서로 깊은 관련성을 가지고 있다는 의미가 포함되어 있다(Rogers, 2001). 근로자의 건강하지 못하고 스트레스를 받는 가족환경은 직장생활에서 덜 생산적이며, 근로자의 웰빙은 고객 서비스, 생산성, 이익을 향상시킨다. 따라서 가족친화란 일과 가정생활 간의 우선순위가 서로 상충되는 것이 아니라 상호보완적이며, 이 둘이 상호이익이 되도록(win-win 철학) 노력하는 것으로 목적은 '일과 가정생활의 균형(balancing work and family)'이다.

'가족친화정책(family friendly policy)'이란 기업의 고용주나 국가가 '가족친화'의 개념을 이해하고 기업 내에 가족지원적 환경을 만들어주는 것을 말한다(Parasuraman, 1997). 즉 기업이 근로자의 다중역할수행에 따른 갈등이나 요구사항에 대응하기 위해 시행하고 있는 정책 모두를 가족친화정책이라고 할 수 있을 것이다. 따라서 이 정책은 직업상의 역할에 대한 요구와 가정적 역할에 대한 요구가 서로 상치되어 발생하는 일-가족 갈등을 해결하고, 일과 가족의 역할을 삶 속에서 서로 통합함으로 근로자의 일-가족 균형을 유지시켜 사회발전에 기여한다. 따라서 가족친화정책은 단순한 정책이기보다는 하나의 환경이며 가족친화를 모토로 하는 문화라 볼 수 있다(정영금, 2004). 즉 직장 일만을 중시함으로써 생겨나는 가족의 문제, 더 나아가서는 사회의 문제를 해결하는 방안으로, 근로자들 혹은 가족이 있는 고용인은 일과 가족의 균형을 맞추려고 노력하고, 이것을 기업이나 국가가 정책적으로 지원하며, 지역사회가 함께 참여하는, 가족중심적인 환경이며 문화인 것이다.

2. 가족친화제도의 시대적 배경

최근 가족을 둘러싼 사회경제 환경이 빠른 속도로 변화하고 있으며, 베이비붐 세대를 중심으로 남성의 의식 및 성공에 대한 인식도 변화하고 있다. 또한 점점 더 심화되어가는 경쟁 상황에서 기업의 효율성을 높이기 위한 경영전략도 변하고 있고, 국가차원에서는 미래인적자원 개발을 위해 여성인력의 중요성이 대두되고 있다. 이러한 변화들은 우리 사회가 가족친화적이어야 하며, 다양한 가족친화제도가 필요함을 시사하는 중요한 요인들이 되고 있다. 가족친화제도 도입의 시대적 배경을 설명하면 다음과 같다.

1) 맞벌이가족의 증가

기혼여성의 경제활동 참여는 맞벌이부부, 즉 이인부양자가족(dual aerner family)을 증가시키고 있다. 기혼여성의 경제활동 참여는 가정 내에서 자녀양육과 가사일, 그리고 노부모 부양을 책임지던 노동이 줄어들어야 함을 의미하나, 현실적으로 자녀양육과 노부모 부양의 책임은 점점 커지고 있다. 즉 핵가족 구조에서 친인척 교류가 감소되면서 부부의 책임은 오히려 증대되고, 직장과 가정의 갈등이 일부 여성만이 직면하는 문제가 아니라 남성, 여성 모두가 당면하는 문제로 등장하고 있다.

기혼 취업여성들에게 직장과 가정을 병행하는 일은 정신적 스트레스나 신체적 피로감을 줄 뿐 아니라 노동생산성을 저하시키는 등 취업활동에도 큰 장애요인이 되고 있다(통계청, 2008)[1]. 이직 경험이 있는 기혼여성 근로자들은 육아 및 자녀교육 문제를 이직 사유로 가장 많이(38.3%) 지적하였고, 맞벌이 여성 근로자들은

---

1) 2008년 통계청 조사에서 취업여성의 38.8%가 육아부담을 취업장애 요인으로 가장 많이 지적했고, 그다음은 사회적 편견과 차별적 관행(32.8%) 및 불평등한 근로여건(22.4%)로 지적했다.

가정사로 인한 스트레스 때문에 직장생활이 상당히 영향을 받는다고 응답하였다. 이러한 기혼여성의 직장과 가정에서의 다양한 역할부담에서 오는 스트레스는 자녀양육 부담으로 인해 독신가정의 증가나 만혼 경향, 저출산, 노령화 등의 추세가 가속화되는 것에도 상호영향을 미친다.

앞으로 기혼여성의 경제활동은 더욱 증가하고 이로 인한 가족환경은 더욱 변화할 것으로 전망되며, 그 결과 근로자들의 일과 가정생활의 양립문제는 더욱 심각할 것으로 보인다. 그러므로 근로자들의 일과 가정생활의 양립문제를 더 이상 개인과 가족의 문제로 볼 것이 아니라 국가와 사회에서 지원할 것이 강력히 요구되고 있다.

2) 일과 가족에 대한 의식 변화

이인부양가족의 증가와 장기 고용(정년 때까지 한 직장에서 근무함이 보장되는)이 어려워지면서 남성들에게도 '일과 가정' 그리고 '성공'에 대한 의식이 변화하고 있다. 남성들은 점점 전통적인 역할에 도전을 받고 있으며, 잦은 이동과 조기퇴직 등으로 과연 무엇이 '성공적 삶'인가에 대해 고민하게 되었다.

아내는 집안에서 가사를 돌보고, 남편은 밖에 나가 빵을 벌어 온다는 전통적 핵가족 이념은 가족 내에서의 남성의 역할을 생계부양자에 고착시키고 대신 남성을 가정의 다른 모든 역할로부터 면제시키는 면죄부 구실을 하게 했다. 우리나라의 가부장적 가족주의는 가족이 흥하고 망하고를 바깥 세계에서 남편의 성공여부로 판단하였기에 아내는 집안에서 남편을 내조, 순종하고 남편은 사사로운 집안일에 신경을 쓰기보다 바깥의 일에 신경을 써야 한다고 인식되었다. 그래서 남편에게 가족의 유일한 생계부양자로서의 의무감을 지우면서 그에 대한 반대급부로 가정에서 남편에게 절대적 권위를 부여하는 것이다. 이렇게 남성 혼자에게 생계부양의 의무를 부과한 결과 남성이 바깥의 경쟁사회에서 성공할 경우 집안 내에서의 남편의 권위는 절대적이 되나, 반면 바깥 세계에서 다른 남성과 비교하여 성공을 거두지 못하거나 가족의 생계부양의 의무를 적절히 다하지 못하였을 때 남성 및 그 가족이 입게 되는 갈등은 엄청나 남성 자신 및 그의 가족의 파탄까지 초래하게 된다.

그러나 여성의 경제활동 참여 확대는 이러한 성역할 이데올로기의 약화를 가져오고 있고, 남성 스스로도 자신들의 정체성을 생계부양자로서의 역할에만 두지 않고 가정에서 남편과 아버지 역할의 중요성을 인식하고 있다. 즉 직장과 가정, 직장과 생활의 균형을 추구하면서 가족과 생활을 중시하는 경향이 강해지고 있는 것이다. 김태홍 외(2001)의 조사에 따르면 1978년에는 남성 근로자의 46.5%가 인생의 가장 큰 만족을 '일'에서 얻는다고 하였으나, 1992년에는 35.8%로 감소하였다. 또한 남성들을 대상으로 한 심층면접에서 남성들은 경제적 부양자가 아닌 양육자로서의 아버지 역할을 더 중요하게 인식하고 직업역할보다 가족역할에 우선순위를 둔다고 하였다(한경혜, 1998; 이숙현, 2002).

남성들의 이런 인식 변화에도 불구하고 그 아버지 역할 수행을 방해하는 직장 및 직무환경은 자녀와 접촉할 기회를 감소시킴으로써 아버지가 부모로서 유능감을 형성하고 만족을 얻을 수 있는 소지를 감소시킨다(이숙현, 2002). 그리고 산업화가 진행될수록 경쟁원리는 더욱 심해져 남성은 일에 과중한 시간을 배분하고 있으며, 더욱이 우리나라의 경우 퇴근 후 근무시간의 연장으로 직장 관련 사람들과 보내는 시간이 길기 때문에 부부 간 및 부모와 자녀가 보내는 절대적인 시간 부족으로 가족관계에서 긴장의 요소가 매우 심각하다. 동시에 취업 동기도 단순한 소득 획득에서 벗어나 자아실현을 중시하는 방향으로 변화하고 있으며, 해마다 회사원들의 이직률[2)]도 증가 추세에 있는 것으로 보여 근로자인 남성의 관점에서는 일과 생활 균형에 대한 요구가 높아지는 반면 기업은 경영환경의 변화에 맞

2) 한국노동연구원(2004)에 따르면 우리나라 직장인들의 평균 이직률은 외환 위기 이후인 98~2001년에 22.2%로, 93~96년의 18.9%에 비해 증가했다고 한다. 평생직장의 개념이 점차 사라져가는 사회 전반의 풍조를 감안할 경우 이직률은 앞으로도 더욱 증대될 것으로 예상된다.

춰 더 많은 업무량을 요구하는 등 남성에게도 일과 가정의 갈등이 있다.

이와 같이 남성들도 일과 가정이 분리되어 있고 개인생활은 뒤로한 채 일에 대한 성공만을 향해 달려가던 '구시대의 회사인간' 대신 회사에서의 수입, 품위, 기업의 지원, 남성의 매력도 잃지 않으면서 아버지로서 남편으로서의 역할을 충실히 수행하기를 바라는 '새로운 유형의 회사인간'이 되고자 하기 때문에 회사도 지금까지와는 다른 인사관리 방식으로서 직장과 가정의 균형을 지원하는 가족친화제도를 도입할 필요가 있다.

3) 기업의 효율적 경영 제고

가족친화제도의 활용은 기업의 성과를 높인다. 즉 기업이 근로자들의 일과 가정생활의 조화를 이루도록 도와주면 직무만족이 증가되고, 이직 및 결근률이 낮아지며, 결과적으로 기업의 효율성이 높아진다는 연구 결과가 있다(Goff, Mount, & Jamison, 1990; Thoman & Ganster, 1995).

기업이 처한 경영환경은 끊임없이 변화한다. 사회가 변하고 소비자가 변하며 경쟁이 변화한다. 변화 속에서 살아남고, 지속적으로 발전하기 위해서 기업이 준비해야 할 과제는 여러 가지가 있는데, 그 중에서 가장 중요한 과제 중 하나는 바로 사회의 변화를 주도하고 그 흐름의 중심에 서 있는 신세대 인재를 기업 내부로 받아들이는 일일 것이다. 즉 기업을 효율적으로 경영하기 위해서는 숙련된 고용인의 채용, 생산성 증가, 결근율의 감소, 기업문화에 익숙한 고용인의 재고용 등이 관건이며 이는 기업의 전반적인 정책이나 문화가 되기도 한다. 또한 기업은 생산성을 높이기 위해서는 고용인들을 창의적이고 효율적으로 일하도록 지원해야 하는데, 고용인들은 끊임없이 스트레스에 시달리며, 가장 큰 스트레스 중 하나가 일과 가족 간의 갈등문제이기 때문에 기업의 일-가족 균형의 지원은 중요하다(정영금, 2004). 기업의 입장에서 볼 때, 직장/가정 갈등으로 인해 직장생활에 미치는 부정적인 영향은 큰 손실이 아닐 수 없다. 실제로 가족친화적 프로그램이 노동성과를 제고시키고 경제적 이익을 낳는다는 연구 결과들이 축적되고 있다. Hass & Hwang(1995)의 주장에 의하면, 훈련되고 숙련된 근로자의 결근은 미국 내에서 매년 약 1천억 달러의 손실을 야기하지만, 가족친화적 프로그램을 통해 이런 손실을 줄일 수 있었다고 하는데, 그 예로 The Union Bank의 경우 5세 이하의 자녀가 있는 근로자들 중 직장탁아를 활용하고 있는 사람들의 결근 일수는 다른 탁아방식을 취하고 있는 부모들에 비해서 일년 평균 4.6일이나 적어서 1만 9,000 달러를 절약할 수 있었으며, 인디애나주의 한 나일론 제조회사는 연 22%였던 결근율이 제로가 되면서 150만 달러의 경영이익을 얻었고, 직장탁아와 시간제 노동이 가능한 기업의 여성 근로자들일수록 출산 후 전일제 노동으로 복귀하는 경향이 높다고 한다. 이처럼 기업이 고용인의 직장과 가정 사이에서 발생하는 갈등을 감소시킬 수 있도록 배려하고 직장과 가정을 조화롭게 양립할 수 있는 환경을 제공하는 것이 결국은 기업의 경영전략이 되기도 한다.

4) 여성인적자원의 개발과 활용

오늘날 21세기 지식기반사회는 산업사회에 비해 여성적인 능력을 필요로 하는 사회이며, 여성 능력의 활용 여하에 따라 국가경쟁력이 좌우될 수 있는 사회이다. 따라서 인적자원으로서의 여성의 능력을 올바르게 인식하고, 그 능력을 효율적으로 개발하고 활용하는 일이 지속적인 국가발전과 여성의 삶의 질을 향상시키는 국가적인 과제가 되고 있다.

세계적으로 나타나고 있는 이러한 사회경제적 패러다임의 변화는 노동력 시장에서 여성과 소수민족의 중요성을 부각시켰고 최근 우리나라에서도 여성인력의 중요성이 대두되고 있다. 선진국의 경우 여성 경제활동 참가율이 소득 1만 불에서 2만 불에 이르기까지 약 9%가 증가한 것으로 나타나, 우리나라도 소득 2만 불 수준에서 여성의 경제활동 참가율이 더욱 증가할 필요가 있다고 밝혔다.

그러나 우리나라의 여성인력에 대한 평가나 활용도는 여전히 부정적이다. 여성은 남성을 보조하는 노동력이라는 고정관념이 불식되지 않고 산업구조의 변화가 여성 인력을 필요로 한다는 인식이 확고히 자리 잡지도 못하고, 여성의 업무성과는 긍정적으로 평가하면서도 모순적으로 여성 인력 활용에 대해서는 부정적인 태도를 보이는 등 여성 노동력에 대한 불신과 편견이 있다(한주희, 1997). 특히 고급 여성인력(공기업 임원, 관리직 여성공무원, 입법공무원 등) 활용도는 매우 낮아, 2008년 세계정제포럼(WEF)이 발표한 국가경쟁력 순위에서는 19위(75개국)였지만 고급 여성 인력의 활용도를 나타내는 여성권한 척도(GEM)는 38개국 중 36위로 최하위권이었다(여성부, 2008). 최근 다소 상향되고 있지만 여전히 선진국 수준을 따라가지 못한다.

여성인력에 대한 이런 부정적인 평가와 저조한 활용률 뒤에는 채용단계뿐 아니라 승진, 훈련, 배치의 모든 과정에 여성에게 불리하게 작용하는 고용관행도 있거니와 무엇보다 가사노동과 육아의 책임이 여성에게 있다는 고정관념이 작용하고 있기 때문이다. 따라서 우리나라가 OECD 국가의 반열에 속하고 선진국으로 진입하기 위해서는 여성인력, 특히 고학력 여성인력의 활용을 높여야 하고, 그러기 위해서는 여전히 여성들이 전적으로 부담하는 가정 내 돌봄노동을 사회가 공동으로 책임지는, 일과 가정생활의 양립을 지원하는 가족친화정책이 절실하다.

공무원 탄력 근무 실시

경남 마산시가 저출산 현상 극복에 공무원들이 솔선수범하는 분위기를 조성하기 위해 여성 공무원의 출산 및 육아에 도움이 되도록 인사제도와 근무여건을 개선하는 등 출산율제고 시책을 시행키로 했다. 마산시의 2010년 1월 1일부터 시행될 '저출산 극복을 위한 근무여건 개선계획'에 따르면, 만 7세 이하 자녀를 양육하고 있는 여성 공무원들 가운데 우선 10명 정도의 참여희망자를 신청 받아 '시간제 근무'를 시범 실시할 계획이다.

시간제 근무는 매일 오전 9시~오후 2시와 오후 2시~6시로 나눠 주 20시간을 근무하는 방식으로 실시되며, 해당 공무원의 보수와 수당은 근무시간에 맞게 감액 지급된다. 초등학생 이하 자녀를 양육하는 공무원들의 경우 총 근무시간의 변동 없이 출근시간을 1시간 앞당기거나 늦출 수 있도록 했다. 생후 1년 미만 유아가 있는 여성 공무원은 1일 1시간의 육아시간을 보장 받을 수 있으며, 만 6세 이하 자녀가 있는 부부 공무원들에게는 '부모휴가 권고제'가 도입된다.

임신·육아 공무원들에게는 희망부서에 우선 배치될 수 있도록 하고 임신 5개월부터는 의자와 발받침대, 전자파차단 앞치마 등 1인당 3만 원 상당의 임신부 전용 사무용품이 지급된다. 또 초등학생 이하 자녀를 둔 공무원이 자녀의 학교행사에 참석할 경우 연간 3일 이내의 특별휴가를, 불임치료 희망 직원에 대해선 연간 10일 이내의 특별휴가를 각각 실시할 수 있도록 하기 위해 지방공무원복무조례를 개정해 이르면 내년 상반기부터 시행키로 했다. 이에 앞서 마산시는 3명 이상 자녀를 둔 공무원(6급 이하)이 희망할 경우 희망부서에 우선 전보하는 인사우대제도를 지난 9월부터 시행하고 있다.

출처: 부산일보(2009. 12. 21).

3. 가족친화제도

가족친화적 제도는 일반적으로 보육 및 가족간호 관련 제도, 가족친화적인 휴가제도, 가족친화적인 근무제도, 가족친화적인 서비스제도 등으로 나누어 볼 수 있다(김태홍, 2001). 김태홍(2001)은 기업의 가족친화제도를 〈표 11-1〉로 정리하였다.

〈표 11-1〉 기업의 가족친화제도

제도의 유형	제도의 내용
보육 및 가족간호제도	• 보육지원(직장보육시설 운영, 보육비용 지원, 질병과 야근 및 출장에 따른 특별보육지원제, 보육 및 육아의 정보제공 및 상담) • 탁노제도 • 취학아동 지원제도 • 가족을 위한 위탁 간호서비스제도 • 장애가족을 위한 특별 지원제도
가족친화 휴가제도	• 법규이상의 출산 및 육아휴직제도 • 가족 간호휴가제도 • 배우자의 대한 출산간호휴가제도 • 개인사유에 의한 무급휴직제도 등
가족친화 근무제도	• 탄력적 근무제 • 주5일 및 토요 격주휴무제도 • 시차출퇴근제 • 원격 및 재택근무제 • 가족문제가 있는 근로자에 대한 일시적인 업무전환제도 • 정규직 신분을 유지한 근로시간 단축제
가족친화 서비스제도	• 파출부 주택 기타 가정문제관련 정보제공 • 스트레스에 대한 상담제도 • 가사 관련 행정 및 법률 업무대행 • 가족초청행사 및 가정 관련 교육실시

출처: 김태홍(2001). 『가족친화적인 고용정책의 현황과 활성화 방안』. p. 29.

이런 연구들을 기반으로 여성가족부는 2010년 가족친화제도를 가족관계증진제도(자녀 방학 중 휴가제, 근로자 가족 초청 행사, 정시 퇴근제, 육아데이, 가정의 날 운영 지원), 가족여가문화촉진제도(가족 단위 문화체험 지원), 가족친화사회공헌제도(소외 계층 지원 제도)로 협의 규정하였다.

1) 보육 및 가족간호제도

① 보육지원

보육지원(child care support)은 직장 내 탁아시설 운영[3], 보육비용 지원, 정보 및 상담 프로그램의 형태로 제공된다. 일반적으로 회사 내에서 보육시설을 운영하면 직장에서 일하는 부모들이 업무 중에 자녀를 돌볼 수 있고, 특히 비상시에 쉽게 대처할 수 있어 근로자에게 안정감을 주며 작업의 집중도를 높일 수 있다는 장점이 있다. 이러한 보육제도는 직장과 가정일의 상충문제를 완화시키고, 우수한 사원의 모집과 함께 장기근속을 유도하는 긍정적인 효과가 있다.

② 탁노제도

보육제도 이외에 부양가족간호를 위한 대표적인 제도로 탁노제도(elder-care program)가 있다. 주요 선진국은 인구의 고령화와 함께 기혼여성의 노동시장 참여가 증가함에 따라 노인부양과 관련된 가족친화 제도의 보급이 증가하고 있다. 최근 우리나라도 인구의 급속한 노령화가 진행 중이며, 이러한 노인인구에 대한 부양이 사회적 문제로 부각되고 있다.

이러한 탁노제도 이외에 노인간호와 관련된 제도로 적은 비용으로 탁노시설의 명단과 자료를 제공해주고 법률적 조언을 해주는 서비스제도, 점심시간이나 일과 후 노인부양에 도움이 될 만한 요령과 방법에 대한 교육을 실시하는 제도, 부모의 장기부양을 위한 장기 가족보험제도 등도 있다. 미국 기업 듀퐁이 실시한 조사에 의하면 노인부양의 책임이 있는 사원의 20%가 스트레스로 인한 건강문제를 일으

---

3) 영유아보육법 제14조에 의하면, 상시 여성 근로자 300인 이상 또는 근로자 500인 이상 사업장의 사업주는 직장보육시설을 설치하여야 한다. 다만, 사업장의 사업주가 직장보육시설을 단독으로 설치할 수 없을 때에는 사업주 공동으로 직장보육시설을 설치 운영하거나 지역의 보육시설과 위탁계약을 체결하여 근로자 자녀의 보육을 지원하거나 또는 근로자에게 보육수당을 지급하여야 한다.

켰으며 14%가 정규직에서 시간제 사원으로 전락하리라는 심리적 압력을 받고 있다고 응답했다(김태홍 외, 2001).

③ 취학아동 지원제도

기업이 취학아동을 방과 전후, 휴일에 돌보는 서비스제도이다(schoolchild–care program). 이 제도에는 직장 내에서 기업이 직접 운영하는 제도와 공립학교 혹은 지역사회센터에서 운영되는 프로그램을 지원하는 제도가 있다. 이외에 맞벌이가구의 자녀를 돌보는 제도로 전화서비스(미국의 경우 'Warmlines')도 있다. 전화서비스제도는 아동이 방과를 전후하여 혼자 있거나, 성인의 도움이 필요한 경우에 전화를 걸 수 있는 제도이다.

이러한 취학아동을 돌보는 것을 지원하는 제도는 기혼근로자의 스트레스를 감소시키고, 사기를 제고시키며, 근태율을 낮추고 생산성을 제고시키는 효과가 있는 것으로 나타났다. 뿐만 아니라 아동에게 안락함을 제공하고 걱정을 감소시킨다(김태홍 외, 2001).

법적 모성보호제도와 주요 내용

모성보호제도	주요 내용
산전후 휴가	• 산전 또는 산후에 90일의 보호 휴가 부여
배우자 출산휴가	• 근로자 청구 시 3일 휴가 부여
육아휴직	• 초등학교 취학 전 자녀가 있는 경우, 1년 동안 사용 가능 • 월 50만 원의 휴직급여 지급
육아기 근로시간 단축	• 초등학교 취학 전 자녀가 있는 경우, 1년 동안 사용 가능
산전후 근로시간 제한	• 임신 중: 시간 외 근로 금지 • 산후 1년 미만: 1일 2시간, 1주일 6시간, 1년 150시간을 초과하는 시간 외 근로 금지

출처: 삼성경제연구소, CEO information, 제771호.

2) 가족친화 휴가제도

① 법규 이상의 출산 및 육아휴직제도

출산 및 육아휴직제도란 근로자가 피고용인의 신분을 유지하면서 자녀출산 및 양육을 위해 일정기간 직무에 종사하지 않도록 휴가를 주는 제도이다. 이러한 제도는 기혼여성의 취업을 촉진하고 결혼과 출산이라는 문제로 퇴직되는 일이 없어서 계속적인 취업을 보장해준다. 또한 기업적 측면에서 볼 때 가족친화적 휴가제도는 근로자가 가정영역의 일로 퇴직하는 것을 방지함으로써 고용주로 하여금 근로자에게 드는 교육투자비용을 보존하게 해준다. 즉 출산 및 육아 관련 휴가제도는 기업이 유능한 인력을 확보하고 여성인력의 활용을 제고하는 데 기여할 수 있을 것이다.

최근 우리나라는 모성보호를 강화하고[4], 직장과 가정의 양립을 지원하기 위해 모성보호 관련 법을 개정하였다. 출산휴가제도는 유급으로 90일을 제공하도록 하고 있으며[5], 육아휴직제도는 자녀양육을 위해서 남녀 근로자에게 일정기간 휴직을 제공하도록 하고 있다[6]. 여성의 경제활동 참여와 이에 따른 맞벌이의 증가로 인해서 육아휴직에 대한 근로자의 수요가 계속해서 증가하고 있다. 외국의 경우,

---

4) 근로기준법 제73조(육아시간) 생후 1년 미만의 유아를 가진 여성 근로자의 청구가 있는 경우에는 1일 2회 각각 30분 이상의 유급수유시간을 주어야 한다.

5) 근로기준법 제72조(임산부의 보호) 기업주는 임신 중의 여성 근로자에 대해서 산전·후를 통해 90일(다태아일 경우 120일)의 보호휴가를 제공한다. 이 때 휴가기간의 배치는 산후에 45일 이상이 되도록 하고 있다(본 조항은 종업원 수 1인 이상인 사업체까지 적용됨). 산전후휴가기간의 현금 급여는 휴가기간 중에서 60일은 사업주가 지불하고, 30일에 대해서는 고용보험 제도를 통해서 제공한다. 또한 임신 중의 여성 근로자의 청구가 있는 경우에는 경이(輕易)한 근로에 전환시키도록 하고 있으며, 시간외근로를 시키지 못하도록 하고 있다.

6) 남녀고용평등법 제11조(육아휴직) 사업주는 생후 1년 미만의 영아를 가진 근로자가 그 영아의 양육을 위하여 휴직을 신청하는 경우에 이를 허용하여야 한다. 또한 사업주는 제1항의 규정에 의한 육아휴직을 이유로 해고, 그 밖의 불리한 처우를 하여서는 아니되며, 육아휴직 기간 동안은 당해 근로자를 해고하지 못한다.

자녀양육을 위해서 근로시간을 일정 수준으로 단축하는 자녀양육을 위한 단축근무제도도 있다. 이는 육아휴직으로 인해 발생하는 소득상실을 줄여 남녀 근로자의 일과 가정 양립을 쉽게 하게 만들고, 남성의 육아 참여를 촉진시킨다.

② 가족간호휴가제도

일반적으로 가정에 다른 가족의 간호가 필요한 가족원이 있으면, 가정과 직장일의 상충문제가 심각하게 된다. 이에 많은 국가에서는 기업들이 부상, 질병, 노령 등으로 일상생활을 하기 힘든 가족(자녀, 배우자, 부모 등)을 간호하기 위하여 일정기간 직무에 종사하지 않고 휴직하여 간호에 전념하도록 근로자에게 휴가를 제공하는 가족간호휴가제도(family nursing care leave)가 있다.[7)]

③ 배우자의 출산간호휴가제도

배우자의 출산간호휴가(paternal leave)는 아내의 출산에 참여할 수 있도록 아내의 출산시기에 남성 근로자에게 제공하는 휴가로 10일(유급)을 제공한다. 서구의 많은 나라들에서 이 제도가 실시되고 있는데, 핀란드에서는 12일, 뉴질랜드와 노르웨이에서는 2주간을 배우자의 출산간호휴가로 제공하고 있다.

3) 가족친화 근무제도

① 탄력적 근무제

탄력 근무제(flexible working system)란 일정한 정산기간(accounting period) 동안의 총 근로시간을 결정한 다음, 근로자가 근로시간의 시작과 종료를 일정한

---

7) 우리나라의 경우, 1994년부터 국가공무원법과 지방공무원법, 교육공무원법에 의해 공무원에게 실시되고 있다. 우리나라 공무원에게 실시되고 있는 가족간호휴가제는 휴직기간은 1년으로 하되 재임기간 중에 총 3년을 초과하지 않도록 하고 있다.

시간대에서 자유롭게 선택하도록 하는 제도이다.[8)] 여기서 총 근로시간은 해당 정산기간 중의 소정 근로시간을 모두 합한 것으로 주 평균 법정 근로기준시간을 초과하지 않아야 한다. 그리고 하루의 소정근로시간은 해당 근로자가 반드시 사업장에서 근무해야 하는 시간대인 핵심근로시간대(core time)와 근로자가 근무시간을 자유롭게 결정할 수 있는 선택시간대(flexible time)로 나누어진다.

조직의 관점에서 탄력적 근무제는 인간적이고 신뢰의 분위기를 만들어낼 수 있다. 이러한 분위기는 고용주에게, 근로자의 사기 증진, 생산성 향상, 근태율·결근율 감소와 휴가이용의 감소, 초과근무 감소의 이점을 제공하기도 한다. 그리고 이 제도는 근로자들에게 부양가족에 대한 책임을 배우자와 공유하는 것뿐만 아니라 교육·여가·사회·가족활동에 참여할 기회와 개인적 자유를 더 많이 제공한다(박옥주, 2002).

② 주5일 및 토요격주 휴무제

주5일 근무제(5-day work system)는 1940년 미국에서 민간 기업을 대상으로 최초로 실시되었는데, 실시 이유는 극심한 경기침체에 따른 실업문제를 근로시간 단축을 통한 일자리 공유로 대처하기 위해서였다. 이 근무제는 남녀 근로자에게, 특히 맞벌이가족에게 시간적 여유를 주어 직장과 가족생활을 조화롭게 병행하는 데 도움을 주며, 근로자에게 충분한 휴식을 제공하여 에너지를 재충전함으로써 자발적 근로의욕을 향상시킨다. 또한 근로자의 자기계발 및 투자증가로 생산성 향상, 근로시간 단축에 따른 인사·노무관리 및 생산라인과 생산방식 개선 등의 경영혁신을 촉진시킨다.

---

8) 근로기준법 제51조(탄력적 근로시간제)에 의하면, 2주간이내의 일정한 단위기간을 평균하여 1주간의 근로시간이 법정근로시간을 초과하지 아니하는 범위 안에서 특정 주에 40시간을, 특정일에 1일 8시간을 초과하여 근로할 수 있다. 단위기간의 주별 근로시간은 기업과 근로자대표와의 서면 합의로 결정하기도 한다.

③ 시차 출퇴근제

시차 출퇴근제도(variable starting/stopping times) 혹은 선택적 근로시간제는 출퇴근시간을 근로자의 결정에 맡기는 제도이다. 기업들이 운영하는 전형적인 시차 출퇴근제는 1일 근로시간인 8시간을 기준으로 조기 출근하는 근로자는 조기 퇴근하고, 늦게 출근하는 근로자는 늦게 퇴근하는 제도를 말한다. 출퇴근시간을 조정하는 또 다른 제도로 조기출근제가 있는데, 이 제도는 모든 근로자가 일률적으로 다른 기업의 출근시간보다 빠른 시간에 출근하고 일찍 퇴근하는 것을 말한다.

④ 원격 및 재택근무제

직장에서 떨어진 사무실이나 거주지에서 근무하는 원격지 근무제도에는 재택근무(home-based)와 이동 원격지(mobile teleworking) 근무제도가 있다. 재택근무제는 컴퓨터와 통신기술의 발달로 인해서 정보 관련 업무에 종사하는 근로자 수가 증가함에 따라 확산속도가 빨라지기 시작했다.

이 제도는 통근시간을 절약할 수 있고, 근로시간을 유연하게 활용할 수 있으며, 또한 별도의 보육서비스를 필요로 하지 않는 장점이 있다. 또한 기업의 측면에서 보면, 사무실 공간이나 감독에 소요되는 비용을 감소할 수 있고, 업무효율성을 향상시킬 수 있는 장점이 있다. 재택근무와 관련된 연구(박미혜, 1998)에 의하면, 재택근무 근로자는 사무실에서 근무하는 일반근로자와 비슷한 직무 만족도를 보였고, 업무에 대한 강한 동기부여를 가진 근로자에게 적합한 것으로 나타났다.

⑤ 정규직 신분을 유지한 근로시간 단축제

이 제도는 휴직을 하지 않고 자녀양육을 위해서 노동시간을 일정 수준으로 단축하는 자녀양육을 위한 제도이다. 이 제도는 육아휴직으로 인해서 소득상실이 발생하면 생계가 곤란한 남녀근로자에게 직장 및 가족 일의 병행을 쉽게 하고 남성의 육아 참여를 촉진하기 위해 만들어졌다.

4) 가족친화 서비스제도

이 제도는 근로자에게 일과 가정문제에 대한 정보와 교육·상담을 제공함으로써 근로자와 그들 가족의 삶의 질을 향상시킬 해결책을 찾도록 돕는 제도를 말한다. 정보의 제공은 기업에게 있어서 가장 비용이 적게 들고 아마도 비용대비 가장 효과적인 선택사항일 것이다. 가족친화적인 서비스제도로는 파출부, 주택, 기타 가정문제 관련 정보제공과 스트레스에 대한 상담제도, 가사 관련 행정 및 법률 업무대행, 가족초청행사 개최 및 가족교육과 가족상담 실시 등이 있다.

4. 가족친화정책과 젠더

가족친화제도의 활용은 관련 법과 정책의 집행과 구성원의 인식의 변화로 보다 활성화될 수 있을 것이다. 다음은 가족친화제도의 활성화가 이루어지면 기대해 볼 수 있는 젠더 관점의 효과들이다. 즉 여성고용의 증대, 출산율의 상승, 성별 임금의 평준화 등을 기대할 수 있다.

가족친화정책은 여성고용에 긍정적인 영향을 미친다(홍승와 외, 2008). 다양한 제도 중 육아휴직 대상범위, 육아휴직 기간, 육아휴직 시 급여 조건, 세제혜택, 보육시설의 접근성과 이용률 등이 우수할수록 자녀가 있는 여성고용이 증가한다 볼 수 있다. 특히 아동보육에 대한 보육비 지원과 양질의 보육시설 설치, 보육비의 저렴화 등은 미취학 연령 자녀를 가진 어머니들의 노동시장 참여 가능성을 높이며, 배우자의 소득이 높다하더라도 여전히 어머니의 고용이 유지되도록 한다.

과연 가족친화제도가 출산율 제고의 효과가 있을까? 어떤 사회환경이 만들어지면 여성이 출산과 양육도 수행하면서 원하는 일도 할 수 있을까? 여성 경제활동 참여율이 증가할수록 여성이 노동시장에 쓰는 시간은 증가하는 반면 여성이 출산 및 양육에 드는 시간은 감소하여 출산율은 떨어진다는 것이 일반적인 경향이다. 이때 출산과 양육에 드는 적절한 서비스가 제공 혹은 구매되면 양육비용이 감소되어 출산은 자극받을 수도 있다. 그래서 다양한 가족친화제도 등이 반드시 출산율을 높인다는 일관된 연구들은 아직 나타나고 있지는 않지만, 육아휴직 기간과 급여, 출산휴가 연장, 근로조건 선택, 아동수당 등은 출산율과 정적인 관련성이 있다고 볼 수 있다. 그리고 여성의 임금과 출산율의 관계에서 여성임금이 높을수록 출산양육의 기회비용이 높아져서 출산율이 낮아진다는 연구도 있다(Whittington, 1992). 그러나 일과 가정 양립의 사회환경이 이루어지면 여성 경제활동 참여율도 높아지면서 출산율도 증가하는 가능성을 배제할 수는 없다.

또 가족친화제도가 남녀임금 격차 해소에 기여할 수 있을가? 여성고용과 출산율 제고 외에 가족친화정책이 지향하는 목표가 젠더 평등이다. 이러한 젠더 평등을 측정할 수 있는 지표에는 생활시간, 노동시장에서의 지위, 그리고 임금차이 등이 있다. Ruhm(1998)은 육아휴직기간이 여성고용에는 긍정적인 영향을 미치나 임금에는 부정적 효과를 주며, 장기적으로 여성노동자 보호정책들이 직종분리, 고용주의 차별을 통해 오히려 여성임금을 낮추는 효과를 가져오는 것은 아닌지 검토되어야 한다고 하였다. 그러나 홍승아 외(2008)가 우리나라 통계를 활용하여 분석한 결과, 가족에 대한 서비스(돌봄과 육아에 드는 지출)가 확대되고 안정적인 육아휴직 사용을 지원할수록 남녀임금 격차는 줄어들어 결과적으로 일·가정 양립 효과, 즉 젠더 평등이 커진다고 보았다.

이런 효과를 기대하면서 몇 가지 제언을 하고자 한다.

첫째, 남성의 일 중심 태도와 여성의 가정 중심 태도의 개선이 지속적으로 필요하다.

가족구조나 가치관의 변화, 개정 가족법의 실시 등으로 가족이나 사회에서의 성차별적인 요소가 어느 정도 개혁되었지만 여전히 남성의 가족역할 참여도는 인식의 차원에 머물러 있고 행동으로 나타나고 있지는 않다. 변화에 대한 이러한 남성의 저항으로 남성 개개인뿐 아니라 조직과 사회 전반에 만연된 남성-일 중심의 사고가 변하지 않는다면 일과 가정생활의 균형을 지원하는 가족친화정책이 실시된다 하더라도 제대로 된 효과를 거둘 수 없을 것이다.

장희정·이기숙(2008)이 부산지역에 거주하는 30~40대 기혼남성 근로자 242명을 대상으로 가족친화정책에 대한 요구도를 조사한 연구에 의하면, 전반적으로 조사 대상 남성들은 가족친화제도 중 보육 및 가족간호제도, 가족휴가제도에 대한 요구가 근무제도와 가족친화 서비스제도에 대한 요구보다 높게 나타났다. 이는 여성 근로자들은 탄력근무제, 시차출퇴근제, 보육 및 육아정보의 안내 및 상담제도에 대한 요구가 높다는 연구(김태홍, 2001)와 다르게 나타나 여전히 남성이 여성보다 보육과 가정역할에 대한 부담이 덜하므로 직접적인 근무환경의 변화를 시급히 요구하지 않은 것으로 여겨진다. 그리고 또 조사 대상 남성들은 학력이나 연령과 같은 개인 변인보다는 미취학아동 유무, 근무시간과 같은 환경 변인에 따른 차이가 크게 나타났다. 미취학아동이 있는 남성 근로자들은 직장보육시설, 보육비지원, 출산 및 육아 휴직제도 등에 대한 요구가 높았다.

둘째, 가족친화 관련 제도와 문화가 함께 변화되어야 한다.

가족친화사회조성에 관한 법률 등의 제정으로 우리 사회의 제도화 수준은 형태는 갖추었다고 볼 수 있다. 그러나 제도의 실행, 활성화를 위해 보다 많은 노력이 필요하다. 즉 다양한 가족친화제도의 시행을 어렵게 만드는 근로자와 기업의 관점에서 장애요소를 찾아 개선하는 일이 필요하다. 그리고 다양한 제도를 실시하면서 동시에 관련 기구나 인프라가 구축되어야 할 것이다. 동시에 이런 제도의 혜택을 받을 근로자들이 당연한 권리로 참여하고, 기업은 보다 유연한 태도로 기업의 장기적 효율성을 기대하면서 이를 지원하는 가족친화적 문화 조성이 함께 이루어져야 한다.

셋째, 가족친화정책이 오히려 젠더 차별을 이끌어올 수 있다는 지적(Wise & Bond, 2003)에 대해 다각적 측면의 연구가 필요하다.

젠더 관점에서 보면 맞벌이가족, 한부모가족, 이혼가족의 증가 등 다양한 가족의 유형이 나타났음에도 불구하고 여전히 남자는 부양, 여자는 보살핌이라는 가족형태를 정책의 규범으로 삼고 있어 남성들이 이러한 정책을 별로 사용하지 않고 있으며 여성들 또한 정책을 이용할 경우 근로평가에 미치는 영향을 우려하고 있다. 기업이 탄력근무제나 시간제 근무와 같은 가족친화 프로그램을 시행하여 여성이 고용 기회를 갖게 된다고 하더라도 낮은 임금과 승진에 대한 전망이 불투명해 여성들에게 노동시장에서의 불이익과 젠더 분리라는 결과를 가져오게 된다. 그리하여 공적 영역에서 여성이 계속 이차적인 위치를 차지하는 결과를 초래할 수도 있다.

■ 〈부록〉 대한민국 워킹맘의 실체

워킹맘이 일과 가정을 병행하기 힘든 한국의 현실 때문에 출산과 육아의 부담이 큰 30대 초반 여성의 경력단절 현상이 심화되고 있다. 생산성이 높은 시기인 30~34세 여성의 경제활동 참가가 급격히 감소해, 전체 한국 여성의 경제활동 참가율은 53.9%로 OECD 평균인 61.5%를 하회하고 있다.

경력단절 현상은 여성 개인의 소득감소와 여성인력 활용 부족에 따른 국가 전체의 생산성 하락을 초래하고 있을 뿐만 아니라 경력단절 우려에 따른 출산기피로 저출산 문제를 심화시키고 있다. 30대 여성취업자의 경우 경력단절이 있는 취업자의 임금은 그렇지 않은 취업자의 74%에 불과해 경력단절을 경험한 30대 여성은 연간 약 770만 원의 소득상실을 경험하는 것으로 나타났다. 만일 '일과 가정의 양립'이 가능하도록 만들어 경력단절을 해소하고 여성의 경제활동 참가율을 OECD 평균 수준으로 끌어올린다면 한국의 1인당 국민소득은 2009년 1만 9,830달러에서 약 2,796달러가 늘어난 2만 2,626달러가 될 것으로 분석되었다(14% 증가).

인터뷰와 설문조사를 실시한 결과 한국의 워킹맘은 일과 가정생활을 병행하는 데 많은 어려움을 겪고 있는 것으로 나타났다. 워킹맘은 갈등을 느끼는 주요 대상을 회사 제도와 분위기(53.7%), 직장상사 및 동료(29.2%), 자녀(학교와 학부모 포함)(27.4%), 남편(18.4%) 순으로 지목했다. 또한 워킹맘은 육아, 남편과의 가사분담 문제 등 가정에서보다 회사 제도 및 분위기, 동료와의 관계 등 직장에서 더 많은 갈등을 경험하고 있음이 밝혀졌다.

워킹맘이 직장과 가정에서 겪고 있는 갈등은 다음의 7가지로 요약할 수 있다.

① '일과 가정의 양립'이 어려운 조직 분위기이다. 워킹맘은 직장생활에서 가장 큰 고충으로 '임신과 출산으로 인한 인사상 불이익(42.4%)'을 지적했다.

② 조직에서의 성장비전 부족이다. 조직에서 고직급으로 승진할 수 있다고 생각하는 워킹맘은 17.8%에 불과했으며 44.4%가 승진에 부정적이라 응답했다.

③ 모성보호제도를 실질적으로 활용할 수 없는 현실도 문제로 지적되었다. 워킹맘은 모성보호제도를 활용하지 못하는 가장 큰 이유로 '상사의 눈치(44.1%)'를 들었다.

④ 워킹맘과 상사/동료 간 큰 인식 차이가 갈등을 심화시키는 것으로 나타났다. 특히 '언제 회사를 그만둘지 모른다', '회사에 와서도 가정 일에만 신경을 쓴다' 등의 선입견 때문에 워킹맘은 직장생활이 힘들다고 호소하고 있다.

⑤ 자녀의 학교생활에 대한 지원 부족이다. 워킹맘은 '일과 가정 양립'을 위해 가장 필요한 정책으로 '학교에서의 엄마 노동력 사용금지(46.3%)'를 꼽을 만큼 근무시간에 학부모의 노동력을 요구하는 학교에 대해 부담을 느끼고 있다. 또한 자녀의 학교생활과 관련해 가장 힘든 점으로 '학부모 네트워크에서의 소외(44.4%)'를 지목하고 있다.

⑥ 보육기관의 질과 비용 문제이다. 워킹맘 응답자의 41.7%가 기업의 지원제도로 '사내 육아지원시설의 확대'를 요구하고 있는 실정이다.

⑦ 남편의 가사분담 미흡도 워킹맘의 갈등요소로 지목되었다.

워킹맘의 갈등을 사례로 살펴보기로 한다.

〈사례1〉 일과 가정을 양립하기 어려운 조직 분위기

"나는 평가에서 불이익을 받을까봐 임신 5개월까지 임신 사실을 알리지 않았다. 그래서 임신기간 중 해외출장을 3번이나 다녀왔다. 한번은 의사가 말렸는데도 그냥 무시하고 갔다."(제조업, 워킹맘)

"우리 부서는 갑작스럽게 내려오는 일이 많다. 오후 4시 넘어서 일을 받게 될 때 정말 난감하다. 아이 봐주는 아주머니한테 사정해야 하

고 아주머니가 안 된다고 하면 다른 친척에게 연락을 해야 한다. 정말 피가 마른다."(제조업, 워킹맘)

〈사례2〉 실질적으로 활용할 수 없는 모성보호제도

"나 이전에는 우리 부서에서 출산을 한 사람이 없었다. 눈치가 보여 육아휴직은 꿈도 못 꾸고, 출산휴가만 마치고 바로 복귀했다."(제조업, 워킹맘)

"우리 회사에는 아침에 조금 늦게 출근하고 그만큼 늦게 퇴근하는 유연근무제가 있다. 아침마다 아이를 어린이집에 보내야 하는 나에게는 꼭 필요한 제도지만, 고민하다가 사용하지 않겠다고 했다. 상사 눈치도 보이고, 동료들 뒷얘기도 신경 쓰이고……. 안 쓰는 게 속 편하다."(IT서비스업, 워킹맘)

〈사례3〉 노동력과 시간을 요구하는 학교

"한달에 한두 번 하는 급식당번이 너무 힘들다. 한 번은 할머니가 갔는데, 애가 울더라. 그래서 이제는 무리가 돼도 점심시간에 택시비 3만 원 들여서 갔다 온다. 그날은 나는 점심 굶는 날이다."(금융업, 워킹맘)

"늦게 집에 가서 아이의 알림장을 보면 당황할 때가 많다. 문방구도 문을 닫았는데 어디가서 사야 할지 모르는 준비물들이 적혀 있다. 웬만한 준비물을 집에 조금씩 사다 놓았지만 그래도 해결할 수 없는 준비물이 생기곤 한다."(금융업, 워킹맘)

〈사례4〉 보육기관의 질과 육아비용 문제

"공립 어린이집은 비용이 사립의 3분의 1 수준이고, 질도 훨씬 높다. 하지만 6살에 공립 어린이집에 보내기 위해서는 출산을 하기도 전에 명단을 올려야 할 정도로 경쟁이 심하다. 공립 어린이집을 늘리든지 보육비를 지원해주어야 한다."(IT서비스업, 워킹맘)

"비싸고 좋은 어린이집에 보내자니 비용이 부담스럽고, 그렇다고 그냥 그런 어린이집에 보내자니 가끔씩 터지는 급식문제, 교사의 폭행 등 안전문제가 걱정이다."(제조업, 워킹맘)

워킹맘을 위한 아동보육 사회적 기업 : 일본의 플로렌스

2005년 당시 26세의 청년 고마자키 히로키가 도쿄의 고토구와 주오구에서 시작한 아동환자 보육 전문 사회적 기업이다. 히로키는 아픈 아이를 돌보느라 결근한 워킹맘이 해고된 이야기를 듣고 아동환자보육에 관심을 가지게 되었다. 그리고 맞벌이 부모 밑에서 자란 자신이 어릴 적 이웃집 아주머니가 필요할 때마다 돌봐줬던 경험을 떠올려 일본 보육시설은 질병에 대한 우려 때문에 조금이라도 열이 있는 아이를 맡아주지 않는다는 현실을 개선하기 위해 커뮤니티 비즈니스를 시작하게 되었다고 한다.

플로렌스는 창의적인 수익모델을 통해 성공적인 지역기반형 사회적 기업으로 정착하면서 가입자들이 월정액을 내고 필요할 때 서비스를 이용하는 보험방식을 도입하고, 나아가 지역사회 중고령 인력 네트워크를 구축해 돌봄인력으로 활용하기도 한다.

출처: 히로키·고자마키(2008). 젊은 사회적 기업가의 꿈(이수경 역). 에이지21.

'일과 가정 양립' 관점에서 본 워킹맘의 7대 갈등을 그림으로 표시하면 다음과 같이 정리된다.

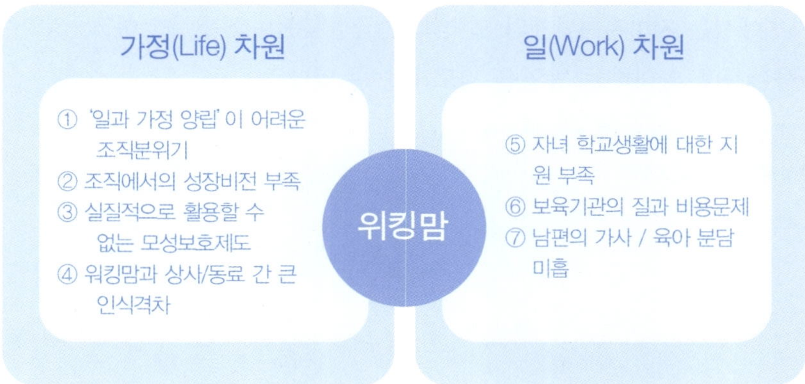

〈그림 11-1〉 워킹맘의 7대 갈등

워킹맘 이슈는 워킹맘 개인 차원의 갈등문제를 뛰어넘어 기업경쟁력은 물론 저출산 해소와 미래 노동인력 확보 등 범국가 차원의 문제이기 때문에 이를 해결하기 위해서는 기업, 정부, 지역사회가 공동 노력해야 한다.

기업은 현재 보유역량을 고려하여 4단계의 단계별 전략을 추진하는 것이 바람직하다. 1단계는 '갈등 최소화 전략'으로, 법적 모성보호제도를 준수하고 워킹맘의 상황을 이해함으로써 갈등을 완화해야 한다. 2단계 '워킹맘 케어 전략'을 통해 워킹맘이 조직에 정착할 수 있도록 사내 육아지원시설, 여성 네트워크 등 제도적 지원을 강화해야 한다. 3단계 '워킹맘 역량 극대화 전략'으로 워킹맘의 잠재력을 끌어낼 수 있도록 도전적 업무를 부여하고 성장비전을 제시해야 한다. 4단계는 '전 직원의 일과 가정 양립 추진전략'을 수립해 가족친화제도를 전면적으로 도입할 필요가 있다.

한편 정부는 법적 환경을 마련하고 기업에 제도적 인센티브를 부여함으로써 '일과 가정의 양립'이 가능하도록 지원을 강화해야 한다. 우선 임금·보수 체계를 합리화함으로써 기업의 육아기 근로시간 단축제 이용률을 제고하는 것이 바람직하다. 아울러 정부의 보육서비스의 질을 높여 양육환경 개선을 지원해야 할 것이다. 지역 차원에서는 지방자치단체와 협력해 '긴급돌봄서비스'를 운영하고, 지역주민의 학교봉사활동을 확대하는 방안을 검토해볼 수 있다.

출처: 예지은(2010). 『대한민국 워킹맘 실태 보고서』.
삼성경제연구소. CEO Information, 제771호.

토 의 점

1. 일과 가정생활을 다 잘하기 위해서는 여러 가지 어려움이 많다. 실제 어떤 어려움이 있는지 그리고 이를 어떻게 극복하고 있는지 조사해 봅시다.

2. 우리나라 기업의 가족친화제도에 대해 알아보고, 실제 그런 서비스를 활용하고 있는 근로자를 대상으로 그 효과와 개선할 점에 대해 이야기해 봅시다.

3. 선진국의 다양한 가족친화제도, 일/가정(생활) 양립(균형)제도 등을 조사해서 발표해 봅시다.

12장

가족의 재발견

새로운 가족의 가시화와 가족친화적 사회로의 전환

가족은 생명력이 있는 유기체이다. 유기체란 자율적·자족적이며 상호의존하는 부분들로 조직된 생명체로서 환경의 변화에 적응하면서 끊임없이 변화한다. 가족 역시 과거 농경사회와는 완전히 다른 산업화·도시화의 흐름 속에서 구조의 변화를 통해 적응해왔으며 한편으로 가족 구성원의 욕망과 욕구에 기반한 새로운 가족 기능과 가족관계를 만들어나가고 있기 때문에 가족 그 자체를 하나의 유기체로 볼 수 있다.

근대화 내지 산업화 속에서 다양한 가족형태가 등장하였지만 이 범주의 가족형태들은 소수이고 바람직한 가족형태는 아니기 때문에 문제가정, 비정상적 가족, 또는 한계적 범주에 드는 형태의 가족으로 치부되었고 가족치료의 대상으로 간주하기도 하였다. 그러나 1980년대 이후 다양한 가족이 수적으로 더 이상 간과할 수 없을 정도로 급증하고 있으며, 2000년대 들어서는 전통적인 핵가족형의 비율도 줄어들어 특히 1인 단독가구, 1세대 가구가 증가하고 있는 상황이다. 이러한 변화는 가족이 사회환경의 변화에 영향을 받은 결과이기도 하지만, 한편으로는 외부의 자극에 대해 가족 자체가 갖고 있는 잠재력에 의하여 능동적으로 사회현상을 인식하고 반응하며 사회에 의미 있는 영향력을 행사한 결과(여성한국사회연구회 편, 1995: 434, 441)이기도 하다.

가족의 양적 측면인 가족구조에서부터 질적 측면인 가족 기능과 가치관에 이르기까지 여러 측면에서 변화하고 있는 가족을 보는 관점은 크게 '위기론'과 '변화론'으로 나뉜다. 즉 전통적인 가족구조의 변화와 그에 따른 평등한 가족문화의 확산을 '가족해체' 등의 용어로 표현하면서 '위기'로 보는 관점이 있지만 높은 이혼율, 낮은 출산율, 동거커플의 증가, 초혼연령의 상승, 비혼, 만혼의 증가 등을 가족의 '위기'로 인식하는 것은 다만 '가부장적 가족의 위기'일 뿐(이재경, 2005)이라고 보는 입장도 있다. 후자의 관점은 가족변화의 핵심에 젠더문제가 있다고 보는 것으로, 결혼이나 출산, 육아가 더 이상 매력적인 일인 것만이 아님을, 나아가 그리고 고통을 감내하면서 유지할 만큼 가족제도가 더 이상 유효한 의미로도 남아 있지 않음을 깨닫게 된 여성들의 새로운 선택의 결과로 해석하는 것이다.

이 장에서는 다양한 가족의 출현이 갖는 의미를 통해 평등하고 민주적인 가족관계를 위한 제도와 프로그램들을 살펴보고자 한다.

1. 가족의 변화

1) 누구와 살고 있나 – 가족 구성원의 변화

근대화, 산업화, 정보화라는 현대사회의 특징 속에서 전통적인 가족구조의 변화를 가져오게 되었다. 최근 30년간 가족형태에서 많은 변화가 있었다. 1세대 가구의 증가(1975년에 비해 2015년에는 260% 증가), 1인 단독가구의 증가(1975년 4.2% → 2015년 27.2%), 2세대 가구의 감소(1975년 68.9% → 2015년 48.8%), 3세대, 4세대 가구의 감소(1975년 21.1% → 2015년 5.5%) 등은 함께 살고 있는 가족 구성원의 구성변화를 잘 보여주고 있다.

한편 가족 구성의 일반적인 방식인 결혼에서의 변화도 눈에 띈다. 평균 초혼연령이 1990년 남성 27.8세에서 2019년 33.4세, 여성은 1990년 24.8세에서 2019년 30.6세로 늦어져 만혼 경향이 지속되고 있으며, 만혼 경향과 더불어 결혼연령에서의 남녀 격차도 줄어들고 있다. 초혼부부 중 남자연상 부부의 비중은 감소하고, 여자연상 및 동갑부부의 비중이 증가하고 있다(〈표 12-1〉 참조).

〈표 12-1〉 성별 초혼연령 추이 (단위: 세)

항목	1990	1995	2000	2005	2010	2015	2019
남편	27.79	28.36	29.28	30.87	31.84	32.57	33.37
아내	24.78	25.32	26.49	27.72	28.91	29.96	30.59

출처: 통계청. 『인구동향조사』. 각 연도.

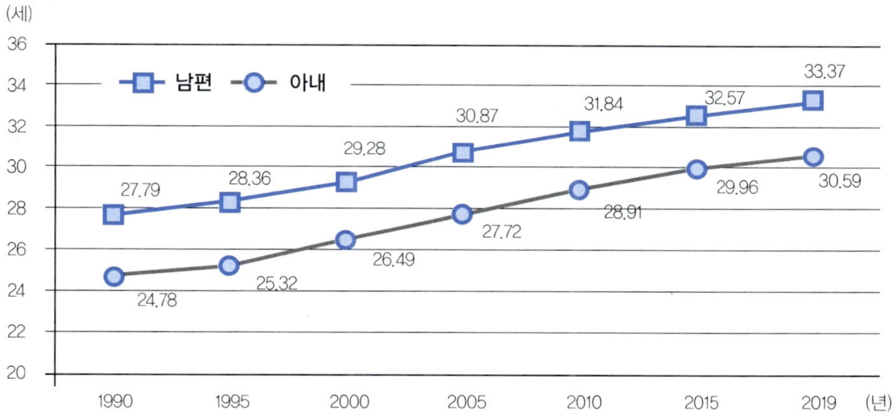

출처: 통계청. 『인구동향조사』. 각 연도.

〈그림 12-1〉 성별 초혼연령 추이

결혼한 부부의 이혼에서의 변화도 크다. 인구 천 명당 이혼한 인원을 의미하는 조이혼율은 1981년 0.6명에서 점차 증가하기 시작하여 1990년 1.1건, 2000년 2.5건, 2003년 3.4건으로 지속적으로 증가하던 추세가 2005년 이후 다소 감소되었고 특히 2008년부터 이혼숙려제도가 실시되면서 이혼신고 공백으로 인한 이혼건수가 다소 감소하였다. 유배우이혼율 역시 2000년 5.3건에서 2003년 7건까지 상승세를 이어오다 2005년 이후 감소하고 있음을 알 수 있다(〈표 12-2〉 참조).

〈표 12-2〉 조이혼율 및 유배우이혼율 추이

	2000	2003	2005	2010	2015	2019
이혼건수(천 건)	119.5	166.6	128.0	116.9	109.2	110.8
조이혼율 (인구 천 명당 건)	2.5	3.4	2.6	2.3	2.1	2.2
유배우이혼율 (유배우 천 명당 건)	5.3	7.2	5.5	4.8	4.5	4.5

출처: 통계청. 『2009 이혼통계』. 각 연도.

가구 구성형태 중 최근 분거가족(주말부부 등)의 가시화를 또 다른 특징으로 꼽을 수 있다. 통계청 사회조사에 의하면 분거가족은 2008년 16.5%, 2018년 20.1%로 나타났다.

국내 분거가족의 분거이유는 직장, 학업, 가족 간 불화인 반면, 국외 분거가족의 경우는 주로 학업으로 나타났다.

〈표 12-3〉 분거가족의 분거이유(2008~2018년) (단위: %)

	분거 가족 가구주	분거지역		분거사유						
		국내	국외	직장	학업	가족 간 불화	건강상 이유	자녀 교육 및 보육	군대	기타
2008	16.5	90.5	11.4	55.9	36.3	5.3	1.6	3.1	10.4	0.8
2010	15.1	90.6	11.8	56.3	38.5	4.3	2.4	2.6	10.0	1.5
2012	19.6	91.3	11.2	61.5	31.9	5.0	2.2	1.8	9.2	1.9
2014	18.7	91.1	11.0	60.0	30.7	6.0	3.2	1.7	7.9	3.2
2016	19.4	92.1	10.8	63.1	28.9	5.2	2.6	2.1	9.7	2.4
2018	20.1	92.8	10.1	62.9	29.4	7.7	2.9	1.4	7.1	1.5

출처: 통계청. 『사회조사』. 각 연도.

2) 가족, 제도와 친밀함 사이에서

어떻게 가족을 이루며 누구와 함께 사는가 하는 측면에서 뿐만 아니라 가족을 둘러싼 가치관의 변화도 나타나 가족 내부에서도 어린이 양육이나 노인 수발과 같은 전통적인 가족 기능이 약화되고 친밀성과 정서적 기능이 강화되는 변화가 급속히 일어나고 있는데 결혼에 대한 태도, 여성취업에 대한 태도, 노부모 부양에 대한 태도 등에서 변화와 남녀의 생각 차이가 두드러진다. 이러한 변화와 차이를 통해 태어나면 누구나 반드시 따라가야 했던 제도화된 가족을 벗어나 개인의 자발적인 선택에 초점이 맞춰어져 있음과 여성이 변화의 방향을 주도하고 있음을 알 수 있다.

〈표 12-4〉 결혼에 대한 태도 (단위: %)

	해야 한다	해도 좋고 하지 않아도 좋다	하지 말아야 한다	모르겠다
1998	73.9	24.0	2.1	–
2008	68.0	27.7	2.9	1.4
2018	48.1	46.6	3.0	2.3

출처: 통계청. 『사회조사』. 각 연도.

결혼관은 20년 사이에 '해야 한다'가 매우 감소한 데 반해 '해도 좋고 하지 않아도 좋다'와 '하지 말아야 한다'의 비율이 늘어 제도로서의 결혼보다는 선택으로서의 결혼에 대한 관심이 높아졌음을 알 수 있다. 특히 2018년 자료에 의하면 미혼남성의 55.8%, 미혼여성의 41.4%만이 결혼을 반드시 해야하는 것으로 생각하고 있으며, 이혼도 미혼남성의 46.2%, 미혼여성의 52.1%가 '할 수도 있고 하지 않을 수도 있다'고 응답하여, 미혼남녀 모두 결혼과 이혼에 대해 허용적 태도를 보였으나 남녀의 인식차가 있음을 보여주고 있다.

〈표 12-5〉 여성취업에 대한 성별 견해 (단위: %)

항목	2011			2013			2015			2017			2019		
	계	남자	여자	계	남자	여자	계	남자	여자	계	남자	여자	계	남자	여자
직업을 가지는 것이 좋다	84.3	80.9	87.6	84.5	81.2	87.7	85.4	81.9	88.7	87.2	84.1	90.2	86.4	82.8	90.0
– 가정일에 관계 없이	50.6	47.8	53.1	52.1	51.1	53.0	51.3	49.6	52.8	57.1	55.2	58.9	61.4	60.3	62.5
– 결혼 전 까지	4.7	5.4	4.1	4.5	5.1	3.9	3.4	3.7	3.1	3.1	3.2	3.0	2.4	2.6	2.2
– 첫 자녀 출산 전까지	7.1	8.4	6.0	6.1	7.0	5.3	5.7	6.7	4.8	4.7	5.5	4.0	3.7	4.3	3.2
– 자녀가 성장한 후	14.1	15.3	13.0	13.1	13.4	12.7	14.8	15.8	14.0	13.0	14.4	11.8	13.5	13.7	13.2
– 출산 전과 자녀 성장 후	23.5	23.0	23.9	24.3	23.4	25.0	24.8	24.2	25.3	22.0	21.7	22.4	19.0	19.1	18.9
가정 일에 전념하는 것이 더 중요하다	8.0	9.7	6.3	6.9	7.9	5.9	6.9	8.3	5.5	5.9	7.1	4.7	5.8	7.0	4.6
잘 모르겠다	7.8	9.4	6.2	8.6	10.8	6.4	7.8	9.8	5.9	6.9	8.8	5.1	7.8	10.2	5.3

출처: 국가통계포털(http://kosis.kr). 사회조사.

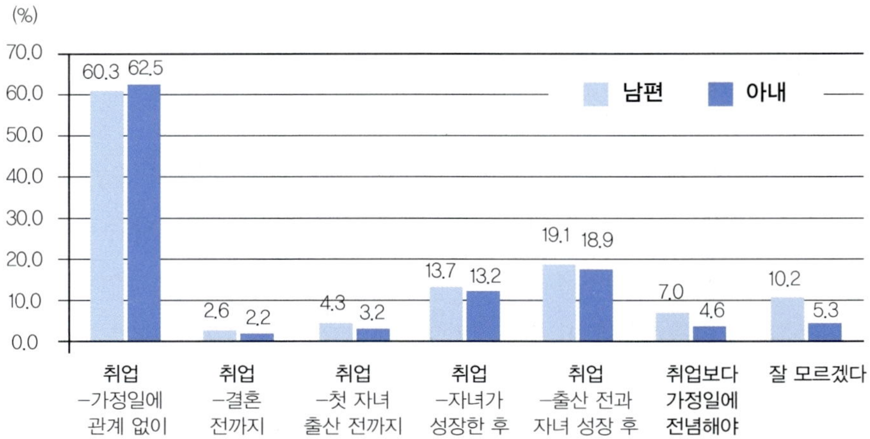

출처: 국가통계포털(http://kosis.kr). 사회조사.

〈그림 12-2〉 여성취업에 대한 남편과 아내의 견해 (2019년)

여성취업에 대한 태도는 2019년을 기준하면 '직업을 가지는 것이 좋다'라는 견해가 유배우자 부인이 90.0%, 남편이 82.8%로 나타나 여성이 남성보다 다소 높았다. 이러한 견해는 2006년 조사에 남편은 65.3%, 부인은 73.2%가 여성취업에 대해 동의한 결과와 비교할 때 짧은 기간 동안 인식의 변화가 크게 일어났으며, 남성들의 변화 폭이 더욱 커진 것을 알 수 있다. 또한 취업시기에 대한 견해에서도 남자와 여자집단의 절반 이상이 '가정 일에 관계 없이' 취업하는 것이 좋다고 응답하여 여성들의 취업에 대한 욕구가 매우 큰 것으로 나타났다.

그러나 실제로 한국에서 연령별 여성취업율 특성을 알려주는 M자형 곡선은 여전한 것으로 나타났다(〈그림 12-3〉 참조). 다만 차이라면 집단적으로 경제활동에서 물러나는 시점인 함몰지점이 1990년에는 25~29세(A지점)였다면 점차 우측으로 서서히 이동하여 2019년에는 35~39세(B지점)에 무려 60%가 넘게 취업에서 물러나는 것으로 나타나고 있어 만혼 경향과 함께 결혼, 경력단절이 증가하였음을 알려주고 있다.

〈표 12-6〉 연령별 여성 경제활동 참가율 (단위: %)

연령계층별	1990	2000	2010	2019
15 ~ 19세	18.7	12.4	8.5	9.0
20 ~ 24세	64.6	60.9	53.5	52.1
25 ~ 29세	42.6	55.7	69.6	76.3
30 ~ 34세	49.5	48.6	54.8	67.2
35 ~ 39세	57.9	59.2	55.9	**61.7**
40 ~ 44세	60.7	63.7	65.9	64.2
45 ~ 49세	63.9	64.8	65.6	68.8
50 ~ 54세	60.0	55.2	61.3	69.7
55 ~ 59세	54.4	51.2	53.4	62.9
60 ~ 64세	43.6	45.9	41.5	50.2
65세 이상	18.4	22.7	21.9	26.7

출처: 국가통계포털(http://kosis.kr). 경제활동인구조사.

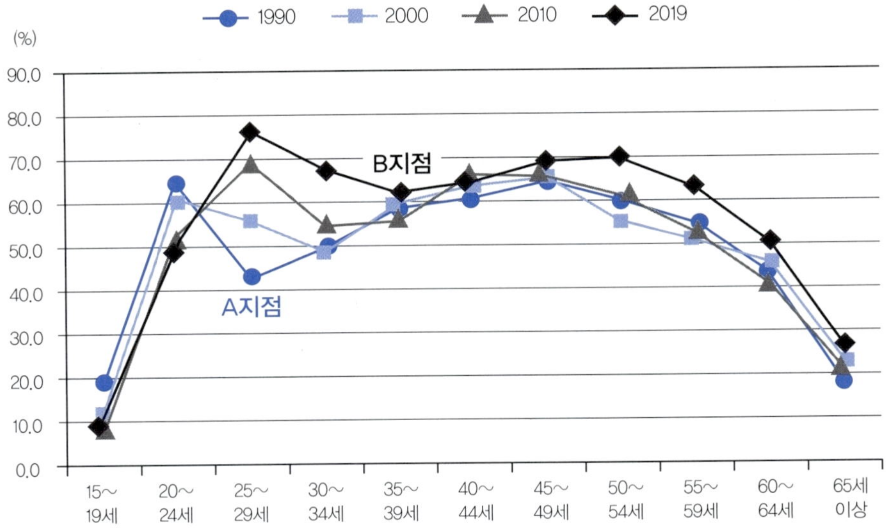

출처: 통계청. 『경제활동인구조사』. 각 연도.

〈그림 12-3〉 시기별, 연령별 경제활동 참가율

한편 여성의 취업에 대해 찬성하는 비율과 실제 여성의 취업률이 높아졌지만 '한국 기혼부부의 가사노동 분업'은 과거에 비해 크게 달라지지 않은 것으로 나타났다(은기수, 2009). 함께 사는 자녀 유무와 자녀의 연령대 등에 따라 다르게 나타났지만 대체로 아내의 노동시간이 남편보다 길어, 남편이 0.6~1.1시간, 아내가 3.1~4.8시간이었다. 수입이 없는 가정에서도 여성의 노동시간이 더 길었다. 남편의 노동시간은 1.6~3.2시간인 반면 아내의 노동시간은 5.3~8.2시간에 달해 가사노동 외에 특별한 일이 없는데도 아내가 남편보다 많게는 3배 넘게 일한 셈이다.

가족과 관련된 가치관에서 특히 두드러진 변화를 보이는 것이 노부모 부양에 대한 태도이다. 노부모 부양책임이 '가족에게 있다'고 응답한 비율이 2002년 70.7%에서 2008년 40.7%, 2018년 26.7%로 줄었으며, '가족과 정부·사회에 있다'

고 응답한 비율이 2002년 18.2%에서 2008년 43.6%, 2018년 48.3%로 증가하여 가족돌봄의 사회화에 대한 기대를 담고 있다고 하겠다. 한편 가족에게 부양책임이 있다고 보는 집단에서도 부양은 모든 자녀가 나누어 맡는 것이 좋다는 의견이 우세하다.

〈표 12-7〉 노부모 부양에 대한 견해 (단위: %)

시점		계	스스로 해결	가족	소계	– 장남 또는 맏며느리	– 아들(장남 포함) 또는 며느리	– 딸 또는 사위	– 모든 자녀(아들과 딸)	– 자식 중 능력 있는 자	가족과 정부·사회	정부·사회	기타
2008		100.0	11.9	40.7	–	17.3	6.7	0.9	58.6	16.4	43.6	3.8	0.0
2010		100.0	12.7	36.0	–	13.8	7.7	1.8	62.4	14.3	47.4	3.9	0.0
2012		100.0	13.9	33.2	100.0	7.0	3.9	0.8	74.5	13.9	48.7	4.2	0.0
2014		100.0	16.6	31.7	100.0	6.2	3.5	0.7	75.4	14.2	47.3	4.4	0.0
2016		100.0	18.6	30.8	100.0	5.6	4.5	1.0	71.1	17.7	45.5	5.1	0.0
2018	계	100.0	19.4	26.7	100.0	5.0	3.7	1.0	72.0	18.3	48.3	5.7	0.0
	남자	100.0	19.1	28.7	100.0	5.9	4.9	0.4	70.2	18.6	47.0	5.1	0.0
	여자	100.0	19.7	24.6	100.0	4.1	2.6	1.6	73.7	18.0	49.5	6.2	0.0

출처: 통계청. 『사회조사』. 각 연도.

가족과 관련된 가치관의 변화를 통해 정형화되고 제도화되어 있는 가족에서 벗어나 개인의 선택과 성평등한 가족관계를 추구하는 욕구를 읽어낼 수 있다. 그러나 변화에 대한 욕구에 비해 현실 세계에서는 여성의 연령별 경제활동 참여율에서 M자형 곡선이 두드러지게 나타나며, 가사노동시간에서의 성별 차이 등이 여전해 일과 가족의 양립과 문제는 여전히 '여성의 문제'로 치부되고 있음 또한 확인할 수 있다.

3) 법과 제도의 변화

국가가 특정 가족형태를 제도화한다면 그 사회에서는 특정 가족형태가 바람직하거나 정상적인 가족으로 공인될 것이다. 한국에서 가족을 규정하는 법령은 크게 민법과 건강가정기본법이 있는데 '민법' 제779조와 '건강가정기본법' 제3조에서 각각 가족을 정의하고 있다. '민법'에서는 가족을 '배우자, 직계혈족 및 형제자매 또는 직계혈족의 배우자, 배우자의 직계혈족 및 배우자의 형제자매(이 경우에는 생계를 같이하는 경우에 한함)'라고 보며, '건강가정기본법'에서는 '혼인·혈연·입양으로 이루어진 사회의 기본단위'라고 정의하고 있다. 이 두 법령의 정의에 따르면 혼인, 혈연 또는 입양을 통해 이루어진 가족 외 결혼할 수 없거나 혈연관계에 있지 않은 여러 형태의 가족들은 바람직하지 않거나 비정상적인 가족으로 폄훼될 수 있다.

〈표 12-8〉 가족의 정의

미국 센서스국 1995	가족은 동일 가구에 거주하는 관련이 있는 2명 이상의 사람
Associated Press 1,200명 무작위표본	가족은 서로 사랑하고 관심을 기울이는 사람들의 집단
미국가족·소비자학회	가족은 자원, 의사결정의 책임, 가치와 목표를 공유하고 서로에게 헌신하는 2인 이상의 사람들
미국가족서비스 (300가족 네트워크의 정의)	가족은 구성원에게 정서적, 신체적, 경제적 지원을 상호 제공하며, 이상적으로 이런 가족의 특성은 구성원 간 친밀성, 지속성, 헌신을 보여줌
New York State Supreme Court	가족의 정의는 "가공의 법적 특성이나 유전적인 것에 의존해서는 안 된다." 대신 관계의 기능적·심리적 특성에 근거해야 하며, 그것은 관계의 배타성과 지속성, 정서적·경제적 헌신의 수준을 말함
Aldous and Dumon(1990)	가족은 생물학, 법, 관습 혹은 선택에 근거하여 친밀한 관계에 있는 사람들이 일정 기간 동거하는 집단으로 경제적으로 상호의존적임

출처: Olsen, D. H. & DeFrain J.(1997); 조은희(2007)에서 재인용.

위 표에서는 가족에 대한 다양한 정의를 볼 수 있는데, 대체로 구성원 간의 심리적 친밀성과 헌신성 및 경제적 상호의존성을 중심으로 가족을 정의하고 있는 것을 볼 수 있다.

조은희(2007: 1043–1044)는 민법상 가족의 개념을 설정하는 데 대한 부정하는 견해와 긍정하는 견해를 정리하였다. 부정적 입장의 근거로는 아무리 가족 개념을 구성한다 하더라도 현실적 가족이라는 동거 친족, 통념상 가족 개념과는 다를 수밖에 없고 사회 통념상의 가족을 담아낸다는 것은 입법기술상 불가능하며, 가족은 추상적 개념일 뿐이므로 이를 법에 둔다는 것은 무용하며 특별법마다 각 제도의 취지에 맞는 가족범위를 두면 된다는 견해, 가족의 범위를 정한다면 변화하는 사회에 가족의 범위를 수용할 수 없다는 견해, 또 지금까지 가족은 혈연을 중심으로 하는 가족이었지만 앞으로의 가족은 관계의 질을 중심으로 하는 가족 개념을 이루게 되는데 민법에서 특정 가족 모델을 정하는 것은 변화하는 사회 자체에 장애가 된다는 견해 등이 있다.

이와 달리 민법에서 가족 개념을 설정해야 한다고 보는 견해로는, 호주제가 폐지되는 상황에 가족 개념까지 없어지는 것은 제도적인 변화에 따른 충격이 너무 크다는 점, 공동생활체인 가족의 개념은 없고 친족에 관한 규정만 있다는 것은 법체계적으로 문제가 될 수 있다는 점, 오늘날 부양의무가 중요한 의미를 지니는 만큼 적어도 부양의무 정도는 가지는 그런 관계로서 실체법적인 의미를 준다면 민법에 이를 규정하는 것은 의미가 있다고 보는 입장이 있다.

한편 2004년 '건강가정기본법'이 제정된 이후 국가인권위원회에서는 동법에 들어 있는 '가족'의 개념이 지나치게 협소함을 지적하며 가족 및 가정의 개념을 포괄적으로 수정하도록 권고하였다. 특정 가족의 개념을 정상화하는 것이 그렇지 않은 가족형태에 대한 차별로 작용할 수 있음을 지적한 것이라 하겠다.

건강가정기본법에 대한 권고

건강가정기본법은 급변하는 사회환경의 변화에 의해 발생하는 다양한 가정문제에 대해 국가 및 지방자치단체가 종합적인 복지서비스를 제공하여 가족 및 가정을 건강하려 하려는 것이므로 그 입법취지는 긍정적이라고 할 수 있다.

그런데 동 법률이 혼인·혈연·입양이라는 한정된 관계에 기초한 가족 및 가정에 대한 정의를 규정하는 것은 이에 속하지 않으나 실질적으로 가족 및 가정기능을 담당하고 있는 가족 및 가정형태에 대한 차별을 초래할 우려가 있으며, 다양한 가족 및 가정형태의 출현 및 증가라는 사회적 추세에도 부합하지 못하고 있다.

혼인·혈연·입양이라는 일반적인 법적 가족 및 가정의 개념을 넘어, 오늘날 혼인·혈연 등의 관계가 없더라도 가족으로서의 가정을 구성하고 있는 국민들이 다수 존재하고, 이들도 가족 및 가정문제를 겪고 있으므로 동 법률에서 제공하는 복지서비스가 이들에게도 필요하다는 것을 인식해야 할 것이다.

또한 동 법률은 일반국민 전체를 가족 및 가정의 구성원으로 보고 그들의 집합체인 가정에 필요한 복지서비스를 제공하려는 것으로, 혼인·혈연 등에 기초하지 않는 가족이나 가정을 그 적용대상에서 제외할 이유가 없다고 판단된다.

그러므로, 동 법률은 혼인·혈연·입양에 기초하지 않은 가족 및 가정형태를 수용하여 전국민을 적용대상으로 할 수 있도록, 가족·가정의 정의를 혼인·혈연·입양관계에 한정하지 말고 실재하는 다양한 가족형태를 포괄할 수 있는 가족 및 가정의 개념으로 수정하고, 이와 동시에 법률 명도 중립적 명칭으로 개정하는 것이 바람직할 것이다.

출처: 국가인권위원회 결정(2005. 10. 10).

2. 가족변화의 특징

부부와 미혼의 자녀로 구성된 보편적인 핵가족의 비율이 전체 가구의 절반에도 못미치는 현실에서 특정한 가족형태 즉, 전형적인 핵가족을 보편적인 가족형태로 간주하는 것은 이데올로기에 불과하다. 오히려 현실 세계에서는 다양한 형태의 가족들이 보다 친밀하고 평등한 관계를 형성하면서 이전 가족관계에서 볼 수 없었던 새로운 가족문화를 만들어나가고 있다. 새로운 가족변화를 '결혼제도를 넘어', '혈통을 넘어', '부계중심성을 넘어'로 설명해 보자.

1) 결혼제도를 넘어

'제도'란 사회적 규범의 복합체로 법률에서부터 관습에 이르기까지 광범위한데, 이 제도에 의해서 사회를 구성하는 모든 개인의 행동은 일정 정도 틀에 박히고 방향이 부여된다. 제도를 위반하면 제재나 비난 등이 가해지고 때로는 제도의 힘이 지나쳐 개인의 자유로운 선택을 억압하게 되는 경우도 생긴다. '제도로서의 결혼'이 이에 속한다고 할 수 있다. 한때 우리 사회는 대부분의 사람들이 결혼했었다. 그러나 이제 결혼하지 않거나 결혼제도로부터 벗어나려고 하는 사람들이 늘고 있다. 즉 제도로서의 결혼은 모든 제도가 그렇듯 사회의 가치체계나 규범이 변화하기 시작하면 기존의 제도가 바뀌게 되고 새로운 제도가 생기듯 이제 새로운 제도를 향해 가고 있다.

① 독신가족

결혼이 갖는 구속력으로부터의 자유로움, 불행한 결혼에서 벗어나고자 하는 사람들의 선택, 독신에 대한 사회적 압력의 약화 등의 이유로 독신가족이 증가하고 시장도 변화하고 있다. 독신을 염두에 둔 소포장 식품, 보험 등 각종 상품의 개발이 두드러진다. 건강한 독신생활을 하기 위해서는 자립심과 경제력, 친밀한 인간관계, 노후대책, 자신이 선택한 삶의 방식에 대한 긍정적 사고를 할 필요가 있다.

한편 독신가구의 대부분을 이루고 있는 미혼자를 일컫는 용어로, 아직 결혼하지 못함, 즉 결혼을 해야만 하는 사회에서 특정한 과업을 수행하지 못함을 의미하는 '미혼'이 아니라 단지 결혼하지 않음 혹은 결혼상태가 아님을 의미하는 '비혼'이라는 개념을 사용하는 경향이 늘고 있다. 최근 들어 '골드미스'라는 개념이 등장해 '30대 이상의 미혼여성 중 학력이 높고 사회적·경제적 여유를 가지고 있는 계층'을 의미하는 새로운 마케팅 용어가 회자되고 있기도 하다.

② 동거가족

프랑스는 지난 1999년 10월부터 결혼하지 않은 모든 형태의 동거부부(동성애 포함)에게 법적 지위를 부여하여 이들이 각종 법률이나 사회보장 혜택에서 불이익을 당하지 않도록 하는 내용의 '시민대협약(PACS)'을 시행 중이다. 과거의 동거와 달리 결혼할 비용이 없어서 혹은 부모님의 반대에 의해서가 아니라 결혼의 가부장성, 복잡한 법적·행정적 절차, 결혼 제도 내에서의 책임감 등으로부터 자유로움, 결혼 전 서로를 더 잘 이해하기 위한 과정, 동거의 경험으로 인한 개인의 성장과 성숙 등의 장점이 있다. 그러나 동거라는 생활양식에 대한 일반인들의 부정적 인식, 동거 자체가 모호한 성격, 법적인 보호 장치 부재 등의 단점이 있으며 무엇보다 젊은이의 경우 피임의 문제가 큰 것도 사실이다. 피임이나 낙태의 문제는 여성의 문제로 처리되기 쉽기 때문에 여성에게 상처가 될 수 있으며, '과거'가 문제가 되는 것은 남성보다 여성이기에 여성의 경우 동거의 선택이 보다 조심스러울 수밖에 없는 것이 현실이다.

한편 젊은층의 동거도 있지만 노년재혼의 경우 혼인신고를 하지 않고 사실상의 동거를 선택하는 경우가 늘고 있다. 호적, 상속 등의 법적 구속이 부부 상호 간 혹은 자녀들과의 관계에서 부담스러울 수 있기 때문에 법적 제약에서 자유로운 동거를 선택하는 노년기 커플이 늘고 있다. 실제로 2009년에 서울시가 조사한 '서울시 노인의 성' 연구 결과 보고서에 따르면, 노인의 동거를 어떻게 생각하는지에 대한 질문에 50%가 긍정적으로 생각한다고 하여 노년층에서의 동거가 확산되고 있음 혹은 확산 가능성을 엿볼 수 있게 한다.

③ 한부모가족

한부모가족에는 미혼모가족, 이혼, 사별로 인한 한부모가족이 있다. '한부모가족'은 '양부모가족'이 아니라 부모 중 한 명이 자녀를 양육한다는 의미이자 '하나로 온전하다, 가득차다'의 뜻을 갖고 있는 말로서, 과거 혹은 현재도 행정서류에서 사용하고 있는 '편부모'라는 표현이 갖는 '(한 명밖에 없어) 부족함, 모자람'의 이미지를 바꾸기 위한 용어로 사용하고 있다. 한부모가족의 친밀성은 상당히 높지만 친밀성이 버릇없음으로 오인될까 봐 더 엄격하게 대하는 경우가 있다는 보고가 있다. 이들은 한부모가족에 대한 편견, 자녀양육문제, 경제적 어려움 등의 곤란을 겪고 있는데, 국가와 사회가 개별가족의 욕구에 기반한 지원책을 찾아야 할 것이다.

시민들은 다양한 형태의 가족을 인정했다

부산일보와 신라대학교가 (2006년 1월) 4~6일 3일간 부산시내 성인 남녀 604명을 대상으로 실시한 '가족유형별 수용도와 가족 관련 가치에 관한 부산시민 의식조사'에 따르면 시민들은 전통적인 혈연가족 외에 다양한 형태의 가족을 인정했다. 이번 설문조사는 남자 50.5%(305명),여자 49.5%(299명)를 대상으로 했으며 20대부터 30대, 40대, 50대, 60대 이상까지 5개 그룹 연령대로 나눠 1 대 1 면접방식으로 진행됐다.

조사 결과에 따르면 부모 중 한 명만 있는 '한부모가족'이나 '조부모-손자녀 가족' '국제결혼가족'은 모두 90% 이상이 가족으로 인정하는 절대적 수용도를 나타냈고, '재혼가족'이나 '입양가족' '처가(친정)부모 동거가족'도 90% 안팎의 수용도를 보였다.

또 '자발적 무자녀가족'(78%)과 '미혼모가족'(77.7%) '미혼부가족'(75.2%)은 70% 이상이 가족의 한 유형으로 받아들였다. 비혈연적 생활공동체인 '공동체가족'(64.3%)이나 결혼하지 않은 채 함께 사는 '동거'(52.2%)에 대해서도 긍정적인

태도를 보였으나, 남의 아이를 맡아 기르는 '위탁가족'(48.1%)은 비교적 수용도가 낮았다. 반면 같은 성(性)끼리 동거하는 '동성애가족'에 대해서는 20.9%만이 인정할 뿐 절대 다수의 시민들은 이를 가족으로 받아들이지 않았다.

출처: 부산일보(2006. 01. 25).

2) 혈연(통)을 넘어

가족은 무엇인가라는 질문은 아주 간단한 것 같지만 막상 정의하기 어려운 개념이다. 따라서 가족은 이러이러하다라는 다양한 정의들이 나올 수 있으며 이 시대는 우리 역사상 가장 다양하게 가족에 대한 정의의 스펙트럼이 확대되고 있는 시점이라 하겠다. 그럼에도 가족을 떠올리면 일반적으로 '혈연(통)'의 개념을 가장 크게 생각하는 것이 일반적이다.

'혈연가족'은 두 가지 의미를 동시에 취하고 있다. 편의상 넓은 의미와 좁은 의미로 구분할 수 있는데, 넓은 의미로는 '출생관계를 통한 가족', 즉 직계존비속(부모-자녀)과 방계혈족(형제·자매 간)을 가리키는 것이며, 좁은 의미로는 부계혈통을 의미할 때도 쓰인다. 현실적으로 보자면 혈연 즉 '한 핏줄'이라고 이야기할 때 주로 부계혈통을 의미하는 것으로 사용하고 있다. 이런 의미에서 혈연을 넘어선다는 것은 부계중심성에서 벗어난다는 의미이며, 때로는 국제결혼과 같은 상황에서는 민족 정체성으로서의 '한 핏줄'과 연관될 때도 있다.

2005년 1월 호주제 폐지를 골자로 하는 가족법 개정으로 법률상의 부계혈통주의는 대부분 없어졌으며, 2008년 1월 1일부터 새로운 호적법이 시행되고 있다. 그러나 2005년 12월 22일 헌법재판소는 민법 제781조 제1항 중 "자는 부의 성과 본을 따르고"에 대해 헌법 불합치 결정을 내리며 부성주의 원칙은 문제가 없으며 다만 입양, 재혼 등 예외적인 상황에 대한 배려를 규정하지 않고 있어 문제라고 언급하였다. 특히 "인간의 혈통을 모두 성에 반영하는 것은 사실상 불가능"하며, "동서양의 많은 문화권에서 그러하였던 것처럼 우리나라에서도 부성주의는 규범으로서 존재하기 이전부터 생활양식이 존재해 온 사회문화적 현상"이기 때문에 아버지의 성을 따른다고 밝혀 호주제가 폐지되었음에도 불구하고 여전히 관습을 이유로 그 정당성을 주장하고 있다는 점에서 한국사회는 혈통을 넘어서는 가족단위를 설정하는 것에 부담을 갖고 있는 사회라 할 수 있을 것이다. 그럼에도 혈연(통)을 넘어서는 다양한 가족형태, 즉 자발적 무자녀가족, 위탁가족, 입양가족, 공동체가족, 국제결혼가족 등이 증가하고 있다.

이렇게 볼 때 혈연(통)을 넘어서는 가족 유형들은 전통적으로 '친족, 결혼, 동일한 조상에 기반한 사회적 단위'인 가족의 개념보다는 '생산, 재생산, 소비, 사회화 같은 목적을 위해서 공동으로 거주하는 주거단위'인 가구의 개념에 더 가까운 것이라 하겠다. 한편 '혈연'을 넘는다는 것은 첫째, 가족의 범주가 확대된다는 것이며 둘째, 부계중심의 혈통주의를 극복할 뿐 아니라 셋째, 우리 사회가 갖고 있는 혈연에 기반한 철저한 배타성을 극복하는 것이라는 의미를 갖는다.

① 자발적 무자녀가족

통계청 자료에 따르면 전체 혈연가구 중 부부만으로 이루어진 가구가 지속적으로 증가하고 있는데, 부부로만 구성된 가구가 전체 혈연가구 중 1980년에는 6.4%, 1990년 9.3%, 1995년 12.6%, 2000년 14.8%, 2005년 14.2%, 2015년 15.6%를 차지하고 있다. 또한 '통크(TONK: Two Only No Kids)족'(자녀를 낳아 키우는 데 시간을 뺏기지 않고 퇴직 후 취미생활과 여행 등으로 둘만의 말년을 보내는 부부), '딩크(DINK: Double Income, No Kids)족'(정상적인 부부생활을 하면서도 의도적으로 자녀를 갖지 않는 맞벌이부부) 등의 신조어가 나올 정도로 과거와는 다른 자녀관을 볼 수 있다.

여성가족부가 의뢰하여 한국여성개발원이 2004년 전국 3,500가구에서 30대 응답자만 선택하여 일반건강, 스트레스 수준을 알아본 결과, '일반건강'의 경우 건강하지 못한 비율은 자녀가 없는 경우 1.5%, 자녀 1명 4.2%, 자녀 2명 5.9%, 자녀 3명 4.3%, 자녀 4명 이상 33.3%로 나타났다. '스트레스'를 느끼는 비율은 자녀가 없는 경우 35.4%, 자녀 1명 49.0%, 자녀 2명 52.7%, 자녀 3명 52.9%, 자녀 4명 이상 77.8%로 나타나, 자녀가 많을수록 건강수준이 낮고 스트레스가 높음을 알 수 있다. 그리고 미혼남성의 24.9%, 여성 35.1%는 자녀가 필요하지 않다고 응답하였다. 결혼 후 꼭 자녀를 낳지 않을 수도 있는 이유로 자녀를 양육하는 데 경제적 부담이 크다는 요인을 꼽았다. 이는 경제적 어려움이 가중되고 있는 현실이 반영된 결과라고 할 수 있다. 눈에 띄는 응답은 자녀가 필요한 이유 중 집안의 대를 잇기 위한 경우는 남자의 7.2%, 여자의 2.5%만이 그렇다고 답하였으며, 노후부양을 위해서라고 답한 경우도 남자의 2.2%, 여자의 0.2%에 불과하였다. 대를 잇기 위해 아들이 꼭 필요하다고 응답한 경우가 1985년에는 60.3%, 1989에는 50.1%로 나타났던 것(한국보건사회연구원 조사)과 많은 차이가 생긴 것을 알 수 있다.

② 입양가족

〈표 12-9〉에 의하면 1990년대에 비해 2000년대에 오면서 입양아동수는 국내든 국외든 크게 감소하고 있다. 과거와 달리 입양부모가 될 자격이 많이 완화(양자될 자와의 연령차이, 결혼여부 등)되었으나 자녀 재생산 자체가 급격히 줄어들고 입양에 대한 일반인의 태도가 크게 달라지지 않고 있음을 알 수 있다.

〈표 12-9〉 연도별 입양현황 (단위: 명)

구분	입양아동수		
	계	국내	국외
1990	4,609	1,647	2,962
1995	3,205	1,025	2,180
2000	4,046	1,686	2,360
2010	2,475	1,462	1,013
2015	1,057	683	374
2019	704	387	317

출처: 보건복지부. 『가정위탁국내입양소년소녀가정현황』. 각 연도.

③ 위탁가족

부모의 이혼, 별거, 경제적인 파탄 등으로 일시적인 보호가 필요한 아동이나 부모로부터의 학대, 방임으로 인해 단기간의 보호를 필요로 하는 아동들을 위한 보호방법으로, 아동과 혈족이나 친인척 관계가 아닌 아무런 관련 없는 가정에 아동을 위탁하는 일반위탁, 큰아버지, 이모 등 친인척이 아동을 양육하는 친인척위탁, 부모가 아닌 부양의무자에 의한 양육으로, 주로 조부모에 의한 양육을 의미하는 대리양육의 형태가 있다. 〈표 12-10〉은 일반위탁, 친인척위탁, 대리양육에서 위탁양육되는 아동수를 표시하고 있다. 전체 위탁보호아동수는 2010년 이후부터 감소하고 있으며, 대리양육 형태로 위탁보호되는 아동이 가장 많다.

〈표 12-10〉 가정위탁보호아동 현황

시점	계		대리양육가정		친인척위탁가정		일반위탁가정	
	세대수 (세대)	아동수 (명)	세대수 (세대)	아동수 (명)	세대수 (세대)	아동수 (명)	세대수 (세대)	아동수 (명)
2005	8,816	12,562	5,078	7,552	2,966	4,007	772	1,003
2010	12,120	16,359	7,849	10,865	3,365	4,371	906	1,123
2011	11,630	15,486	7,463	10,205	3,351	4,260	816	1,021
2012	11,030	14,502	7,230	9,732	3,037	3,831	763	939
2013	11,169	14,596	7,294	9,776	3,086	3,843	789	977
2014	11,077	14,385	7,162	9,550	3,089	3,816	826	1,019
2015	10,706	13,728	6,944	9,127	2,927	3,556	835	1,045
2016	10,197	12,896	6,642	8,578	2,773	3,348	782	970
2017	9,575	11,983	6,207	7,950	2,605	3,100	763	933
2018	8,955	11,141	5,831	7,426	2,357	2,801	767	914
2019	8,359	**10,384**	5,442	**6,905**	2,167	**2,572**	750	**907**

출처: 보건복지부. 『가정위탁국내입양소년소녀가정현황』. 각 연도.

우리 사회는 2000년도부터 보호가 필요한 아동을 위한 가정위탁사업을 활성화하기 시작했으며 2003년에 전국 16개 시도에 17개의 가정위탁지원센터를 설립하여 위탁사업 홍보와 위탁부모 모집, 교육을 실시하고 있다. 위탁아동이 사고를 당한 경우 법적인 책임의 문제가 발생하는데, 현재 법률에서는 이를 구체적으로 명시하고 있지 않은 데 비해 미국, 영국 등의 경우 가정위탁된 아동에 대한 기본적인 책임은 정부가 갖고 가정위탁지원센터는 이를 대비한 보험을 갖고 있다고 한다.

④ 공동체가족

먼저 그룹홈이 있다. 소규모 시설 또는 장애인이 공동으로 생활하는 가정을 말하는 것으로, 사회생활에 적응하기 어려운 아동·청소년, 노인들을 각각 소수의 그룹으로 묶어 가족적인 보호를 통해 지역사회에 적응할 수 있도록 생활공동체를 형성하고 있다. 그룹홈의 최종목표는 공동체가족 구성원의 자립과 사회적 통합에 있다고 하겠다. 다음으로 동일한 가치관이나 그 외 여러 이유로 혈연가족이 아닌 사람들이 모여서 공동체를 형성하는 공동체가족도 있다. 정확하게 통계가 파악되고 있지는 않으나 점차 증가하고 있는 추세라는 것이 일반적 견해이다.

이외에도 다문화가족의 증가를 볼 수 있다. 다문화가족은 이전의 단일민족 중심에서 벗어나는, 즉 혈통의 단일성에서 벗어나는 형태라 하겠다. 다문화가족에 대해서는 앞 장에서 살펴본 바와 같다.

3) 부계중심성을 넘어

① 친정부모 동거가족

친정부모와 함께 동거하거나 친정에 가까이 살면서 친정과의 교류가 시댁과의 교류와 비슷하거나 훨씬 빈번한 가족들이 증가하고 있다. 이렇게 부계와 모계 친족과의 접촉 빈도나 친밀함의 정도가 유사한 경우를 양계화라 할 수 있다. 이러한 현상은 일 가족 양립이 여전히 '여성의 문제'로 남아있는 상태에서 친족제도 역시 여성에게 책임이 주어지는 양계화 경향을 띤다고 할 수 있을 것이다(김혜경, 2002: 47).

② 성역할 변화 가족

여성이 생계부양자의 역할을, 남성이 가사전담자의 역할을 수행하는 가족이 증가하고 있다.

전통적인 부부의 성역할도 바뀌고 있다

일하는 여성이 늘면서 전통적인 여성의 역할이었던 가사와 육아를 전담하는 남편도 덩달아 증가, 전통적인 부부의 성역할도 바뀌고 있다. 2007년 말 기준 집에서 아이를 돌보거나 살림을 맡고 있는 남성은 총 14만 3,000명으로 지난 2003년에 비해 35% 증가했다는 보고도 있다. 이 같은 부부 간 성역할 변화는 앞으로도 증가할 것으로 보인다. 그렇지만 문제는 바뀌는 성역할을 서로 제대로 이해하지 못할 경우 또는 주위의 반응에 너무 민감하게 될 경우 부부 관계가 악화될 수 있다는 사실이다.

모 종합병원에서 근무하는 간호사 문지은(35) 씨는 연봉이 5,000만 원에 가까운 고소득자다. 반면 남편 이우영(36) 씨는 명문대를 졸업한 후 몇 년 간 구직 활동을 하다가 결국 마땅한 직장을 찾지 못해 집에서 육아와 가사를 책임지고 있다. 문 씨는 "처음에는 학벌도 좋고 인물도 괜찮은 남편이 제대로 직장 생활을 하지 못하는 게 속상했지만 모르는 사람에게 아이들의 육아를 맡기기 보다는 남편이 돌보는 게 낫다는 결정을 내린 후에는 맘이 편해졌다."고 말했다. 남편 이 씨도 "구직 실패후 아내에게 경제적 책임을 떠넘기는 것 같아 정신적으로 무척 힘들었지만 수년간 대화를 통해 해결책을 찾기 위해 애썼고 결국 서로의 역할을 바꾸는 것도 나쁘지 않다는 생각을 하게 됐다."고 설명했다.

출처: 서울경제(2009. 05. 21).

가족의 형태와 기능이 변화하고 있지만 여전히 언론과 각종 매체 등에서는 전통적 가족형태를 가족의 이상적 형태로 설정하고 여기에서 벗어난 가족의 존재를 예외적이고 불행한 가족으로 규정하고 있으며 사회경제적 혜택과 지원 등도 한국 가족의 변화를 반영하지 못하고 있다. 이러한 다양한 가족들은 편견과 사회적 차별 속에서 경제적, 문화적, 심리적으로 많은 어려움을 겪고 있으며 사회구성원으로서 누려야 할 법적, 문화적, 제도적 혜택으로부터 배제되고 있는 등 많은 어려움을 겪고 있다. 그러나 전통적인 가족 개념과는 다른 형태로 살아가는 가족들 역시 친밀감과 공동생활, 상호협력을 통해 가족으로서의 존재와 기능을 행하고 있음을 알 수 있다.

3. 담론의 양극단 – 위기인가, 변화인가

저출산과 인구고령화가 노동력 감소와 노인인구에 대한 사회적 부양부담을 초래할 것이며, 이혼과 한부모가족, 독거노인의 증가로 각종 사회문제가 발생할 것이라는 우려가 확산되고 있으며, 동성애와 동거의 확산은 성도덕 상실의 징후로 해석된다. '국가의 기본단위로서의 가족'의 위상에 대한 인식과 결합하여 국가위기, 사회질서와 도덕성의 위기담론으로 확대되고 있다. 가족에 대한 관심과 대책이 중요한 사회적 과제로 부상한 것이다.

가족위기의 징후는 변화된 환경에 적절히 조응하지 못한 가족정책 및 가부장적 가족관계의 결과라 하겠다. 가족의 변화는 노동시장의 변화, 민주주의와 양성평등 이념의 증가, 여성들의 의식과 능력의 변화 등 다양한 환경적 요인이 복합적으로 작용한 결과이며, 무분별한 개인주의 가치관의 확산에 따른 병리적 현상이 아니다. 가령, 저출산을 보자면, 2인 생계부양자(맞벌이) 가족체계를 지원하지 못하는 가족정책, 양육의 사회화가 충분히 이루어지지 않는 상황은 여성들로 하여금 혼인지연과 출산조절이라는 방식을 선택하게 하여 결국 저출산의 결과를 초래하게 한 것이다.

한편으로는 여성들의 높은 평등의식과 노동시장 참여를 통한 경제력이 향상되었으나 이에 적응하지 못하는 남성들의 가부장적 성향으로 인해 결혼회피 또는 높은 이혼율로 표출된다고 하겠다. 기존의 불평등한 젠더관계를 해체하고 양성평등의 가치와 규범을 내재화한 가족관계로의 변화를 추구해야 하며, 다양한 가족을 인정하고 가족의 다양성을 정책적으로 포괄할 수 있는 방향으로 국가정책이 변화되어야 할 것이다.

1) 오래된 변화의 시작

개개인의 삶은 가족 내의 관계를 바탕으로 이루어지며 가족은 자녀의 사회화와 경제적 공동체로서의 기능을 하는 것이 온전하며 바람직한 모습으로 알려져 왔다. 이러한 기능적인 가족의 모습은 현실에서 보편적인 모습인가 하는 것과는 별개로, 생계부양자로서의 남편과 가사전담자로서의 아내라는 성별분업을 전제로 할 때 가능한 모델이었다. 그러나 1990년대 말 IMF 체제에 의한 국제구제금융 시기를 거치면서 우리 사회에서 성별 노동분업의 모델은 더 이상 이상적 모델로도 존재하기 어려워졌다. 국제구제금융 시기 이후 가속화된 신자유주의는 노동시장의 유연화를 빌미로 최소한 남성들에게는 부여했던 평생직장 개념을 철회하였던 것이다. 그 결과 가족의 생계부양자로서의 지위를 잃게 된 남성들은 가족 내에서 생계부양자 외의 자리를 찾지 못해 거리로 나가 부랑자가 되든지, 양복을 차려입고 공원으로 낚시터로 출근하는 남성들이 출현하기에 이르렀다.

이러한 현상에 직면한 우리 사회의 한편에서는 남편 기살리기를 통해 이 위기를 극복해야 한다는 주장이 등장하였다. 성별노동분업의 패러다임 자체가 변화하고 있는 변혁의 시기에 오히려 가족에 관한 담론은 남편(가장)의 기를 살림으로써 모든 가족 구성원들이 행복해질 수 있다는 가부장적 가족주의 이데올로기를 재생산하고 있었다.

이에 반해 여성들은 새로운 변화의 시기에 발 빠르게 적응해 갔다. 더 이상 가족 이데올로기 속에 매몰되어 있지 않으려 하였다. 이것은 여성 억압이나 차별에 대한 감수성이 어느 날 갑자기 높아진 결과가 아니라 여성들이 자신의 삶의 조건들이 변하고 있음을 감지하고 그러한 변화에 적응하는 과정에서 도출된 결과라고 하겠다. 결혼이나 출산, 육아가 더 이상 매력적인 일만이 아님을, 그리고 고통을 감내하면서 유지할 만큼 가족(제도)가 더 이상 유효한 의미로도 남아있지 않음을 깨닫게 된 것이다. 한편에서는 이것을 이기적인 선택이라고 하거나 지나친 개인주의라고 비판하기도 하며 또 다른 편에서는 '변화'라고 보기도 한다.

한편 2008년, 2009년의 '글로벌 금융 위기'와 2019년, 2020년 '코로나19'는 상용직 중심의 구조조정, 사회 전반적인 고용의 어려움 속에서 취약계층인 청년층, 여성, 일용직 노동자, 비정규직, 소규모 자영업자에게 위기를 더욱 가중시키고 있다. 특히 국제구제금융 시기에 남성(약 636,000명)과 여성(약 641,000명)이 비슷한 수로 일자리가 줄었으나 2년 후 남성 취업자는 소수(31,000명) 증가한 반면 여성은 오히려 감소(103,000명)하는 등 확연한 차이를 보였다(연합뉴스, 2010. 01. 24). 사회·경제적 어려움 속에서 여성들의 기를 살리자는 어떠한 움직임도 일어나지 않고 있다. 결국 가부장적 가족관계 속에서 생계부양자로서의 역할은 일부 변화가 나타나기는 하나 아직도 여전히 남성에게 부과된 이미지라 하겠다.

2) 위기론, 전면에 나서다

2004년에 제정된 이래 가족 정책 방향의 기본 토대가 되고 있는 건강가정기본법을 둘러싼 논쟁은 가족에 대한 관점의 차이를 잘 보여준다. 가족의 변화를 위기적 상황으로 보지 않는 입장에서는 '건강가정'이라는 개념에 대해 의심의 눈길을 거두지 못하고 있으며, 건강가정기본법을 옹호하는 입장에서는 '건강가정'의 의미가 연속적 개념임을 설명하고 있다.

조희금 외(2004)는 건강가정기본법에서 말하는 건강가정의 개념을 그동안 가정학회에서 논의된 내용을 바탕으로 정리하고 있다. 즉 기본적인 물적 토대를 바탕으로 가족관계, 가정역할, 사회와의 관계, 가정문화 등의 영역에서 기능적일 때 건강하다고 말할 수 있다는 것이다. 따라서 건강가정은 단순히 건강-비건강의 이분법적 분류가 아니라 통합적이고 복합적인 개념으로 사용되며, 여러 요소들의 조합을 고려한 연속선의 개념으로 보아야 한다고 주장하고 있다. 그에 의하면 모든 형태의 가정은 어느 정도의 건강성은 가지고 있으며, 또 모든 가정은 어느 영역에서는 부족함이 있다는 것이다.

이러한 주장에 대해 이재경(2004)은 급변하는 한국가족의 변화를 '위기'로 인식하고 있는 '건강가정' 담론을 비판적으로 분석하고 있다. '건강가정' 담론의 출현 배경이 이혼으로 인한 가족해체의 급증과 출산율의 하락 등과 같은 소위 '가족의 위기' 상황에 대한 대안이라는 점을 고려한다면 건강가정은 부부와 자녀로 구성된 가족을 의미하므로 이혼 또는 사별로 인한 한부모가족, 자녀를 두지 않은 부부가족, 결혼을 하지 않은 동거가구 또는 독신가구는 건강하지 못한 가정이 되는 것이다. 이러한 '정상가족 이데올로기'는 가족 내 여성 억압과 갈등을 외면한 채 비전형적 가족에 대한 편견과 차별을 지속시키게 되므로 '건강가정' 담론의 사회적 건강성은 지켜지기 어렵다고 주장한다.

이혼율의 증가를 부계 성씨(姓氏)에 기반한 가족 질서의 혼란으로 해석하기도 한다(조은, 2005). 오랫동안 한국 가부장제의 근간이 되어온 부계혈통 잇기와 가부장적 모성은 글로벌 자본의 영향 하에서 스스로의 모순을 드러내는 잡종성을 보이면서 가부장제에 대한 저항과 반란의 지점이 되고 있는 것이다. 또한 젊은 연령층으로 올수록 결혼이 필수가 아닌 선택이라는 태도를 보이고 있는데, 이는 친밀성을 제도화해 온 결혼제도가 변화하고 있으며, 젊은 연령층의 태도를 볼 때 앞으로 친밀성의 배타적 영역으로서의 가족은 약화될 것으로 해석할 수 있다(이재경, 2005).

윤홍식(2004)도 가족의 변화를 위기로 보는 담론의 오류를 지적하고 있다. 전형적 가족을 사회의 기초단위로 인식할 때 높은 이혼율과 출산율의 급격한 저하로 대표되는 전형적 가족의 위기는 전체 사회의 붕괴로 이어질 수 있다고 인식됨을 지적하며, 이러한 인식 자체가 근본적으로 잘못된 것임을 지적한다. 즉 가족을 변하지 않는 사회구성의 하부단위로 전체 사회에 수직적으로 종속시킴으로써 개별가족이 가지는 다양성과 자율성을 부정하는 기능주의이론의 오류를 재생산하고 있다고 비판한다.

높은 이혼율로 대표되는 가족의 변화는 사회적 요인들이 작동하여 발생한 결과임에도 불구하고 현재 진행되고 있는 지배적인 담론은 우리의 중요한 가족이 해체되고 있다는 위기감과 이 위기를 극복한 대안으로서의 건강가정기본법 또는 이혼숙려제도에 대한 요구가 있다고 하겠다. 이러한 담론에서 도출된 대안의 핵심은 가족이 안정되어야 한다는 것이며, 따라서 기능적으로 건강해져야 한다는 것이다.

4. 새로운 가족, 새로운 가족 프로그램

1) 다양한 가족의 당면과제와 지원방안

(1) 당면과제

다양한 가족생활의 공통된 특징 가운데 하나인 가족 구성원에 대한 강한 자율성 부여는 개인의 성장과 행복을 위해서는 필요하지만 이것이 지나칠 때는 자칫 가족 구성원 간의 결속과 감정적 교류를 약화시키고 나아가 무관심하고 고립을 초래할 수 있다. 다양한 가족생활의 또 다른 어려움은 다른 사회제도와의 불일치에서는 오는 문제점을 지적할 수 있다. 독신생활, 동거생활, 양성적인 역할 분담 등과 같은 비전통적인 형태의 가족은 다음과 같은 어려움을 겪는다.

첫째, 사회안전망의 부재를 들 수 있다. 가령, 동거, 동성애 가족의 경우 배우자로서의 법적 지위를 인정받지 못하기 때문에 의료보험, 상속 등의 문제 발생 시 어려움을 겪게 된다. 둘째, 가족 기능의 과부하 문제가 있다. 돌봄 기능이 가족 내에서 해결해야 할 사적 영역의 일로 간주되는 상황에서 돌봄의 문제는 오로지 가족 내의 책임으로 남겨져 한부모가족, 미혼부모가족 등의 어려움이 크다. 셋째, 사회적 관계로부터의 소외가 있다. 이혼가족이나 동성애가족, 다문화가족 등 보편가족에서 벗어난 형태의 가족에 대한 사회의 편견으로 인해 사회적 관계로부터 소외를 경험하는 가족들이 있다. 넷째, 사회적 낙인의 문제가 있다. 각종 법령이나 제도 속에서 핵가족을 중심으로 하는 보편가족을 정상가족화하는 데서 발생하는 다양한 가족에 대한 낙인은 다양한 가족들이 행복한 삶을 영위하는 데 장애요소가 되고 있다.

(2) 지원방안

이러한 다양한 가족들이 가족생활을 제대로 영위하기 위해서는 제도적 뒷받침이 뒤따라야 한다. 먼저 제도적 지원이 있어야 한다. 보편적 급여의 형태로 가족 형태에 관계없이 가족 내에서 일어나는 돌봄을 지원하도록 해야 하며, 둘째, 사회적 관계망 형성과 관련된 지원으로는 유사한 가족 간의 네트워크, 자조집단 모임 지원 등의 활성화를 통해 관계망 형성을 지원할 수 있어야 한다. 셋째, 사회복지 서비스 관련 지원으로는 대인적 차원의 서비스 활성화가 필요하며(가령, 비정형가족 부모들의 과중한 역할 부담을 덜어주기 위한 학습지원 프로그램 등), 무엇보다 가족변화의 방향을 단일한 형태로 규정할 필요는 없다. 개인의 생존, 인간의 재생산, 사회의 기능 유지 등을 담당하는 가족공동체의 모습은 사회적, 역사적 맥락에 따라 다양한 형태로 변화되어 왔으며 미래에도 그럴 것이기 때문이다.

결국 사회변화에 대응할 수 있는 가족공동체를 우리 사회에 정착시키기 위해서는 우리가 전제하고 있는 가족에 대한 고정관념, 정상가족의 틀에서 탈피하여 좀 더 개방적인 사고를 해야 할 필요가 있다고 하겠다. 또한 가족 구성원들의 개별적 욕구가 존중되고 그들의 선택이 반영될 수 있는 다양한 형태의 공동체적 삶이 보장되어야 할 것이다.

2) 가족친화적 사회 조성

통계청의 『사회통계조사』에 의하면 '자녀 수와 결혼 등 조건에 관계없이 여성이 취업하는 것은 바람직하다'라는 질문에 1988년에는 여성의 16.7%, 남성의 8.4%만이 그렇다고 응답한 데 비해 2006년에는 여성의 50.8%, 남성의 43.3%, 2019년에는 여성의 90.0%, 남성의 82.8%가 긍정적인 답변을 해 여성의 취업에 대한 인식이 크게 변하였음을 볼 수 있다. 그러나 통계청의 『생활시간조사』에 의하면 남성의 가사 영역 참여는 실제적으로 증가하지 않아 여성이 일과 가정의 양립이라는 문제를 고스란히 부담해야 하는 결과를 낳고 있다.

신경아(2008)는 일과 가족의 양립문제를 개인의 역할 갈등이라는 차원을 넘어 '한 사회가 임금노동과 돌봄노동을 조직하는 방식에서 발생하는 문제'로 보고 일과 가족의 양립문제가 젠더관계에 가져오는 효과를 분석하였는데, 한국사회에서 국가는 가족을 일 영역에 종속시키고 여성에게 가족의 영역을, 남성에게 일의 영역을 주된 책임으로 규정함으로써 일과 가족의 양립문제가 사회적 문제로 드러나

지 않는 현실을 지속시켰다고 한다. 1970년대에는 미혼여성 중심의 노동시장 구성으로 인해 일과 가족 담론이 부재했었던 데 반해 1980년대 중반 이후 기혼여성의 노동시장 진출 확대로 인해 일과 가족의 양립문제가 사회적 관심의 대상이 되었지만 결국 '여성의 문제'로 본질화함으로써 오히려 여성의 다중 역할 강조와 개인적 해결을 통한 방식으로 무마되었다. 실제로 맞벌이가족에게 돌봄문제나 자녀의 학업 등의 문제가 발생할 경우 여성 스스로도 자신들의 탓으로 돌리는 것이 흔한 일이다. 한국사회에서 일과 가족의 양립문제가 본격적으로 제기되고 사회적 실천이 모색된 것은 1990년대에 들어서야 가능해졌지만 젠더관계의 인식이나 사회조직의 차원에서 일과 가족의 문제는 여전히 여성의 문제이며 개인이 가족 안에서 해결해야 할 고충이라는 인식이 지배적이다. 그나마 양육과 노인부양, 가족간호 등 '가족돌봄'의 사회적 분담체계와 직장과 가정생활의 양립을 위한 기반을 마련하고 기업경쟁력을 제고시킬 수 있는 가족친화기업문화를 조성할 수 있는 지원 토대를 마련하기 위해 2007년 제정되어 2008년부터 시행되고 있는 「가족친화 사회환경의 조성 촉진에 관한 법률」(이하 '가족친화촉진법')이 있어 사회의 환경 변화가 조금씩 점진적으로 일어나고 있다.

(1) 가족친화경영

가족친화경영이란 「가족친화 사회환경의 조성 촉진에 관한 법률」 제2조에서 의미하고 있는 '가족친화 직장환경' 즉, 근로자가 일과 가정생활을 조화롭게 병행할 수 있도록 가족친화제도가 운영되고 있는 직장환경을 조성하는 것을 말한다. 이러한 제도에는 탄력적 근무제도(시차출퇴근제, 재택근무제, 시간제 근무 등), 자녀의 출산·양육 및 교육 지원제도(배우자 출산휴가제, 육아휴직제, 직장보육 지원, 자녀교육지원 프로그램 등), 부양가족 지원제도(부모 돌봄서비스, 가족간호휴직제 등), 근로자 지원제도(근로자 건강·교육·상담 프로그램 등) 등이 있다. 가족친화제도를 모범적으로 운영하고 있는 기업이나 공공기관에 대해 가족친화기업으로 인증해주는 제도도 있다. 가족친화우수기업(기관)으로 인증되면, 가족친화우수기업 인증마크를 상품광고 및 홍보에 활용함으로써 기업의 이미지를 제고할 수 있다. 가족친화기업(기관) 인증제는 2008년 처음으로 실시되었으며 2008년 14개, 2009년 20개 기업에서 2015년 1,363개, 2018년 3,328개 기업으로 증가하였다. 2018년을 기준으로 볼 때 총 선정기업에서 대기업 10.9%, 중소기업 60.9%, 공공기업 28.1%였다.

그러나 여성가족부(2010)가 한국능률협회컨설팅에 의뢰해 공공기관 민간기업 1,202곳을 상대로 조사한 결과, 1,053곳(87.6%)이 총 5단계(1단계가 '매우 우수')인 가족친화지수에서 4등급과 5등급을 받았다. 전체 공공기관·민간기업의 가족친화지수는 100점 만점에 평균 49.2점이었다. 광역자치단체가 85.9점으로 가장 높았고 정부 부처(75.5점), 기초자치단체(67.8점), 공공기관(58.3점)이 뒤를 이었다. 가족친화지수 등급에서 가장 높은 '매우 우수'에 해당하는 곳은 단 한 곳도 없었다(동아일보, 2010. 04. 10).

가족친화인증이란?

「가족친화 사회환경의 조성 촉진에 관한 법률」 제15조에 의해 가족친화제도를 모범적으로 운영하는 기업 및 공공기관에 대하여 심사를 통해 인증을 부여하는 제도이다. 가족친화인증기업이나 기관으로 선정되려면 다양한 가족친화제도를 조직 내에서 잘 활용해야 한다. 그중에서도 주 40시간 근로시간 기준 준수, 18세 미만 근로자와 임산부에 대한 야간·휴일근로제한, 보건휴가(또는 생리휴가), 임산부 근로보호, 임신기간 중 근로시간 단축제도, 태아검진 시간 허용 보장, 유급 수유시간 보장, 직장 내 성희롱 금지, 직장 내 성희롱 예방 교육, 배우자 출산휴가, 육아휴직제도, 육아기 근로시간 단축 청구, 가족돌봄휴직제도 등은 반드시 지켜야 하는 법규 준수사항(최소 충족요건)이다.

가족친화인증기업(기관) 인센티브 지원현황

중앙부처·지자체·은행 등이 지원하는 207개 혜택 제공('19년 7월 기준)

출처: 가족친화지원사업 홈페이지(http://www.ffsb.kr).

〈표 12-11〉 가족친화인증기업(기관) 수

	총 인증기업(기관) 현황				
	2014	2015	2016	2018	
					비율
계	956	1,363	1,828	3,328	100.0
대기업	223	258	285	364	10.9
중소기업	428	702	983	2,028	60.9
공공기업	305	403	560	936	28.1

출처: 통계청(2019). 『2018 일·가정 양립 지표』.

특히 500개 기업을 대상으로 한 조사 결과(한겨레, 2009. 11. 30)에서는 가족친화경영에 대해 여건상 어렵다(66.2%)거나 필요성을 느끼지 못한 기업이 대부분(24.4%)이었지만, 2008년 가족친화인증제가 발표된 이후부터는 303개 기업(대기업 153개, 중소기업 150개) 대상 조사에서 여건상 곤란이 38.3%, 필요성을 느끼지 못하는 기업이 4.0%로 크게 줄었으며 가정친화경영을 실천하는 기업이 56.7%('적극 실천' 8.6%, '소극 실천' 48.1%)로 기업 두 곳 중에 한 곳은 실천하고 있는 것으로 나타났다.

(2) 가족친화지역사회

「가족친화 사회환경의 조성 촉진에 관한 법률」에서 '가족친화 사회환경'이란 '일과 가정생활을 조화롭게 병행할 수 있고, 아동양육 및 가족부양 등에 대한 책임을 사회적으로 분담할 수 있는 제반 환경을 말한다'라고 규정하고 있다. 따라서 가족친화 환경의 핵심은 '가족돌봄의 책임성을 인지하고 돌봄 관련 인프라를 구비하고 있는 쾌적한 지역환경'(김혜영, 2009: 66)이 될 것이다. 이러한 가족친화적인 사회환경 조성을 위한 구성요건은 다음과 같다. 첫째, 자녀와 노약자의 돌봄 책임을 가족과 이웃, 지역사회가 함께 공유하고자 하는 지역의 가치와 철학, 둘째, 특정한 형태의 가족을 옹호하거나 보편적인 형태의 가족만을 주요 대상으로 설정하기보다는 다양한 가족을 인정하고 배려하는 원칙, 셋째, 다양한 개별가족의 일상적인 문제와 가족돌봄의 욕구가 지역사회 내에서 충족될 수 있도록 다양한 지역 자원과 관련 서비스 인프라 구비, 넷째, 개인과 이웃, 지역사회의 소통과 유대의 네트워크가 형성될 수 있도록 지역사회의 지원 필요, 다섯째, 지역사회의 물적, 인적자원 및 다양한 서비스 프로그램 등에 대한 효율적인 정보제공체계 구축, 여섯째, 개별가족을 넘어 지역주민, 한국사회, 세계시민이 공존할 수 있는 지역발전의 비전 제시 등이 그것이다(김혜영, 2009: 67). 이러한 가족친화지역사회를 조성하는 구체적인 프로그램으로는 최근 건강가정지원센터를 중심으로 지역사회의 돌봄에 관한 품앗이 프로그램을 운영하고 있는 사례가 있다.

3) 사회적 품앗이를 통한 가족관계 증진 프로그램

'가족친화지역사회(가족친화마을)'에 대한 관심은 비교적 최근의 일이기는 하지만, 돌봄의 사회화 문제와 더불어 관심이 증대되고 있는 주제이기도 하다. 전국에 있는 건강가정지원센터를 중심으로 가족 내 약해진 돌봄 기능을 지역사회 내에서 보완하기 위한 방안의 하나로 자녀양육을 돌아가면서 맡아주는 품앗이를 시작해 현재 다양한 가족품앗이 사업이 있다. 사례를 들자면 서울시 관악구건강가정지원센터에서 운영 중인 '관악한마을품앗이'가 있다. 지역주민 스스로 강의나눔과 재료나눔으로 진행되는 나눔프로젝트, 이웃주민들끼리 쓰지 않는 물건을 바꾸어 쓰고 나누어 쓰는 관악나눔마켓, 영유아기 및 초중고등학교 자녀를 둔 어머니들의 자녀양육 및 가족생활 연구 모임인 '공부하는 엄마들의 모임', 공동육아 품앗이, 이웃 간의 소통과 나눔, 교류의 장이 된 가족봉사단 등의 프로그램이 품앗이 사업 안에 있으며 이러한 활동들은 모두 지역 주민들로 구성된 '활동가'들이 기획하고 운영하는 자발적 프로그램이다.

가족품앗이는 현대사회의 다양한 가족유형 출현에 따른 가족지원체계의 변화 및 가족의 역할과 기능의 약화, 그로 인한 가족 유대의 약화에 따른 현대가족의 어려움을 개별가족이 해결하는 것이 아니라 지역사회가 함께 풀어감으로써 외부의 가족지원체계를 만들고 약해져가는 공동체 의식을 길러 개별가족의 행복과 지역사회가 가족친화적인 사회로 전환하는 것을 목표로 한다. 이송지(2009: 40)는 가족친화마을 만들기의 유형을 다음과 같이 제시하고 있다.

〈표 12-12〉 가족친화마을 만들기의 유형

유형	도시 I 형(기관주도형)	도시 II 형(주민주도형)	농촌형
주체 형성	• 주민주체가 형성되지 않았으나 지역 내 복지관 등 기관들이 많은 곳	• 주체가 형성되어 있어 연대활동이 필요한 곳	• 농촌지역으로 아직 주체가 형성되지 않음
지역 특성	• 저소득가구 밀집지역 • 돌봄·교육·복지 취약지역	• 지역단체, 주민자치위원 등의 조직들이 구성되어 있으나 기관 간의 연대 부족	• 고령화와 결혼이민자 문제가 있는 곳
목표	• 기관네트워크와 주민주체 만들기 • 단체 기관들의 교육복지 네트워크 형성과 이를 통한 통합적 가족지원	• 주민·기관 연대사업 • 주민 간 연대를 형성하고 초기 연대사업을 실행하여 마을 만들기의 기반 다지기	• 지역공동체성 회복 • 마을 내 다문화가족의 존재를 인정하고 이들이 주민주체로서 자리잡아 가도록 지원
사업 흐름	제안그룹 구성	제안그룹 구성	제안그룹 구성
	네트워크 구성	네트워크 구성	네트워크 구성
	사업계획 세우기1-워크숍	사업계획 세우기1-워크숍	사업계획 세우기1-워크숍
	사업계획 세우기2-마을 조사	사업계획 세우기2-마을 조사	사업계획 세우기2-마을 조사
	사업계획 확정	사업계획 확정	사업계획 확정
	사업진행	사업진행	사업진행
	사업보고-발표회	사업보고-발표회	사업보고-발표회
		마을 일자리 창출	
	후속사업	후속사업	후속사업

유형	도시 I 형(기관주도형)	도시 II 형(주민주도형)	농촌형
사업 예	모금후원회 조직	문화예술교육 동아리들의 네트워크 만들기	결혼이주여성들을 위한 한국어교육 프로그램
	문화교육 프로그램 교류	놀토 프로그램과 방학 프로그램 운영	한국음식 만들기, 장 담그기
	연합 합동 발표회	'나 찾기' 프로그램 운영	다문화어린이집, 방과후 교실 운영
	가족캠프	다양한 가족 모델 간 교류 프로그램	부부 의사소통 프로그램
	마을잔치	주민교사들의 모임	시부모님과 함께하는 여행
	마을벽화 그리기	부모역할 공부 모임	각국 명절 체험

출처: 이송지(2009). p. 40.

앞으로 한국사회가 나아갈 방향은 개별화되고 고립화되어 있는 가족에서 벗어나 '사회통합적인 가족'(김혜경), '지역사회를 중심으로 한 공동체 운동'(여성한국사회연구회) 등 공동체 문화의 회복이라 할 수 있다. 가족을 사회와 단절된 공간으로 만드는 가족주의에서 벗어나는 것이 현재와 같은 가족 내의 젠더 불평등과 특정 가족에 대한 정상화 이데올로기에서 벗어날 수 지름길이 될 것이다. 양옥경(2005: 10-12)은 새로운 가족의 변화를 수용하고 이에 적응적인 기대와 역할을 수용할 수 있도록 진화된 가족 이데올로기로 신가족주의를 설명하면서 한국사회가 이러한 새로운 가족 이데올로기로 진화하기 시작하였다고 분석한다. 그에 따르면 '신가족주의'란 전통 가족주의가 가부장적 틀 속에서 일방적으로 유지해왔던 책임과 희생, 사랑의 속성을 남녀 모두에게 그리고 세대 간에 평등하게 적용하고 확대함으로써 가족의 질서와 기능은 유지하되 전통성을 초월하여 새로이 가족의 기능과 관계를 정립하는 이데올로기이다. 즉 전통적으로 중요하게 여겨왔던 가족주의에서 벗어날 때 성평등한 가족문화가 가능해지며 정상가족 이데올로기에서도 탈피하여 다양한 가족의 다양한 행복이 가능해질 것이다.

토 의 점

1. 전통적인 가족형태에서 벗어난 새로운 가족 유형들이 점차 더 많이 출현하고 있으며, 이러한 가족에 대한 시민들의 인식도 과거에 비해 유연해지고 있다. 새로운 가족공동체 속에서 성별관계는 어떻게 재구성되고 있는지 생각해 봅시다.

2. 나는 어떠한 형태의, 어떤 관계 속의 가족을 원하는지 생각해 보고, 내 생각에 영향을 미치는 요인을 개인적 차원 및 사회구조적 차원에서 각각 살펴봅시다.

3. 가족 관련 법과 정책이 가족형태 및 가족관계의 정립에 미친 영향을 정리해 보고, 평등한 가족관계를 위해 어떤 법률 및 정책이 있으면 좋을지 생각해 봅시다.

부록

영화로 공부하는 가족과 젠더

작품 '결혼은, 미친 짓이다'

1. 작품 소개
2. 내용
3. 이 작품에서 우리가 보고자 하는 주제들
4. 이 작품을 선정한 이유
5. 가족과 젠더 측면에서의 고찰
6. 전반적 비평
7. 이 작품이 전달하고자 하는 핵심 주제어

〈부록〉 영화로 공부하는 가족과 젠더

급변하는 현대사회에서 가족은 그 이전 시대와는 다른 모습, 기능, 역할을 수행하고 있다. 그 변화 속에서 가족 관련 주제가 잘 드러나는 여성과 남성의 이야기를 한번 적어보자. 그러면서 그 과정에서 각자가 설계하고자 하는 가족의 모습을 찾아보자.

1. 먼저 3~4명 정도로 조를 만들고, 의논하여 영화작품 1개를 선택한다.

2. 그런 다음, 영화에 대한 정보를 찾아 함께 나눈다.

3. 어떤 주제에 관심을 맞추어 볼 것인가도 미리 나누어 본다. 예를 들면 부부역할, 부부갈등, 가정폭력, 아동 학대, 장애가족의 고통, 이혼, 한부모가족, 재혼, 미혼모, 여성 노인, 빈곤, 노인, 다문화가족 등등

4. 함께 감상한다.

5. 감상 후 다음과 같은 주제로 토론해 본다.
   첫째, 이 작품을 선택하게 된 사연 혹은 이유, 둘째, 이 작품에서 가족 혹은 여성과 관련된 어떤 내용을 찾을 수 있나?, 셋째, 가족의 긍정적인 측면, 부정적인 측면, 새로운 발견 등을 정리해 본다. 마지막으로 전반적으로 이 작품에 대해 비평해 본다. 이 작품이 잘 부각시키고 있는 점, 나와 관점이 다른 점, 이야기 전개의 아쉬움 등등.

6. 보고서는 개인별로 작성한다
   보고서의 제목을 자신이 이 작품에서 보고자 하였던 것이 잘 드러나도록 만들어 본다. 예를 들면 '결혼의 재발견', '가사노동과 행복' '갈길이 먼 노인들' 등이다. 보고서 초고를 작성 한 뒤, 마지막에서 보고서 제목을 핵심 주제어로 정하도록 한다.

* 참고로 시범 과제를 제시해 보고자 한다. 여기에 제시된 작품에 대한 자료는 유계숙 외(2005)의 '영화로 배우는 가족학'에서 부분 발췌, 수정하였음을 밝힌다.

1. 작품 소개 : 영화 '결혼은, 미친 짓이다'

이 영화는 대한민국에서, 2002년도에 배포된, 유하 각본/감독의 작품으로, 주인공은 배우 감우성과 엄정화이다. 분류는 로맨스/멜로 드라마이고 상영시간은 103분이다.

2. 내용

2000년 오늘의 작가상을 수상한 이만교의 동명 소설을 영화화한 〈결혼은, 미친 짓이다〉는 30대 두 남녀의 만남을 통해 이 시대의 사랑과 결혼관을 되묻게 하는 작품이다.

김준영(감우성 분)과 강연희(엄정화 분)는 친구의 소개로 처음 만나게 된다. 이미 그들에게 소위 맞선은 신물이 난 지 오래다. 영화 관람, 저녁식사, 찻집으로 이어지는 그들의 첫 만남은 의례적이다. 하지만 그날 밤 그들은 각자의 집이 아닌 여관에서 정열적인 섹스로 첫날밤을 보내게 된다.

이후 본격적인 교제를 시작한 두 사람은 성적 파트너로서 만족스런 연인관계를 유지해 간다. 하지만 결혼에 대해 두 사람은 좀처럼 일치점을 찾지 못하고 있다. 여전히 연희는 결혼을 위해 사랑과 돈 모두를 채워줄 수 있는 완벽한 상대를 찾고 있는 중이다. 왜냐하면 대학 강사인 준영은 그녀의 필요를 모두 채워주기엔 분명 역부족이다. 그래서 그녀는 대안으로 돈을 위해 의사와 결혼하고, 사랑을 위해 결혼 이후에도 준영을 만나는 것을 선택한다.

반면 준영은 다양한 연애 경험을 바탕으로 결혼은 서로에게 기만 행위라고 규정짓는다. 이러한 생각은 연희를 만나면서도 동일하게 유지된다. 그래서 준영은 연희가 결혼을 한다고 했을 때 일종의 범죄라고까지 반문하고 있다. 마치 부부처럼 지내다가 다른 남자와 결혼하려고 하는 연희를 보면서, 준영은 일부일처제인 우리 사회의 결혼제도에서 결혼은, 미친 짓이라고 말한다.

두 사람의 교제가 한창일 때 두 사람을 이어준 준영의 친구 규진과 연희의 친구 유리가 결혼을 하게 된다. 결혼식 전날 준영이 규진과의 약속 장소에 나갔다가 규진과 중학교 동창인 지영이 키스하는 장면을 목격한다. 규진은 아직까지 지영에 대해 마음을 정리하지 못한 채 내일 결혼을 앞두고 있다. 이러한 모습을 본 준영에게 다시금 결혼은, 미친 짓이 되고 만다.

연희는 의사와 결혼하기 전 준영에게 그들만의 신혼여행을 제안한다. 연희는 그 신혼여행에서 찍은 사진으로 앨범을 만든다. 드디어 연희가 웨딩마치를 올리는 날, 그곳에 준영은 신랑으로가 아닌 하객으로 서 있고, 연희는 식장에 서 있는 준영을 보게된다. 한 명은 신부, 한 명은 하객인 이 연인은 과연 무슨 관계란 말인가? 그들은 분명 연인이지만 연희는 결혼은 일종의 보상을 극대화하는 선택이라고, 준영은 반대로 이런 모습을 통해 여전히 결혼은, 미친 짓이라고 확신하며 예식장에 있는지 모른다.

연희는 결혼 이후에도 준영의 독립을 위해 자신이 마련해 준 옥탑방으로 계속해서 찾아온다. 마치 주말부부인 것처럼. 그러다 준영의 여제자가 남긴 메일을 보게 되고 둘의 관계를 의심하게 된다. 준영은 연희가 상관할 일이 아니라고 일축한다. 그들의 관계는 이제 서로 상관하지 않아도 되는 관계가 돼버린 것일까? 연희에겐 준영이 아니라도 남편이 있고, 준영에겐 연희가 아니라도 여제자와 같은 다른 이성이 있을 수 있다.

결국 준영이 먼저 연희에게 관계를 끝내자고 제안한다. 연희가 돌아가고 준영은 연희가 남겨둔 앨범을 뒤적인다. 준영은 사진 속 자신과 연희의 모습을 보면서 이렇게 독백한다. '처음으로 나는 그녀가 만들어 놓은 앨범을 보고 있다. 사진 속에서 만큼은 그녀도 나도 한없이 행복해 보인다. 하지만 우리에겐 그 길을 갈 용기가 없었다. 나는 이제야 깨닫는다. 가고 싶었던 길을 가지 않은 비겁함. 가야 했는데 가지 못한 아쉬움. 이 행복에 겨워 보이는 사진들 뒤에 정말 가려져 있는 것은 바로 그런 쓸쓸함이 아닐까? 아니, 어쩌면 그녀는 사진이라는 형식을 통해 그러한 현실을 견디려 했는지도 모른다.' 결국 그동안 준영은 자신의 이기적인 사랑만을 추구해 왔고, 반면 연희는 준영의 사랑을 갈구했고 그 사랑을 키워가려고 노력했는데도 불구하고 준영은 상대방이 원하는 그 사랑을 깨닫지 못했으며, 설령 알았더라도 그 사랑을 위한 노력과 용기가 없었다. 설령 결혼의 발목을 잡고 있다고 생각하는 돈 문제가 해결되었다 하더라도 준영은 또 다른 핑계로 그 사랑을 방관했을지 모른다.

연희가 다시 준영의 옥탑을 찾는 것으로, 그리고 입가에 미소를 머금은 그녀의 모습으로 끝이 나는 영화는 마치 부부가 부부싸움을 하고 난 뒤 다시 일상으로 돌아가는 모습처럼 보인다. 과연 그동안 그들은 무엇을 얻고, 무엇을 잃은 것일까?

3. 이 작품에서 우리가 보고자 하는 주제들

결혼의 순결성, 사랑과 결혼생활, 결혼관, 결혼제도, 일부일처제…….

4. 이 작품을 선정한 이유

우선 당연하게 받아들이고 있었던 '결혼'에 대해 비판적 관점을 제시했다는 점이 좋았다. 결혼을 하되 기존의 일부일처제 결혼제도가 지닌 문제점을 파악한 후, 대안적 관점에서 우리의 결혼을 선택하고 싶었기 때문에 이 작품을 선정하였다.

여성의 사랑, 결혼, 가족과 남성의 사랑, 결혼, 가족은 과연 어떻게 다른가? 함께 살아가야 할 존재로 서로에 대한 보다 깊은 이해가 필요하다고 본다. 이 깊은 이해도 학습이 필요하다고 본다.

5. 가족과 젠더 측면에서의 고찰

영화 〈결혼은, 미친 짓이다〉는 두 남녀, 준영과 연희의 첫 만남에서부터 데이트, 그리고 결혼에 대한 서로의 각기 다른 선택에 이르기까지 다양한 관계를 보여주고 있다.

비록 준영과 연희가 정말 부부처럼 보이는 연인이지만 두 사람의 관계를 이어주는 공통분모는 다름 아닌 성적 파트너일 뿐이다. 상대의 외모에 대한 매력과 성적 파트너, 그것으로 인한 만족은 있지만 사랑에 있어 두 사람은 서로 호혜적이지 않다. 준영은 자신의 경제적인 취약성 때문에 연희가 자신을 결혼 상대자로 선택하지 않을 것이라는 확신을 가지고 단지 성적 파트너로만 연희를 규정하고 있다. 하지만 연희에게는 준영이 생각하는 것처럼 경제적인 보상이 사랑을 압도할 만큼의 우선순위는 아니다. 그러나 준영은 자신이 연희의 결혼 조건에 결격 사유가 있다는 것만 생각할 뿐, 그들의 만남이 이루어지고 있는 관계의 또 다른 실체를 바라보지 못하고 있다.

둘의 관계가 지속되면서 성적 파트너로서의 보상은 어느 정도 유지가 되지만 사랑 혹은 몰입에 대해서는 공평하지 못하기 때문에 이로 인한 비용이 발생한다. 결국 이러한 비용이 두 사람의 관계에서 점차 비중이 커지면서 보상을 상쇄해 버리게 되고 관계의 해체에까지 이르게 된다. 준영이 이 사실을 깨달은 것은 이미 연희가 결혼한 이후이며, 새롭게 관계를 시작하기 위해서는 '불륜'이라는 또 다른 비용을 치러야 하는 상황이 되었다. 서로를 신뢰하지 못한 채 발생한 비용은 결국 두 사람 모두를 피해자로 만들고 만 것이다.

성에 대한 차별은 인류 역사상 오랫동안 존재하여 왔지만 사회문제로서 본격적으로 거론되기 시작한 것은 여성해방운동이 활발하게 일기 시작한 1960년대부터이다. 여성해방운동은 전통적인 성별분업을 가정하는 구조기능론에 이의를 제기하며 여성주의(feminism)라는 새로운 관점을 발달시켰다.

여성주의도 내부적으로 매우 다양한 이론적 편차를 가지고 있다. 크게 자유주의적 관점, 사회주의적 관점, 급진주의적 관점으로 구분된다. 18세기 계몽주의에 뿌리를 두고 있는 자유주의적 관점은 공공정책을 통하여 여성들에게 동등한 기회가 주어져야 함을 강조하면서, 사회적인 제도 및 법에 있어서 개혁을 꾀할 것을 주장한다. 따라서 여성에게도 남성과 균등한 법적 지위와 교육 및 위업의 기회가 주어진다면 여성의 예속적 지위와 전통적인 성역할은 바뀔 것으로 보았다. 그러나

이 관점은 점진적인 개혁만을 주장할 뿐 기존의 제도가 갖고 있는 구조적 문제에 대해서 도전하지 않고 있다는 한계점이 있다.

자유주의와 달리 사회주의적 관점은 성의 특성이 어떻게 사회, 경제 및 정치적 범주 내에서 발달되고 지속되어 왔는지를 설명한다. 이 관점은 여성 억압의 기원을 자본주의에서 찾고 있는, 보다 급진적인 관점이다. 이 관점은 자본주의가 발전하는 과정에서 여성이 노동참여에서 배제된 것이 가장 주된 여성 억압의 원인이라고 보며, 따라서 성에 따른 노동분화가 없어져야 할 것을 주장한다. 그래서 급진적 관점은 가정과 경제의 관계를 규명하는 데 중요한 역할을 함으로써 두 영역 간의 관계를 중심으로 여성의 지위에 대한 토론을 시작할 수 있는 계기를 마련해 주었지만, 사유재산과 계급이 철폐되고 남녀평등이 보장된 사회주의 국가에서도 여성문제가 완전히 해결되지 않은 채 남아있다는 점을 설명하지 못하는 한계점이 있다.

사회주의 관점이 남녀관계에서 경제적 측면을 강조하는 반면, 급진적 관점은 가부장제를 여성 억압의 가장 중요한 원인으로 봄으로써 남성의 권력과 심리적 발달을 강조한다. 즉 여성의 억압을 결정하는 것은 계급보다 가부장제에 기반한 남녀관계라고 주장한다. 그래서 Firestone은 여성 억압의 주된 원인을 여성의 출산 기능으로 보고, 성적 불평등을 해소하기 위해서는 기술 혁신으로 인공임신을 가능케 하여 여성들만이 애를 낳고 키우는 제도적 관습을 제거해야 한다고 주장한다. 또한 Rubin은 여성 억압의 원인이 친족제도에 있다고 보아 전통적 가족제도를 탈피하여 여성들의 동성연애를 주장하는 등 상당히 급진적인 관점을 가지고 있다.

이상에서 살펴본 다양한 여성주의 관점들은 여성 억압의 원인에 대하여 서로 다르게 설명을 하고 있지만, 현재 여성들이 받고 있는 대우에 문제점이 있음을 지적하고, 성에 따른 불평등을 줄일 수 있는 실천적 방안을 모색하여, 남녀 간의 조화를 꾀할 수 있는 인간해방운동을 실현하고자 했다는 점에서 공통점을 가지고 있다. 작품의 몇 장면을 통해 젠더 관점에서 분석해 보고자 한다.

〈장면 1〉

준영 : 말 그대로 연기, 가짜 결혼을 하는 거지. 우리 어머니 소원이 내가 올해 가기 전에 결혼하는 거거든.

준영 : 각자 따로 살다가, 명절 때나 부부 행세를 하는 거야. 결혼 안 한 사람한테는 특히 명절이 쥐약이거든.

연희 : 그게 가능해? 금새 들키지.

준영 : 주말부부인 양 살면 되지 뭐. 시부모가 오시면, 이 정도 대사만 읊어주면 돼. 속상해 죽겠어요. 이이는 집안일엔 손가락 하나 까딱 안 해요. 하다 못해 못질도 제가 해요 어머니. 그럼 우리가 가짜로 살고 있다는 건 상상도 못할걸?

이 영화는 사랑과 낭만이라는 이데아에 의해 우아하게 포장되어 있는, 우리 사회의 획일적인 결혼제도에 문제를 제기하고 있다. 어찌 보면 연애 따로 결혼 따로라는 불온한 설정은 무엇 하나 새로울 것 없는 진부한 불륜극의 소재이며, 결혼이 미친 짓인가 아닌가 하는 낡은 질문은 자칫 식상할 수밖에 없는 오래된 논쟁이다. 〈결혼은, 미친 짓이다〉는 결혼제도를 둘러싼 다양한 풍속도를 그려내고 있기는 하지만 거기에서 많이 나아가지는 못한다. 연희의 모습 역시 상당히 준영에게 기대는 인상이며, 우리 시대의 '모드'라 할 수 있는 연희는 현실과 낭만 사이에서 철저히 균형을 지키는 여성이지만, 두 사람 사이의 '낭만'에 기울어져 있는 듯해 보인다. 즉 두 사람은 기존 결혼제도에 비판을 시도해 보려 하지만 실천적 대안이 아닌 제도적 관습의 회피로 나아가는 모습에서 아쉬움을 남긴다.

〈장면 2〉

준영 : 처녀여야 한다는 소리 따위가 아냐. 네가, 너 같은 스타일이 결혼하면 신랑 하나만 바라보고 평생을 살 수 있다고 생각해? 그게 가능하다고 생각해?

연희 : 난, 자신 있어! 절대로 들키지 않을 자신!

준영 : 이거 하난 분명해. 너나 나나 열두 살 이후로 끊임없이 누군가를 좋아했어. 그리고 사랑해 왔어. 그런데 그 감성이, 그 감각이 결혼하는 걸로 '땡' 하고 끝날 거 같아? 웃기는 얘기지.

여기엔 사회통합을 위한 제도 혹은 관습에 순응하며 그 안에 편입되기보다 개인의 자유로운 의지를 더 가치 있게 여기는 문화가 한몫을 하고 있다. 준영의 대사 '일생 동안 한 사람에게 만족할 수 없다.'는 즉, 개인의 욕망을 결혼이라는 제도가 억압하고 있음을 주장한다. 내가 원하지 않는 제도는 억지로 받아들이지 않는다, 거부하겠다는 의지의 표현이다. 이것은 비단 여성만의 문제가 아니라 가부장제에서 동일하게 억압된 남성의 해방을 실현하는 것이다.

그런 의미에서 차라리 "너나 나나 열두 살 이후로 끊임없이 누군가를 좋아했어. 그런데 그 감성이 결혼하는 걸로 '땡'하고 끝날 거 같아?"라며, 평생 한 여자만을 사랑하겠다는 그런 뻔뻔한 거짓말을 할 자신이 없어서 결혼하지 않겠다는 준영의 고백은 고해성사처럼 느껴진다. 거래처 사람을 만나는 것처럼 맞선자리에 나가고, 결혼식장에서의 출석 체크 순서이기도 한 상투적인 단체사진 촬영을 거부하는 준영은, 틀에 박힌 제도에 대해 냉소적인 인물인 만큼 연희가 마련한 옥탑방의 연애에 대해서도 담담하게 받아들이며 결혼에 대한 정상적인(정확히 말해 강압적인) 이데올로기를 공격한다. 그들의 달콤하면서도 짜릿한 부분 동거에서 '불륜'이라는 단어가 주는 끈적한 느낌은 없다. 게다가, 한국의 결혼제도가 미쳐 있기 때문에 우린 이렇게 놀 수밖에 없다는 합리성이 슬쩍 끼어들기까지 할 정도이다.

〈장면 3〉

연희 : 나 결혼하지 말까 봐.

준영 : 왜? 자 봤는데 별로야? 병원 차릴 비용이라도 달래?

연희 : 그 사람 왼쪽 눈 밑에 사마귀만한 점이 하나 있는데 그게 도무지 맘에 안 들어. 그 점 하나 때문에 벌써 일주일째 싸우고 있단 말야. 그깟 점 하나 떼는 거 갖고도 이러는데, 정작 패물이며 살림 장만, 시부모 모시는 문제, 이런 거 다 합의하려면 도대체 몇 달이 걸릴 거야? 결혼식장도 울산에 잡자는 거야. 시댁 식구들이 거기 있다구. 그게 말이 돼? 이 결혼, 정말 다시 생각해야 할까 봐.

준영 : 너는 제대로 가고 있는 거야.

연희 : 어째서?

준영 : 내 동생도 결혼할 때 그랬어. 예단이 어떻고 신부 어머니 성격이 어떻고 난 그때 정말 파혼하는 줄 알았다. 나중엔 양가가 족보까지 들먹여요. 정말 이렇게까지 해서 결혼을 해야 되나 하는 회의감은 안 드나? 또 너처럼 친구 하나 불러내서 하네 마네 푸념도 해야지. 근데 알고 보니 이런 게 다 결혼에 필요한 절차더구먼.

영화는 결혼과 결부되는 그 모든 요소들(흔히는 '사랑'이라고 하지만 이 영화에서 '사랑'이란 말이 등장하지 않기에)이 사실은 결혼과 아무런 상관이 없고, 결혼은 자연스런 그 모든 감정들의 과정 정반대 지점에서 우리를 옭아매는 관습에 지나지 않는다는 사실을 역설한다.

여자는 남자가 아니라 제도와 결혼함으로써 사람이 아닌 그 집안에 귀속된다. 또 거기서 오는 고통은 남자에게도 전이됨으로써 결국 가부장적인 결혼제도는 부부를 소외시킨다. 여주인공 '연희'는 영악하게도 결혼의 난제를 비스듬히 관통하고 남자 주인공 '준영'은 노련한 방관자처럼 멀찌감치 떨어져서도 그것을 즐기는 것처럼 보인다.

사실 결혼, 특히 한국에서의 결혼은 가히 미친 짓에 가깝다고 할 수 있다. '집안과 집안이 만나는'이란 점잖은 표현 속에 얽혀 있는 수많은 이해관계들과 감정의 상함과 쌓여가는 오해들, 번거롭고 번잡하고 쓸데없는 결혼 절차들, 특히 결혼이라는 계약을 통해 생겨나는 가정이라는 곳은 여성에게 부당한 희생을 강요한다. 요즘은 시대가 변해서 남편도 가사를 분담한다지만 가사와 육아는 여성의 몫이라는 암묵적인 사회적 동의는 여전히 존재한다. '가사는 원래 아내가 하는 것인데 남편이 도와준다.'는 사고방식이 '가사는 원래 아내와 남편이 함께해야 하는 것'으로 바뀌지 않는 이상 여성의 결혼은 자신의 팔 한쪽과 다리 한쪽을 집안기둥에 묶어둬야 하는 억압이 된다.

〈장면 4〉
연희 : 그거 잘 생각해 봐.
준영 : 뭘?
연희 : 독립하는 거 말야. 정말 도와주고 싶어.
준영 : 고맙지만, 사양하겠어.
연희 : 그냥 준다는 게 아냐. 꿔주는 거야. 나 갈게.

연희는 결혼 적령기에 결혼을 선택하여 부모로부터 자유를 얻었다. 경제적 안정을 꿈꾸었기에 의사와 결혼해서 경제적 자유를 얻었다. 그리고 이성적 매력을 가진 남성과의 섹스를 위해 준영을 만나고 있다. 결혼생활도 유지하면서 성적 파트너와의 불륜을 위해 연희는 또 다른 현실적 대안을 원하고 있다. 결국 연희가 생각하는 독립된 공간의 기능은 결혼제도에 대한 저항이 아니라, 오히려 전업주부로서 살아가는 현실에서 경제적 지원과 맞물린 결혼제도를 적극 수용하는 것이다. 결국 연희는 결혼제도에 길들여져 있는 여성으로 살아가고 있다.

〈장면 5〉

연희 : 여기다 우리 신혼여행 가서 찍은 사진을 올려놓고, 여기에는 식탁을 놓고, 꽃병도 하나 놓으면 딱 좋겠다. 내가 저녁상을 차리면서 자기가 오나, 안 오나 내다볼 수 있잖아.

준영 : 유치하다.

연희 : 어렸을 때는 결혼해서 그렇게 사는 게 내 꿈이었어. 유치해도 상관없어.

새로이 꾸민 옥탑방에 있는 준영과 연희의 모습에서 기존 결혼제도에 대한 비판은 찾아볼 수 없다. 연희는 기존 결혼제도에서 답습되고 있는 철저한 전업주부로서, 준영은 그러한 연희의 모습을 자연스럽게 수용하는 것으로 사실상 전통적인 성역할의 모습을 보여주고 있다. 결국 이들은 기존 결혼제도에서 문제시되어 온 전통적인 성역할 고정관념에서 크게 벗어나 있지 못하며, 오히려 역설적으로 그러한 성역할을 더 철저히 즐기고 있다.

6. 전반적 비평

영화 〈결혼은, 미친 짓이다〉는 결혼이 사회의 한 제도로 기능하고 있음을 보여준다. 뿐만 아니라 결혼이 사람들 간의 관계도 다루고 있음을 동시에 보여주고 있다. 즉 결혼은 제도나 관계와 조화를 이루어야 한다. 따라서 결혼을 제도로만 혹은 관계로만 이해할 경우 그 결혼은 어느 한쪽으로 치우쳐 다른 한쪽이 결핍될 것이라는 점을 이 영화는 시사하고 있다.

영화 〈결혼은, 미친 짓이다〉는 바로 이와 같은 맥락에서 이해되어야 한다. 영화가 결혼의 제도적 측면만을 보여주는 것은 아니지만 무게 중심은 제도적 측면, 그것도 제도적 불합리에 있다. 그러므로 결혼의 관계적 측면, 즉 기본적으로 고려되어야 할 결혼 당사자의 사랑에 대해서는 개인적 취향으로만 다루고 있어 결혼의 균형이 한쪽으로 기울어져 있다. 결국 결혼과 사랑이 마치 별개로도 가능한 것처럼 왜곡시켜 보여주고 있다. 분명 영화는 이것으로 문제제기를 하고 있지만, 정작 이 문제를 심도 있게 다루며 해결책을 모색하려는 노력보다는 결혼의 새로운 대안 가능성을 탐색하려고 애쓰고 있어 문제제기의 본질에서 벗어나 있다. 결국 결혼하는 것은 제도와 결혼하는 것이고, 사랑은 결혼 이외의 관계에서도 충분히 가능하기 때문에 영화의 제목처럼 결혼은, 미친 짓이 될 수밖에 없다. 그러나 오히려 이 맥락을 뒤집어 생각하면 이 영화는 사랑이 없는 결혼은, 미친 짓이라고 규정하는 논리를 가지고 있다. 따라서 이 영화는 결혼의 여러 제도적 부조리를 가지고 결혼제도를 비판하지만, 결국 관계의 중요성이 드러나면서 결혼은 사랑과 분리될 수 없다는 사실을 반증하고 있다.

다음으로 영화 속 두 주인공의 성격 규명을 통해 결혼과 가족 영역에서 실천적으로 적용해 볼 수 있는 내용들을 찾아보고자 한다. 준영은 결혼을 철저히 거부하는 인물이다. 그 이유에 대해서는 영화 속 여러 가지 결혼의 부조리한 모습으로 설명이 가능하다. 여러 번의 맞선을 통해 형성된 피해의식, 남동생의 결혼 과정에서 혼수문제로 빚어진 양가 집안의 갈등, 중학교 동창 규진의 결혼식 전날 규진이 예전 여자친구인 지영과 키스하는 장면을 목격한 일, 그리고 결혼에 대한 규진의 주저함, 결정적으로는 연희의 조건적 결혼관 등이 준영의 결혼관을 형성하는 데 작용했을 것이다. 하지만 준영이 결혼에 대해 아무런 생각이 없는 것은 아니다. 결혼에 대한 그의 비판적 사고는 현실이 모두 자신의 이상적 결혼관과 다르다는 것으로 볼 수 있다. 가령 그와 연희의 관계가 다분히 성적 파트너로만 보이기는 하지만 그는 섹스에 탐닉하고자 하는 것이 아니라, 이성과의 관계 형성을 위한 매우 과감하고 적극적인 통로로 '섹스'를 이용해 연희에게서 그가 꿈꾸던 관계를 찾고자 한다. 그러나 그는 그 섹스로도 꿈꾸던 관계를 형성할 수 없었다. 하지만 그는 섹스 이외의 관계를 이어가는 다른 대안 혹은 자원을 찾으려고 노력하지 않는다. 그러면서 진전되지 않는 그 관계의 원인을 결혼제도라고 규정하여 비판하고 있다. 조건을 따지는 결혼 풍토, 한 사람으로 만족하지 못하고 성적 파트너를 찾아다니는 남녀들의 연애관을 비꼬며 심지어 결혼을 범죄라고까지 규정하고 있다. 결국 그는 관계를 어떻게 이어가야 하며 혹은 자신이 가지고 있는 다른 자원을 어떻게 활용해야 하는지 전혀 모르고 있는 것이다. 만일 그가 연희에게 그동안의 자신의 연애 경험에 비춘 비판적 판단을 제시하기보다 그가 연희에 대해 가지고 있는 진심을 전달했더라면, 연희도 조건만을 부각시키는 태도와는 다른 모습을 보여주지 않았을까 생각한다. 따라서 준영에게는 결혼과 관계의 의미, 이에 따른 이성교제, 역기능적 의사소통에서 기능적 의사소통으로 변화, 그리고 배우자 선택방법에 대한 교육과 가족생활교육 프로그램이 필요하다.

여자 주인공 연희는 자신의 필요를 현실적으로 찾아가는 결혼 적령기의 전형적인 여성이다. 따라서 준영과는 매우 대조적인 모습을 보여주고 있다. 즉 자신이 갖고 있는 자원보다 더 많은 자원이 있는 배우자를 통해 보상을 극대화하고자 하는 심리를 보여주고 있다. 그래서 그녀는 준영과 교제하고 있는 상황에서도 의사와의 결혼을 선택한다. 그녀에게 결혼은 일정한 나이가 되면 하는 것이고, 독립을 보장하며, 경제적 지원이 가능한 수단으로 철저히 기능하고 있다. 하지만 그 모든 것들을 통해 진정 그녀가 누리고자 했던 것은 사랑이었다. 그 사랑을 지키기 위한 수단으로 그녀는 다른 조건들을 더 절실히 필요로 했다. 즉, 준영과의 더 낭만적인 사랑을 위해 그녀는 결혼이라는 사회적 독립과 경제적 지원이 필요했다. 연희는 옥탑방을 얻기 위해 결혼제도에서 입수할 수 있는 모든 것들을 철저히 이용했다. 마치 결혼제도를 비웃기라도 하듯 말이다. 하지만 옥탑방에서 준영과 연희의 모습은 기존 결혼제도가 가지고 있는 전통적인 성역할을 그대로 따르고 있다. 그들의 옥탑방 생활은 기존 결혼제도에서 하나도 벗어나 있지 않다. 단지 그들이 일부일처제의 한계를 보여주는 것 빼고는 말이다. 분명 연희에게도 사랑이라는 감정이 관계의 주요한 자원으로 자리하고 있다. 하지만 결국 이러한 자원도 결혼과 관계라는 틀을 분리해 이해하고 있기 때문에 성공할 수 없었던 것이다.

결론적으로 이 영화는 결혼의 의미와 사랑을 키워나가는 우리 사회의 성인교육, 결혼교육 등을 대안으로 제시하고 있다.

7. 이 작품이 전달하고자 하는 핵심 주제어

사랑과 결혼의 관계, 결혼준비교육, 남자의 결혼과 여자의 결혼 등등

참고 문헌

강이수(2009). 일-가족 가치관과 구조적으로 제약된 '선택'. 강이수 엮음. 일·가족·젠더: 한국의 산업화와 일-가족 딜레마. 255-294.

고미경(2002). 여성가장의 자립지원 방안. 신라대학교 사회정책대학원 석사학위논문.

고성혜·한유진(1995). 편모가정 청소년의 가정환경에 대한 지각. 한국청소년연구 제20호: 60-73.

고용노동부. 고용형태별근로실태조사.

공세권 외(1990). 한국가족의 기능과 역할변화. 한국보건사회연구원.

곽배희(2002). 한국사회의 이혼실태 및 원인에 관한 연구, 이화여자대학교 대학원 박사학위논문.

교육부. 교육통계연감. 각 연도.

구혜령(1996). 농촌여성의 스트레스에 관한 연구. 한국가정관리학회지 제14권 2호.

권희경·장영은·성미영(2010). 대학생의 어머니 취업에 대한 긍정적 신념에 영향을 미치는 요인. 한국가정관리학회지 제29권 4호: 43-66.

김경수·허가형·김윤수·김상미(2018). 우리나라 저출산의 원인과 경제적 영향. 경제현안분석 제94호. 국회예산정책처.

김경희(2001). 경제위기와 실직여성가장가구. 연세대 사회발전연구 제7호.

김기엽(2007). 저출산 시대의 고등학생의 자녀 출산에 대한 의식조사. 아주대학교 대학원 석사학위논문.

김기현·강희경(1997). 양육스트레스 척도의 개발. 대한가정학회지 제35권 5호: 141-150

김미숙(2010). 자녀가치와 가족가치에 대한 인식 : 유아 부모와 외할머니 집단을 중심으로. 인하대학교 대학원 석사학위논문.

김미숙 외(2000). 저소득 편부모 가족의 생활실태와 정책과제. 한국보건사회연구원.

김보영(2006). 영국 사회복지서비스: 지방정부와 중앙정부의 역할 분담을 중심으로. 한국지역사회연구소.

김성숙(2006). 기러기아빠의 생활 변화와 적응 문제. 한국가정관리학회지 제24권 1호: 141-158.

김성희(1996). 가정기기 도입에 따른 가사노동의 변화. 서울대학교 대학원 박사학위논문.

김순남(2008). Divorce in Contemporary Korea: Individualization, Intimacy and Gender. 요크대학교 박사학위논문.

김순남(2009). 성별화된 이혼의 서사: 상실의 경험과 새로운 관계 형성의 의미화 과정을 중심으로. 한국여성학 제25권 4호: 41-72.

김순남(2010). 남녀의 이혼 서사를 통해 본 친밀성과 젠더. 여성학논집 제 27권 2호: 155-192

김순옥(1994). 이혼의 실태 고찰과 대책 제안. 사회과학 제33권 2호: 153-169.

김승권(2005). 한국사회변동과 다양한 가족의 출현. 보건복지포럼 103: 5-23.

김승권 외(2000). 2000년 전국 출산력 및 가족보건실태조사. 한국보건사회연구원.

김승권·장경섭·이현송·장기선·조애저·송인주(2000). 한국가족의 변화와 대응방안. 한국보건사회연구원.

김애순(2002). 성인발달과 생애설계. 서울: 시그마프레스.

김영자(1998). 저소득 모자가정 여성가구주의 취업경험에 관한 탐색적 연구-인적자본, 자녀, 보호프로그램과 취업의 상호작용을 중심으로. 이화여자대학 대학원 석사학위논문.

김영주(2006). 충남 국제결혼가족 실태 및 지원 정책방안에 관한 연구. 충남여성정책개발원.

김영주(2009). 음식으로 본 한국 여성결혼이민자의 문화적 갈등과 적응전략. 한국농촌사회 제19집: 121-160.

김용득(2006). 영국커뮤니티 케어의 동향과 함의. 국제사회동향. 한국보건사회연구원.

김용미(2019). 다양한 연령 대 여성들의 자녀 가치관과 자녀 성 선호에 대한 연구, 아동교육, 28(4), 5-19.

김유경(2005). 가족원특성에 따른 다양한 가족의 실태와 사회적 지원 체계. 보건복지포럼 103: 47-72.

김유미(2001). 국내입양의 활성화 방안에 관한 연구. 명지대학교 지방자치대학원 석사학위논문.

김은영(2002). 장기요양 서비스의 경제성 분석. 서울대학교 대학원 박사학위논문.

김이선 외(2006). 여성결혼이민자의 문화적 갈등경험과 소통증진을 위한 정책과제. 한국여성개발원.

김인숙(1992). 빈곤여성의 심리적 디스트레스에 대한 사회환경적 접근. 성공회대학논총 제6호.

김정자(1993). 여성 노인. 서울: 한국여성개발원.

김종숙·권태희(2005). 여성 무급가사노동의 가치평가와 가계생산의 국민소득계정.

김태현(1993). 다양한 가족의 출현. 한국가족학연구회. 가족학. 하우.

김태현·박숙자(1992). 한국의 비동거 가족연구. 가족학논집 제4집: 45-74.

김태홍(2001). 가족친화적인 고용정책의 현황과 활성화 방안. 한국여성개발원.

김형우(2015). 1인 가구와 방송 트렌드 변화: 먹방, 쿡방을 중심으로. 미디어와 교육, 5(1),152-171.

김혜경(1985). 가사노동이론에 관한 연구. 이화여대 대학원 석사학위논문.

김혜경(2005). 가족, 허물기와 다시 쌓기. (사) 한국여성연구소. 새 여성학 강의. 동녘. 193-216.

김혜선·이재림(2004). 30대 중후반 기혼남녀의 배우자선택과 결혼생활의 의미. 가족과 문화

제16권 2호: 3-54.

김혜영(2009). 가족친화지역환경조성을 위한 건강가정지원센터의 역할과 기능. 2009 부산광역시건강가정지원센터 토론회 자료집: 5-32.

김혜영(2009). 녹생성장을 향한 가족친화환경 조성:전략과 과제. 녹색성장 시대, 가족친화 지역 환경 조성과 여성의 역할. 한국여성정책연구원.

김혜영·선보영·진미경·사공은희(2007). 비혼 1인 가구의 가족의식 및 생활실태조사. 한국여성정책연구원.

김혜정(2010). 미혼남녀별 결혼 및 자녀출산인식에 영향을 미치는 요인. 경희대학교 대학원 석사학위 논문.

남현주·이현지(2004). 유럽의 주요 노인장기요양제도 수립현황과 시사점. 한국노년학회지 제24권 2호: 95-112.

노익상(2000). 대한민국 아내들 '절반의 만족'으로 산다. 월간중앙 4월호.

대검찰청. 범죄분석.

도미향·채경선(2008). 여성학의 이해. 서울: 양서원.

마경희(2008). 맞벌이가구 젠더체제유형과 여성의 일-삶 경험의 차이. 가족과문화 제20권 1호: 131-160.

마경희(2009). 맞벌이가구 젠더체제 유형과 여성의 일-삶 경험. 강이수 엮음. 일·가족·젠더: 한국의 산업화와 일-가족 딜레마. 172-219.

맹혜정(2004). 저소득 여성가구주 지원정책에 관한 연구. 중앙대학교 대학원 석사학위논문.

문숙재(1988). 가정생산: 가정노동의 생산성과 평가를 중심으로. 서울: 신광출판사.

문숙재(1991). 가사노동의 가치인식에 관한 연구. 한국가정관리학회지 제9권 2호: 14-29.

문숙재·정지영(1997). 가족생활주기에 따른 주부의 가사노동시간과 가계의 시간절약 지출비에 관한 연구. 한국가정관리학회지 35: 59-72.

박경숙 외(2001). 저소득층 여성가장 생활실태조사 및 자활프로그램 개발. 경기도 여성정책과.

박기남(2005). 성별·지역별 특성에 따른 노인의 삶의 만족도 연구. 여성연구 제69호: 5-34.

박기남(2009). 고용 조건과 기혼 취업 여성의 일-가족 시간 갈등. 강이수 엮음. 일·가족·젠더: 한국의 산업화와 일-가족 딜레마. 295-329.

박기남(2009). 전문직 여성의 갈등과 좌절, 그리고 적응 전략. 강이수 엮음. 일·가족·젠더: 한국의 산업화와 일-가족 딜레마. 172-219.

박세경(2005). 구조적 측면의 다양한 가족 실태와 사회적 지원 방안. 보건복지포럼 103: 73-88.

박영란 외(2005). 노인요양보장제도 도입에 따른 여성관련쟁점 연구. 보건복지부 비교와 정책적 함의. 한국보건사회연구원 박영신·김의철·김미숙(2012). 유아 어머니와 외할머니 세대의 자녀관련 인식 비교: 이상적 자녀 수, 자녀의 성별에 대한 선호도, 노후부양에 대한 기대, 긍정적 자녀가치와 부정적 자녀가치를 중심으로. 한국심리학회지: 문화 및 사회문제, 18(1), 127-152.

박옥임 외(2008). 가족복지론. 청목출판사.

박옥주(2002). 여성주의 입장에서 본 가족친화정책. 숙명여자대학교 대학원 석사학위논문.

박주희(2007). 젠더, 가정생활, 일의 양립. 도서출판 구상.

박차상 외(2002). 한국노인복지론. 서울:학지사.

박천익(1997). 한국빈곤정책의 현황과 과제. 사회과학연구 제4권 1호.

박혜경·국미혜(2003). 인천시 이혼여성의 실태 및 정책적 지원방안 연구. 인천발전연구원.

박혜인(1992). 도시저소득층의 가족문제. 하우.

백유진(1994). 가사노동의 사회화와 관련 변인에 관한 연구. 동아대학교 대학원 석사학위논문.

반승원(2015). 가족커뮤니케이션. 서울: 커뮤니케이션북스.

법원행정처. 사법연감. 각 연도.

변화순(1990a). 영세지역 가족관계및 사회적 연결망에 관한 연구. 한국여성개발원.

변화순(1996b). 이혼가족을 위한 대책연구. 한국여성개발원.

변화순 외(2001). 한국 가족의 변화와 여성의 역할 및 지위에 관한 연구. 한국여성개발원.

변화순·김혜영·윤홍식·한지숙(2006). 이혼 후 여성의 사회경제적 지위변화 연구. 한국여성개발원 연구보고서. 한국여성개발원.

변화순·송다영·김영란(2005). 가족정책 방향 정립 및 통합적 시행방안 연구. 한국여성개발원.

변화순·조은희(2003). 다양한 가족 출현에 따른 쟁점과 가족관련 법의 방향 정립에 관한 연구. 한국여성개발원.

보건복지가족부노인지원과(2009). 노인학대현황보고서.

보건복지부. 가정위탁국내입양소년소녀가정현황.

보건복지부. 보건복지통계연보. 각 연도.

사쑨 앤 쇼우스턱(1989). 여성과 국가. 한국여성개발원.

서지연(2017). 자녀 성선호의 변화와 원인: 성 평등의 결과인가?. 한양대학교 박사학위논문.

설동훈 외(2005). 국제결혼 이주여성 실태조사 및 보건·복지 지원 정책방안. 보건복지부.

설동훈 외(2006). 결혼이민자 가족실태 및 중장기 지원정책방안 연구. 여성부.

성미영·권희경·장영은(2010). 대학생의 어머니 취업력, 성취동기와 직업양성평등의식이 어머니 취업에 대한 부정적 신념에 미치는 영향. 대한가정학회지 제48권 3호: 115-124.

손지혜(2012). 무엇이 되는 삶과 어떻게 사는 삶: 성공지향, 성숙지향 가족 커뮤니케이션 양식이 아동의 대인 커뮤니케이션에 미치는 영향, 서울대 석사학위논문.

송영주(2005). 여자는 왜. 서울:시아출판사.

송호근(2002). 빈곤노동계층의 노동시장구조와 정책. 한국사회학 제36권.

신경아(2007). 산업화 이후 일-가족 문제의 담론적 지형과 변화. 한국여성학 제23권 2호 : 5-45.

신은주(2001). 빈곤한 사별여성의 자립지원방안. 평택대학교 논문집 제15권 1호.

안병철(2004). 기업의 가족친화제도에 대한 고찰. 사회복지정책 제19집: 71-83.

안종순(2001). 저소득 여성가구주의 경제적 자활정도에 영향을 미치는 요인에 관한 연구-성동구 저소득 여성가구주를 중심으로. 연세대학교 대학원 석사학위논문.

안지윤·이슬기·전혜란(2009. 12. 28). 일어나서 휴대폰 10분, 잠자기 전 컴퓨터 1시간. 한겨레신문.

양순미·정현숙(2006). 농촌 국제결혼부부의 결혼생활 적응과 만족에 대한 영향 요인. 한국가족관계학회지 제11권 3호: 223-252.

양옥경(2000). 한국 가족개념에 관한 질적 연구. 한국가족복지학 제6권: 69-99.

양옥경(2005). 가족과 사회복지. 이화여자대학교출판부.

양윤재(1991). 저소득층의 주거지형태연구-거대도시 서울의 또 다른 삶터. 열화당.

양해경(2001). 한부모가족의 사회복지 지원대책에 관한 연구-이혼·사별의 발생 원인에 따른 별도의 지원대책에 대하여. 서강대 공공정책 대학원 석사학위논문.

여성가족부·통계청(2005). 2004년 생활시간조사 종합분석결과 학술세미나.

여성가족부(2001). 여성한부모가족을 위한 사회적 지원 방안(미간행).

여성노동자회(2020) "코로나19가 여성의 임금노동과 가족 내 돌봄노동에 미친 영향", 코로나19 위기를 넘어 성평등 노동으로 토론회(2020년 9월 16일) 자료집, 여성노동자회.

여성한국사회연구회 편(1990). 한국가족론. 까치.

여성한국사회연구회 편(1994). 한국가족문화의 오늘과 내일. 사회문화연구소.

여성한국사회연구회 편(1995). 가족과 한국사회. 경문사.

오택섭·강현두·최정호(2003). 미디어와 정보사회. 서울: 나남.

옥선화(1989). 현대 한국인의 가족주의 가치에 대한 연구. 서울대학교 대학원 박사학위논문.

옥선화·성미애(2004). 빈곤여성가장의 삶. 하우.

유계숙·최성일·안재희·전영주·장보헌(2005). 영화로 배우는 가족학. 신정.

유현경 외(1993). 도시빈곤과 여성의 경제활동. 이화행정 제3호.

윤복자·박남희(1990). 서울시 저소득층의 사회인구학적 특성과 주거실태에 관한분석. 연세생활개선학저널 제4권.

윤진(1985). 성인 노인심리학. 서울: 중앙적성출판사.

은기수(2009). 한국 기혼부부의 가사분담. 2009 한국인구학회 후기학술대회 자료집: 235-246.

은기수(2013). 동아시아 사회의 자녀 성선호. 가족과 문화, 25(4), 1–33.

이가옥·우국희(2005). 영국의 케어제공자에 관한 정책연구. 한국사회복지학.

이기숙(1991). 도시 핵가족의 친족관계 – 시·친정부모 가정과의 상호관계를 중심으로. 부산여대 논문집 제32집: 327–343.

이기숙 외(1993). 변화하는 가족. 한국가족학연구회. 가족학. 하우.

이기숙(1999). 맞벌이 주말가족의 성격분석을 위한 시론. 한국가족관계학회지 제4권 1호: 1–23.

이기숙·손태홍(2004). 맞벌이 주말가족 연구. 도서출판 신정.

이기숙(2009). 현대가족 다양화 경향 – 1995년부터 2005년까지. 신라대논문집 59집: 22–55.

이기영(1987). 가사노동의 상품대체에 관한 연구. 서울대학교 대학원 박사학위논문.

이기영 외(1994). 도시근로자 부부의 생활시간구조에 대한 연구. 대한가정학회지 제32권 1호: 31–46.

이동원 외(2001). 변화하는 사회 다양한 가족. 양서원.

이동원·함인희·김현주·최선희·김선영(2001). (여론조사) 한국의 가족문화: KBS아침마당 10주년 기획.

이두원(2009). 부부 간의사소통 형태의 세대별 특성과 변천과정. 커뮤니케이션학연구 제17권 1호: 129–151.

이삼식·이지혜(2014). 초저출산현상 지속의 원인과 정책과제.

이상림(2019). 미혼인구의 결혼 관련 태도. 보건복지포럼, 2019(2) 6–18.

이선영(2000). 도시저소득층의 보육서비스만족도 분석을 통한 보육정책방안: 부산광역시보육서비스이용자를 중심으로. 부산대 대학원 석사학위논문.

이선화·채옥희(1996). 가사노동 관리자유형과 관련 변인에 관한 연구 – 가사노동 관리자유형과 관련 변인에 관한 연구. 대학원 논문집 제17권.

이송지(2009). 가족친화마을과 돌봄공동체. 2009 부산광역시건강가정지원센터 토론회 자료집: 34–53.

이수연(2008). 한류드라마와 아시아 여성의 욕망. 서울: 커뮤니케이션북스.

이숙현·서혜영(2002). 기혼 남성의 삶의 질에 관한 연구 : 직업 및 가족변인을 중심으로. 가족과 문화 제14집 2호: 3–30.

이은미(1995). 커뮤니케이션과 가족. 서울: 성균관대학교 출판부.

이재경(2000). 성별화된 이혼과 여성. 가족과 문화 제12집 2호: 81–98.

이재경(2003). 가족의 이름으로. 도서출판 또 하나의 문화.

이정림·최은영·도남희·송신영·왕영희·김지형(2011). 한국아동패널 부가조사보고서–2010년도 출생아 가구 조사.

이정수(1984). 가족의 가사노동시간과 생활의 질 인식과의 관계. 노인복지연구 26: 287–307.

이주희(2003). 일과 가족의 양립은 어떻게 가능한가-기업의 조직문화와 여성관리직 모성 보호. 가족과 문화 제15권 3호: 37-61.

이혜경·최은영(1997). 한국여성빈곤의 원인과 결과. 연세사회복지연구 제4권: 142-185.

이효재(1980). 여성과 사회. 서울: 정우사.

임인숙(2003). 한국기업의 가족친화적 제도의 한계 - 취업여성을 위한 육아지원 제도를 중심으로. 가족과 문화 제15집 3호: 63-86.

장명선·이옥경(2008). 서울시 다문화가족 실태 및 지원체계 구축방안 연구. 서울시여성가족재단.

장미혜 외(2013) 여성노인의 노후빈곤 현황 및 대응정책, 연구보고서, 31-21, 세종: 한국보건사회연구원.

장세훈(2006). 한국사회의 신빈곤. 한울아카데미.

장은미(2005). 기업의 가족친화정책: 전략적 시사점. 한국가족관계학회 추계학술대회 발표 논문.

장현섭(1993). 한국 사회는 핵가족화하고 있는가. 한국사회사연구회 편. 한국 근현대 가족의 재조명. 문학과 지성사.

장혜경 외(2005). 가족 내 돌봄노동에 대한 사회적 지원방안 연구. 한국여성개발원

장혜경(2005). 한국 가족정책의 쟁점과 정책방향. 국회도서관보 제42권 5호: 23-31.

장혜경·김영란(2003). 고령사회 대비 여성노인 고용활성화 방안. 한국여성개발원.

장혜경·김영란·조현각·김고은·박경희(2007). 공식영역의 돌봄노동 실태조사. 한국여성정책연구원.

장혜경·민가영(2001). 재혼가족의 적응실태와 지원방안에 관한 연구. 한국여성개발원.

장혜경·민가영(2002). 이혼여성의 부모역할 및 자녀양육지원방안에 관한 연구. 한국여성개발원.

장혜경·홍승아·김영란·김수정(2005). 가족내 돌봄노동에 대한 사회적 지원방절약 지출비에 관한 연구. 한국가정관리학회지 제23권 3호: 59-72

장혜경·홍승아·이상원·김영란·강은화·김고은(2006). 가족내 돌봄 노동 실태조사. 한국여성정책연구원

장희정·이기숙(2008). 가족친화정책에 대한 기혼남성의 요구도 실태조사. 한국가족복지학 제13권 4호: 103-121.

전귀연·구순주(1998). 동성애 가족에 대한 연구 고찰. 가족과문화 제10권 2호: 165-188.

전기홍(2003). 가정 친화적 조직문화가 직장-가정 갈등과 직무태도에 미치는 영향. 서울대학교 대학원 석사학위논문.

정경희 외(2005). 2004년도 전국노인생활실태 및 복지욕구조사. 한국보건사회연구원.

정영금(1988). 도시주부의 가정생산 시간 및 가치에 관한 연구. 한국가정관리학회지 제6권 2호.

정영금(2002). 여성인적자원의 활용을 위한 가족친화적 정책의 적용. 대한가정학회지 제40권

11호: 107–118.

정영금(2004). 가족친화적 정책을 통한 일–가족 균형에 관한 연구. 한국가정관리학회지 제22권 5호: 91–100.

정진영(1995). 이혼가정에서의 아동문제에 관한 연구. 서울여대사회과학 논총 제1권.

정해은(1992). 대안가족으로서의 공동체에 대한 이해와 평가: Kibbutz와 미국의 Commune을 중심으로. 한국가정관리학회지 제10권 1호: 229–238.

정현숙 외(1998). 재혼가족에 대한 실태 및 재혼생활의 질에 대한 연구. 대한가정회지 제38권 4호: 42–60.

조명래(2006). 한국사회의 신빈곤. 한울아카데미.

조병은(1990). 한국여성문제에 대한 이론적 고찰. 여성연구 제8호: 5–26.

조성은·문숙재(1991). 주부의 가사노동 시간관리전략에 관한 연구. 한국가정관리학회지 제9권 1호.

조애저(2005). 생활양식 측면의 다양한 가족의 실태와 사회적 지원 방안. 보건복지포럼 103: 24–46.

조은주(2008). 부산지역 건강가정지원센터의 가족지원사업 분석: 다양한 가족에 대한 지원을 중심으로. 신라대학교 사회복지대학원 석사학위논문.

조은희(2007). 가족관련법의 입법적 동향에 대한 검토. 고려대학교 법학연구원 고려법학 49호: 1035–1072.

조정문(1997). 한국 사회 친족 관계의 양계화 경향에 관한 연구. 한국여성학 제13권 1호: 87–113.

조혜련(2003). 저소득 여성의 한부모 노릇(single parenting)에 관한 여성주의적 연구. 이화여자대학교 대학원 석사학위논문.

조혜정(1991). 우리의 가정환경, 과연 자녀양육에 바람직한가. 탁아제도와 미래의지 22(2): 103–131

조흥식 외(2013). 돌봄서비스정책 비교연구, 보건복지부. 사단법인 한국사회복지학회.

조희금·박미석(2004). 건강가정기본법의 이념과 체계. 한국가정관리학회지 제22권 5호 : 331–344.

주수길(2000). 빈곤가족의 부부갈등해결전략. 부산대학교 대학원 박사학위논문.

주재선 외(2019). 한국의 성인지통계. 한국여성정책연구원.

중앙건강가정지원센터(2010). 가족품앗이 사업 확대방안 토론회.

중앙노인보호전문기관(2018). 2017 노인학대현황보고서.

채옥희(1991). 노년기 주부의 가사노동사회화 실태와 기대. 한국가정관리학회지 제9권 1호.

천혜정(2002). 미혼모 보호 시설에 거주하는 10대 미혼모의 경험에 대한 연구: 성과 임신 관련 경험을 중심으로. 한국가정관리학회지 제20권 4호: 1–12.

최규련(1995). 맞벌이 가족의 가족 문제. 한국가족학회편. 가족학. 도서출판 하우.

최순남(2002). 현대노인복지론. 서울: 법문사.

최은영·권순만·김찬우·강주희(2005). OECD 국가의 노인장기요양서비스 체계 통합을 위한 연구. 여성가족부·통계청.

통계청. 경제활동인구. 각 연도.

통계청. 고령자통계. 각 연도.

통계청. 사회조사. 각 연도.

통계청. 생활시간조사. 각 연도.

통계청. 혼인·이혼통계. 각 연도.

통계청. 인구동향조사. 각 연도.

통계청. 인구주택총조사. 각 연도.

통계청. 일·가정 양립지표. 각 연도.

통계청. 장래인구특별추계. 각 연도.

통계청. 통계로 보는 여성의 삶. 각 연도.

통계청. 한국의 사회동향 2010. 각 연도.

통계청. 2020 통계로 보는 여성의 삶. 각 연도.

통계청(2019). 2018년 다문화 인구동태통계.

통계청(2020). 2019년 출생 통계.

통계청(2020). 이혼에 대한 견해.

트렌드 모니터(2013). 아들 vs 딸에 대한 기혼자의 인식 평가. 리서치보고서, 13(4), 1–28. available at. https://www.trendmonitor.co.kr/tmweb/trend/allTrend/detail.do?bIdx=1014&code=0404&trendType=CKOREA

한경혜(1996). 남성의 부모기로의 전이와 직업 역할. 대한가정학회지 제34권 2호: 231–244.

한경혜(1998). 중년기 남성의 역할 중요도와 일/가족 갈등. 가족과문화 제10집 2호: 93–113.

한국가정법률상담소(2008). 한국가정법률상담소 50년 상담통계 분석. 미간행 정기보고서.

한국건강가정진흥원(2019). 인식개선교육컨텐츠 개발 연구.

한국리서치(2018). 현안조사: 가족에 대한 인식. 한국리서치 월간리포트: 여론 속의 여론, 2018(04), 17–24.

한국보건사회연구원(2016). 2015년 빈곤통계연보.

한국보건사회연구원(2019). 2019년 빈곤통계연보.

한국보건사회연구원 외(2010). 2009년 전국다문화가족 실태조사연구.

한국여성정책연구원(2007). 2007년 여성통계연보.

한국여성정책연구원(2019). 2018년 전국 다문화가족실태조사 분석.

한동희(1996). 노인 학대에 관한 연구. 대구효성가톨릭대학교 대학원 박사학위논문.

한유미·곽혜경(2004). 현대 한국사회의 출산율저하와 여성사회참여. 한국생활과학지, 13(1).

한주희(1997). 여성인력의 활용과 기업경쟁력. 기업경쟁 제1권: 102–108.

함인희(1999). 가족 주기 변화와 주부역할의 딜레마–여성잡지 광고의 내용분석을 중심으로. 가족과 문화 제11권 2호: 47–92.

행정안전부(2009). 외국인주민현황조사 보고서.

행정안전부(2019). 외국인주민현황조사 결과.

현은민(2008). 스트레스와 가족탄력성이 여성한부모가족의 적응에 미치는 효과 연구. 한국가족복지학 제13권 4호: 59–84.

홍명신(2007). 에이징 커뮤니케이션. 서울: 커뮤니케이션북스.

홍승아 외(2001). 일가족양립정책의 국제비교연구 및 한국의 정책연구. 한국여성개발원.

홍지아(2009). TV 드라마에 나타난 모성재현의 서사전략과 상징적 경계의 구축. 한국방송학보 제23권 6호: 284–323.

황정미(2004). 가족 가치관의 성별차이와 그 함의. 한국사회학회 가을기획심포지움 자료집.

Aiken, R. G.(1995). *Aging: An introduction to gerontology*. Thousand Oaks: Sage.

Allan, G. and Crow, G.(2001). *Families, households and society*. Houndmills. Palgrave.

Anttonen, A. & J. Sipila(2005). *Comparative approaches to social care: Diversity*.

Appelbaum, E., T. Bailey, P. Nerg and A. Kalleberg(2002). Shared work/valued approach. in D. Sainsbury. *Gendering welfare states*. London: Sage.

Baren S. J. & Davis, D. K.(2003). *Mass communication theory: Foundation, ferment, and future*. Belmont: California, Wadsworth.

Barnet, R. C.(1996). *She works he works: How two income families healthier and better-off*. CA: Harper Collins.

Barr, Wesley R. etc(1993). *Family science*. Belmont: Wadworth, Inc.

Beauvoir(1970). *La Vieillesse*. 홍상희 박혜영 역(2002). 노년. 서울: 책세상.

Becker, G.(1965). A theory of time allocation. *The Economic Journal 75*.

Bernard, J.(1972). *The Future of marriage*. New York: World.

Beuyler, I. F & Owen, A. J.(1979). *Household producer: A cultural and cross-national view*. Linderwood College ST. Charles, Missouri.

Beutler, I. F., & Owen, A. J.(1980). A home production activity model. *Home Economics Research Journal, 9*(1), 16–26.

Blankenhom, D.(1998). The diminishment of American fatherhood. In S. J. Fergerson, Ed., *Shifting the center: Understanding contemporary families*. CA: Mayfield. 337–355.

Bochner, A. P.(1976). Conceptual frotiers in the study of communication in families. *Human Communication Research 2*: 381–397.

Boje, T. P. and A. Leira(2000). Introduction: Conceptualising social care in the burden: Interventive implications. *The Gerontologist. Vol. 30*.

Carnes, P.(1989). *Contrary to love*. Center City, MN:Hazelden.

CERC(2004). Child poverty in France. Council for employment, income and characteristics and family configuration. *Journal of Marriage and Family. 68*:411–429.

Cleveland, G. & M. Krashinsky(2003). *Financing ECEC Services in OECD*.

Coltrane, S.(2009). Household labor and the routine production of gender. In Fox, B. Ed. *Family patterns: Gender relations. 3rd Edition*. Ontario: Oxford University Press. 367–384.

Comas–Herrera, A.(2003). European study of long–term care expenditure. *Comtemporary Families*.

D'Addio & d'Ercole(2005). *Trends and determinants of fertility rates in OECD*.

Daly, M.(1994). Comparing welfare states. *Towards a gender friendly development. 2005(6)*: 101–116.

Daly, M. & Lewis, J.(2000), "The concept of social care and the analysis of contemporary welfare state", *The British Journal of Sociology, Vol 51*, Issue 12, 281–298.

Daly, M. & Rake, K.(2003). *Gender and the welfare state: Care, work and welfare in Europe and the USA*. Cambridge: Polity Press.

Duvall, E. M. & B. C. Miller(1985). *Marriage and family development*. Harper & Row Pub..

Elkind, David(1995). *The new family imbalance* (이동원·김모란: 윤옥경 역). 변화하는 가족. 이화여자대학교 출판부. 1999.

Elliot, F. R.(1986). *The family: Change or continuity*. Hongkong. Macmillan Education.

Engle Lauren. B.(2004). *The World in motion: short essays on migration and gender*. IMO.

Eurostat(2001). *European Commission*.

Ferber, M., O'Farrell, B., & Allen, L., (Eds).(1991). *Work and family policies for a changing work force*. Washington, D. C.: National Academy Press.

Fitzpartrick, M. A. & Ritchie, D.(1994). Communication schemata within the family: Multiple perspectives on family interaction. *Human Communication Research 29*: 275–301.

Fox, B.(2009). *Family patterns: Gender relations. 3rd Edition*. Ontario: Oxford University Press.

Fox, B.(2009). When the baby comes home: The dynamics of gender in the making of family.

In Fox, B. Ed. Family patterns: Gender relations. 3rd Edition. Ontario: Oxford University Press. 292–309.

Galvin, K. M., Bylund, C. L. & Brommel, B. J.(2003). *Family communication: Cohesion and change(6th Edition)*. Boston: Pearson.

Gittina, Diana.(1985). *The family in question: Changing households and familiar ideologies* (안호용·김홍주·배선희 역). 가족은 없다: 가족이데올로기의 해부. 일신사. 1997.

Goff, S., Mount, M. and Jamison, R.(1990). Employer supported child care, work/family conflict, and absenteeism: A field study. *Personnel Psychology. 43*: 793–809.

Goode, W. J.(1956). *Women in divorce*. New York: Free Press.

Grover, S. and Crooker, K.(1995). Who appreciates family–responsive human resource policies: The impact of family–friendly policies on the organizational attachment of parents and non–parents. *Personnel Psychology. 48*(2): 271–288.

Gubrium, J. F. & J. A. Holstein(1990). *What is family?* (최연실·조은숙·성미애 옮김). 가족이란 무엇인가: 사회 구성주의적 관점에서 본 가족 담론. 도서출판 하우. 1997.

Haas, L., and Hwang, P.(1995). Company culture and men's usage of family leave benefits in Sweden. *Family Relations. 44*: 28–36.

Hess, R. & Handel, G.(1959). *Family worlds*. Chicago:University of Chicago Press.

Hochschild, A. R.(1983). *The managed heart: The commercializa-tion of human feeling*. Berkeley, Calif: University of California Press.

Hochschild, A. R.(1999). Understanding the future of fatherhood: The daddy hierarchy and beyond. In C. C. Albers, Ed. *Sociology of families: Readings*, 195–207. CA: Pine Forge.

Hochschild, A.R. and Machung, A.(2003). *The Second shift(second edition)*. Berkeley: Penguin Books.

Hoffnung, M.(1988). Motherhood: Contemporary conflict for women. In S. J. Ferguson, Ed., *Shifting the center: Understanding contemporary families*, 277–291. Mountain View, CA: Mayfield.

Jenson, J. & Jacobzone, S.(2000). "Care allowances for the frail elderly and their impact on women care–givers". OECD Labor Market and Social Policy Occasional Papers, No. 41. OECD Publishing.

Kantor, D. & Lehr, W.(1976). *Inside the family*. SanFrancisco: Jossey–Bass.

Kathryn E. Walker and Margaret E. Woods(1976). *Time use: A measure of household production of family goods and service*.

Kelly, Erin & Voydanoff, P.(1985). Work/family role strain. *Family Relations, 43*: 367–374.

Kimball, Gayle(1983). *The 50:50 marriage*. Beacon Press.

Knight. T. A. & Ricciardelli. L.(2003). Successful aging: Perceptions of adults aged between 70 and 101 years. *International Journal of Aging and Human Development, 56*(3), pp.223~245.

Lang. F. R. & Carstensen, L. L.(1994). Close emotional relationships in late life: Further support for proactive aging in the social domain. *Psychology and Aging, 9*: 315–32.

Larson, J.(1984). The Effects of husbands's unemployment on marital and family relations in blue–color families. *Family Relations, 42*.

Lawler, S.(1999). Children need but mothers only want: the power of 'needs talk' in the constitution of childhood, 64–88 in J. Seymour and P. Bagguley (eds) *Relating intimacies: Power and resistance*. Basingstoke and London: Macmillan.

Leira, A.(1994). Concepts of caring: Loving, thinking, and doing. *Social Service Review, Vol. 68*, No.2, University of Chicago.

LePoire, B. A.(2006). *Family communication: Nurturing and control in a changing world*. CA: Thousand Oaks, Sage.

Luxton, M.(2009). Wives and husbands. In Fox, B. Ed. *Family patterns: Gender relations. 3rd Edition*. Ontario: Oxford University Press. 156–179.

Mannel, R. C. & Dupis(1996). "Life satisfaction" in *Encyclopedia of Gerontology, 2*.

Meleod, J. M. & Chaffee, S. H.(1972). The construction of social reality, in J. Tedeschi(ed.). *The Social influence processes*. Chicago: Aldine–Athreton.

Montgomery, B.(1992). Communication as the interface between couples and culture(475–507). *In Communication Yearbook 15,* Stanly Deetz(ed.). Newbury, CA:Sage.

Morgan, D. H. J.(2004). The sociological significance of affairs, 15–34. In J. Duncombe, K. Harrison, G. Allan and D. Marsden (eds) *The State of affairs explorations in infidelity and commitment*. NJ Mahwah: Lawrence Erlbaum Associates.

Moschis, G.(1992). *Marketing to older consumer:A handbook of information for strategy development*. Westport:Greenwood Publishing Group.

Mulvey, L.(1994). *Visual and other pleasures* (Language, Discourse, Society), New York, NY: Palgrave Macmillan.H., Sprenkle, D. & Russell, C.(Eds.)(1983). *Circumplex model: Systematic assessment and treatment of families*. New York: Haworth Press.

Olsen, D. H. Sprenkle, D., & Russell, C.(1979). Circumplex model of marital and family system: Cohesion and adaptability dimensions family types and clinical applications, *Family Process, 18*: 3–28.

Olson, D. H.(2000). Circumplex model of marital and family system. *Journal of Family on Death and Dying*. Minneapolis: National Council in Family.

Parasuraman, S.(1997). The changing world of work and family, Parasuraman, S. & J. H. Greenhaus(ed). *Work and family*. CT: Praeger.

Parcel, T. & Managhan, E.(1994). *Parents jobs and children's lives*. New York: Aldin & Gruyter.

Pearce, D.(1978). The feminization of poverty: Women, work and welfare. *Urban and Social Change Review 11*: 28–36.

Piper Nicola edit.(2008). *New perspectives on gender and migration*. Routledge.

Popenoe, D.(1999). Parental androgyny. In C. Albers, Ed., *Sociology of families: readings*, 187–194. CA: Pine Forge.

Powell, J. R., & George–Warrenenoe, H.(1994). *The working women's guide to managing stress*. NJ: Prentice Hall.

Pyke, K. D.(1994). Women's employment as a gift or burden?: Marital power across marriage, divorce, and remarriage. *Gender and Society, 8*(1): 73–91.

Redican, William K.(1976). Adult male–infant interactions in nonhuman primates, In Michael Lamb, Ed., *The role of father in child development*. NY: Willy.

Rogers C. S.(1992). The flexible workplace: What have we learned? *Human Resources Management, 31*: 38–47.

Rogers C. S.(2001). *Family-friendly / work-life balance policies : Employee preference, supervisor and organizational support, and retention outcomes*. Peabody College.

Ruhm, C.(1998). The economic consequences of parental leave mandates: Lesson from Europe. *Quarterly Journal of Economics, 44*: 285–317.

Satir, V.(1988). *The new people making*. Palo Alto, CA: Science and Behavior Books.

Schartz, M. A., & Scott, B. M.(1999). *Marriage and families*. NJ: Prentice Hall.

Sharman, L. B.(1996), 女性への 暴力, 明石書店. 한동희(2004). 노인학대의 이해(risble.wellageing.com/bbs/board.php?bo_table=data1&wr_id=24)에서 재인용.

Signorielli, N. & Bacue, A.(1999). Recognition and respect: A content analysis of prime–time television characters across there decades. *Sex Roles, 40*: 527–544.

Slaughter, D.(1983). Early intervention and its effects on maternal and child development. *Monographs of the Society for Research on Child Development, 48*(4), Serial No. 202.

Stacy, Judith(1996). *In the name of the family*. Boston: Beacon.

Steinmetz, S. K.(1977). *The cycle of violence: Assertive, aggressive and abusive family interaction*. New York:

Praeger.

Thomas, L. and Ganster, D.(1995). Impact of family-supportive work variables on work-family conflict and strain: A control perspective. *Journal of Applied Psychology. 80*(1): 6-15.

UN ESCAP(2008). *Perspectives on gender and migration*. UN Publication.

Verderber, K.S. & Verderber, R.(2004). *Inter-Act: Interpersonal communication concepts, skills and contexts*. New York: Oxfoed University Press.

Warehrer, K. & S. Crystal(1995). The impact of co-residence on economic well-being of elderly Widows. *Journal of Gerontology, 50B*(4), pp.250~258.

Weatherall, A.(1996). Language about women and men: An example from popular culture. *Journal of Language and Social Psychology, 15*: 59-75.

Weiss, R. S.(1984). The Impact of marital dissolution on income and consumption in single-parent household. *Journal of Marriage and the Family. 46*(1): 115-128.

Whittington, L. A.(1992). Taxes and the family: The impact of the tax exemption for dependents on marital fertility. *Demography, 29*(2): 215-217.

Wise, Sarah., and Bond, Sue.(2003). Work-life policy: Does it do exactly what it says on the Tin? *Women in Management Review, 18*(1/2): 20-30.

Wolf, R.(1986). *Definitions adopte an from project idea*. University Centre on Aging, University of Massachusetts Medical Centre.

동아일보(2017. 08. 14). '딸 바보' 전성시대… '아들 선호' 진짜 끝일까. available at https://www.donga.com/news/Society/article/all/20170814/85818754/1에서 인출.

박상기(2017. 10. 09). 법원, 황혼이혼 대신 졸혼은 어떠세요. 조선일보. http://news.chosun.com/site/data/html_dir/2017/10/09/2017100900066.html에서 2018. 09. 01. 인출.

박수진(2009. 09. 21). 할머니의 힘! 양육에서 인생멘토까지. 내일신문. https://www.localnaeil.com/News/View/362749?AreaId=1&pageidx=1382에서 2009. 10. 01. 인출.

박현정(2018. 06. 14). 노인학대 행위자 아들〉 배우자〉 기관 순. 한겨레신문. http://www.hani.co.kr/arti/society/society_general/849043.html#csidx6a4d947f1bb3d1498c39442f1d0d18c에서 2018. 09. 01. 인출.

아시아경제(2019. 05. 26). "국민 3명 중 2명 혼인·혈연 무관 생계·주거 공유하면 가족". https://news.naver.com/main/read.nhn?mode=LSD&mid=sec&sid1=102&oid=277&aid=0004473864에서 2019. 09. 20. 인출.

아주경제(2021. 03. 23). '맞벌이 희망자 1년새 11%p 증가'. https://www.ajunews.com/

view/20210322172316152에서 인출.

연합뉴스(2018. 11. 06). “[2018년 사회조사] ‘결혼해야 한다’ 답변비율 50% 이하로 첫 추락”. https://www.yna.co.kr/view/AKR20181106084000002에서 2020. 12. 01. 인출.

연합뉴스(2018. 11. 06). “[2018년 사회조사] “결혼해야 한다” 답변비율 50% 이하로 첫 추락”. https://www.yna.co.kr/view/AKR20181106084000002에서 2020. 12. 01. 인출.

연합뉴스(2020. 12. 11). ‘황혼이혼 20년 새 2.4배로 증가… 전체 이혼의 35%’. https://www.yna.co.kr/view/AKR20201211075100002에서 인출.

정종훈(2018. 06. 22). 밤샘 게임에 결석도… 인터넷·스마트폰 중독 청소년 19만여 명, 중앙일보. https://news.joins.com/article/22738303에서 2018. 09. 01. 인출.

조기원(2018. 03. 18). ‘초고령사회’보다 더 나이 드는 일본, 한겨레신문. http://www.hani.co.kr/arti/international/japan/836586.html#csidxe5971fa4953d9749ac3f8e5eafbfb49에서 2018. 09. 01. 인출.

조선비즈(2020. 03. 19). “지난해 혼인율 사상 최저… 이혼율은 2년 연속 상승”. https://biz.chosun.com/site/data/html_dir/2020/03/19/2020031905887.html에서 2020. 12. 01. 인출.

조일준(2020. 11. 22). 한국 사회의 불안, 어떻게 해소하나? 한겨레신문. http://h21.hani.co.kr/arti/culture/culture_general/49530.html에서 2020. 11. 24. 인출.

통계청. 경제활동 인구 및 참가율(OECD). available at: https://kosis.kr/statHtml/statHtml.do?orgId=101&tblId=DT_2KAA301_OECD에서 인출.

찾아보기

ㄱ

ㄴ

ㅅ

ㅇ

ㅊ

ㅋ

ㅌ

저자 소개

이기숙 부산대 가족학박사,
전 신라대 가족노인복지학과 교수
(1, 2, 11장 집필)

박충선 미국 University of Pittsburgh 사회학박사,
전 대구대 가정복지학과 교수,
대구대 가정복지학과 명예교수
(4, 5장 집필)

권희경 미국 University of Minnesota 가족사회학박사,
창원대 가족복지학과 교수
(3장 집필)

김순남 영국 University of York 여성학박사,
성공회대 연구교수
(6장 집필)

김영주 충남대 사회학박사,
충청남도여성정책개발원 수석연구위원
(9장 집필)

박해숙 신라대 가족학(박사수료),
강원도여성가족연구원 전문연구원
(12장 집필)

이연화 부산대 사회학박사,
제주여성가족연구원 연구위원
(7장 집필)

홍명신 경희대 언론학박사,
한양사이버대 실버산업학과 겸임교수, 에이징커뮤니케이션센터 대표
(8, 10장 집필)

2판

가족과 젠더

초 판 1쇄 발행 2011년 2월 28일
초 판 5쇄 발행 2017년 3월 14일
제2판 1쇄 발행 2021년 9월 10일

지 은 이 | 이기숙·박충선·권희경·김순남·김영주·박해숙·이연화·홍명신
펴 낸 이 | 김기섭
편 집 인 | 이윤희
펴 낸 곳 | 창지사 www.changjisa.com
08589 서울시 금천구 가산디지털1로 83 파트너스타워1차 9층
전화 (02)719-2211~3
팩스 (02)701-9386
등 록 | 1977년 4월 28일 · 제1-421호

ISBN 978-89-426-1419-6 (93330)

값 21,000원